·侦查学系列教材·

网络犯罪案件侦查

李小恺 刘浩阳 郑璇玉 张宏大 韩马剑 著

中国政法大学出版社

2025·北京

声　明　1. 版权所有，侵权必究。

　　　　2. 如有缺页、倒装问题，由出版社负责退换。

图书在版编目（CIP）数据

网络犯罪案件侦查 / 李小恺等著. -- 北京 : 中国政法大学出版社, 2025. 7. -- ISBN 978-7-5764-2020-3

Ⅰ. D924.364

中国国家版本馆CIP数据核字第2025E1B720号

出　版　者	中国政法大学出版社
地　　　址	北京市海淀区西土城路 25 号
邮　　　箱	fadapress@163.com
网　　　址	http://www.cuplpress.com（网络实名：中国政法大学出版社）
电　　　话	010-58908435(第一编辑部) 58908334(邮购部)
承　　　印	北京鑫海金澳胶印有限公司
开　　　本	720mm×960mm　1/16
印　　　张	15.75
字　　　数	273 千字
版　　　次	2025 年 7 月第 1 版
印　　　次	2025 年 7 月第 1 次印刷
印　　　数	1~3000 册
定　　　价	49.00 元

编写说明

中国政法大学作为"211工程"重点建设高校和国家"双一流"建设高校，经教育部2001年批准设立了侦查学本科专业，凭借本校的法学教育资源优势为公安、安全、检察、海关、纪检监察、财政税务、金融保险、市场监督等部门培养了大量证据调查和侦查方面的专门人才。侦查学专业在教育部和学校的大力支持下建立了侦查学实验中心和网络犯罪侦查实验室，为侦查学专业的教学、科研工作提供了高水准的实验平台。多年来，侦查学专业紧紧依托本校法学专业的优势，以深厚的法学知识为基础，讲授侦查学基本原理，传授科学先进的侦查技能与方法，并以侦查学基本理论、侦查技术、侦查实践技能为核心构建了多学科相融通的课程体系。同时，结合侦查实践的急需，建立了以网络犯罪案件侦查为特色的侦查学理论教学和研究基地。为适应现代化侦查和满足经济全球化、社会信息化对证据调查和侦查人才培养的需要，根据国务院《国家教育事业发展"十三五"规划》和教育部《关于加快建设高水平本科教育全面提高人才培养能力的意见》，我们组织编写了侦查学专业本科系列教材。

侦查学专业自2009年以来陆续出版了《侦查学总论》《司法鉴定学》《现场勘查学》《刑事案件侦查》《职务犯罪案件侦查》《讯问学》等具有政法特色的教材。为适应培养具有创新精神和实践能力的新型高级专门人才的新形势需要，特别是适应国际法庭科学互证的需要，我们决定再次规划和修订《侦查学总论》《司法鉴定学总论》《中外侦查制度》《网络犯罪案件侦查》《刑事案件侦查》《经济犯罪案件侦查》《职务犯罪案件调查》《讯问学》《电子证据调查学》《司法摄影》《文件物证检验学》《痕迹检验学》《法医学》《司法精神病学》等14部教材，以展示我校教学、科研的最新成果。

本套规划和修订的教材，借鉴了国内外侦查学理论研究的新成果，吸纳了相关学科的前沿研究成果，反映了侦查实践中的新经验，注重介绍侦查学各门学科的基础知识，阐释基本理论，突出理论与实践的有机结合，力求达到科学性、系统性、新颖性、适应性的统一。

　　本套教材的编写和出版，得到了中国政法大学出版社领导、编辑的大力支持和热情帮助，对此我们表示诚挚的谢意！本套教材在编写过程中的疏漏、缺憾在所难免，恳请专家、学者及广大读者不吝指教！

中国政法大学刑事司法学院
2019 年 3 月

前　言

在信息化高速发展的当代社会，网络技术已深刻融入人们的日常生活和工作中。然而，随之而来的网络犯罪问题也日益凸显，犯罪形式不断翻新，手段愈加复杂多样。这种新兴犯罪不仅威胁着个人和组织的安全，也对社会秩序和国家安全带来了前所未有的挑战。在此背景下，《网络犯罪案件侦查》这本教材应运而生，旨在为法学院校侦查学专业和法学专业本科生提供系统的理论基础和实践指导，帮助他们在未来的司法和执法工作中有效应对网络犯罪。

本教材由中国政法大学刑事司法学院副教授李小恺、民商经济法学院副教授郑璇玉，以及来自公安部门的多位实务专家刘浩阳、张宏大、韩马剑共同编写。李小恺教授拥有丰富的理论研究和教学经验，长期从事网络犯罪侦查、电子数据取证与证据法的研究工作，他负责撰写本书的第一章和第四章内容，主要介绍了网络犯罪的基本概念、特征及相关法律法规。张宏大作为沈阳市公安局新型犯罪研究中心副主任、辽宁省网安专家组成员，结合丰富的实战经验，撰写了第二章和第三章内容，深入探讨了网络犯罪案件的侦查思路和策略。刘浩阳，大连市公安局科技通信处副处长、全国公安机关网络安全专家，负责撰写第四章的后半部分及第五章内容，详细介绍了电子数据取证的方法和技术，并分析了危害计算机信息系统安全案件的侦查实践。韩马剑，河北省公安厅副处长、公安部网络安全专家，撰写了第六章内容，重点研究了利用计算机信息系统实施犯罪的侦查方法。郑璇玉教授负责对网络侵犯知识产权犯罪案件相关内容进行补充，并对全书内容进行统稿和校对工作。

本教材具有以下鲜明特点：

首先，主要面向政法院校侦查学专业和法学专业的本科生，因此在内容上进行了有针对性的设计。教材适当弱化了技术部分，避免使用过多的技术术语和复杂概念，而是将重点放在侦查思路、案件分析逻辑以及相关法律法规的讲解上，以确保读者能够轻松掌握核心内容，理解网络犯罪案件的侦查流程与法律依据。这一设计不仅有助于学生从整体上把握网络犯罪侦查的框架和方向，也提高了教材的可读性和适用性。

其次，实用性与可操作性突出。在理论介绍的基础上，书中融入了大量的典型案例分析，通过对真实案件的解剖，帮助读者将理论知识与实践操作相结合，有助于培养在实际侦查工作中的应用能力。这样的编排不仅强化了学生对理论知识的理解，还为他们未来从事网络犯罪侦查工作打下了实践基础。

再次，本教材的编写团队由学术界和实务界的专家共同组成，确保了内容的科学性与实用性并重。李小恺教授、郑璇玉教授的学术研究为教材提供了坚实的理论基础，而刘浩阳、张宏大、韩马剑等实务专家的丰富经验则使教材内容紧密贴合实际，具有极强的操作性和指导性。这种理论与实践相结合的编写方式，不仅适用于在校学生的学习，也为检察官、法官、律师等长期办理网络犯罪案件的法律工作者提供了宝贵参考。

最后，本教材内容全面覆盖了网络犯罪的概念、特征、法律规制及侦查方法等各个方面，构建了一个完整的知识体系。通过学习本教材，学生可以系统地掌握网络犯罪侦查的基础理论和实战技能，逐步培养在复杂网络环境下有效开展侦查工作的能力。

总之，本书既适合作为政法院校侦查学专业和法学专业本科生的教材，也可以作为从事网络犯罪案件的法律工作者的参考书。希望本教材能够为广大学生和法律从业者提供有力的知识支持，培养更多高素质的法律人才，为打击网络犯罪、维护社会稳定贡献力量。

目 录

第一章 网络犯罪侦查绪论 1

    第一节 网络犯罪的概念 1

    第二节 网络犯罪的特点 10

    第三节 网络犯罪的立法 14

    第四节 网络犯罪侦查的概述 26

    本章小结 32

    思考题 33

第二章 网络犯罪案件的侦查程序 34

    第一节 管辖 34

    第二节 受案、初查和立案 43

    第三节 侦查和取证 48

    第四节 侦查终结 68

    本章小结 70

    思考题 70

第三章 网络犯罪案件的侦查思路 72

    第一节 侦查思路概述 72

    第二节 网络犯罪案件侦查思路的逻辑 74

    第三节 线索的收集、甄别与扩展的策略 91

    第四节 侦查路径的选择 95

    第五节 询问和讯问的谋略 98

    本章小结 100

    思考题 101

第四章 电子数据取证 …… 102

第一节 电子数据取证概述 …… 102
第二节 我国电子数据取证法律规制的发展历程 …… 114
第三节 电子数据取证的主要措施、方法及规则 …… 116
第四节 网络犯罪案件侦查中电子数据取证的要领 …… 127
第五节 电子数据取证的技术规范 …… 144
本章小结 …… 145
思考题 …… 146

第五章 危害计算机信息系统安全案件侦查 …… 148

第一节 非法侵入计算机信息系统案件侦查 …… 148
第二节 非法获取计算机信息系统数据、控制计算机信息系统案件侦查 …… 156
第三节 提供侵入、非法控制计算机信息系统程序、工具案件侦查 …… 164
第四节 破坏计算机信息系统案件侦查 …… 171
第五节 案例剖析 …… 179
本章小结 …… 182
思考题 …… 182

第六章 利用计算机信息系统和互联网实施的犯罪案件侦查 …… 184

第一节 利用计算机信息系统和互联网实施的犯罪案件概述 …… 184
第二节 网络盗窃案件侦查 …… 185
第三节 网络诈骗案件侦查 …… 192
第四节 网络赌博案件侦查 …… 201
第五节 网络淫秽色情案件侦查 …… 210
第六节 网络传销案件侦查 …… 219
第七节 网络金融犯罪案件的侦查 …… 227
本章小结 …… 241
思考题 …… 241

第一章 网络犯罪侦查绪论

第一节 网络犯罪的概念

从20世纪中叶至今，在短短的几十年时间里，计算机、互联网、移动智能终端、物联网、移动网络、云计算、大数据、人工智能等一系列信息技术产物接踵而至，在人类社会掀起了一场信息革命，给全世界带来了巨大的变革。然而，在人们沉浸于信息技术带来的便利的同时，各种犯罪行为也如影随形。伴随着网络的发展，这些新型犯罪逐渐地演化、变异、形成规模，最终成为困扰信息社会的一大顽疾。

以计算机和互联网为代表的网络信息技术的发展与网络犯罪之间有密切的关系：一方面，技术发展在带来便利的同时，也提供了滋生犯罪的沃土；另一方面，随着网络的普及，各种标准、规范和制度也在不断健全，对网络犯罪的控制和打击能力也在不断提升。可以说，网络犯罪与信息化、网络化具有共生性。

一、从计算机犯罪到网络犯罪

目前所称网络犯罪的概念，基本上是起源于计算机犯罪的概念。

西方对于计算机犯罪有不同的尝试和研究。美国司法部把计算机犯罪定义为："在导致成功起诉的非法行为中计算机技术和知识起了基本作用的非法行为。"日本警察厅列举了一些行为："对非法连接计算机网络系统的通讯电缆等附带设备的犯罪，以及所有改换、消除现金卡、信用卡的磁条部分的犯罪都属于计算机犯罪。"但此列举很难概括所有的犯罪形式。澳大利亚把计算机犯罪称为计算机滥用，也列举了一些计算机滥用行为，但列举范围也过于狭窄。我国学者对于计算机犯罪，有多种定义方式。工具利用说认为，"利用计算机或计算机知识来达到犯罪目的,即为计算机犯罪"。[1]对象数据说认为,计算机犯罪是指"针对和利用计算机系统,通过非法操作或者以其他手段对计算机系统内数据的安全完整性或系统正常运行造成危害后果的行为"。[2] 其犯罪对象是计算机系统内部的数据,包括所有在计算机内部的信息。工具对象说则强调把计算机作为工具,或以计算机资产作为攻击对象而实施犯罪行为。[3]无论哪种学说,网络犯罪的概念基本沿用了计算机犯罪,只是随着时代的发展,称谓发生了变化。

从历史的角度来看,网络犯罪的产生和发展,完全是跟随着信息技术发展的步调和节奏。可以说,正是信息技术的发展,才逐步地形成了足以滋生网络犯罪的温床。而相应地,在信息技术发展的不同阶段,网络犯罪的目的、手段和行为模式等也会有与该阶段相对应的特点。

在网络还没有出现之前,所谓的计算机不过是一些不能联网的单机设备。在这个阶段,由于计算机本身就是一种价值昂贵的财产,因此计算机物理设备就很自然地成为被侵害的目标,例如心怀不满的员工为了报复而破坏或砸毁设备。然而,除了这种针对物理财产的侵害行为之外,通过篡改计算机信息系统中的数据加以实施的犯罪行为也开始零星出现,例如美国斯坦福研究所的研究人员、著名的计算机安全专家唐·帕克(Donn B. Parker)在1966年发现的世界上第一例有案可查的计算机犯罪案件,就是一个计算机工程师对存款余额进行修改来实现的。[4]尽管如此,由于这些设备还不能联网,因此这种犯罪活动的破坏性也是有限的,无法与当前所讨论的网络犯罪相提并论。

事实上,在互联网产生之前,所谓"网络"的概念就已经在电话网络上有所体现,并且在一些针对电话网络的犯罪活动中,也能够看到一些后期出现的互联网犯罪的影子。例如,美国的约翰·德拉浦(John Draper)发现通过一种饼干盒子发出的哨声,可以制造出精确的音频,把这种音频从电话的话筒输入,就可以实现欺骗电话网络系统并开启线路的目的。而后来,一些早期的黑客就利用同样的原理,制造出一种名为"蓝盒子(Blue Box)"的设备,可以模仿电信运营商的拨号控制信号进行自动入侵,而据称苹果公司的创始人斯蒂夫·乔布斯就

---

[1] 李飞鹏:《计算机犯罪的分类》,载《第四次全国计算机安全技术交流会论文集》,昆明,1989年,第316页。

[2] 孙铁成:《计算机与法律》,法律出版社1998年版,第50-51页。

[3] 刘广三:《计算机犯罪论》,中国人民大学出版社1996年版,第66页。

[4] 常远:《计算机犯罪的回顾和预测》,载《法律科学(西北政法大学学报)》1991年第3期。

是这些黑客中的一员。

"网络"的本质就是为数据信息的共享搭设平台和通道，计算机设备则是采集、处理和存储数据信息的终端设备。当这两个与数据有着密切联系的事物最终结合在一起时，信息数据就实现了利用网络在不同的终端之间自由地交互和共享，而此时，真正意义上的"信息网络"才正式诞生，同时也为真正意义上的、具有极大破坏性的网络犯罪的产生提供了产生和发展的土壤。

1969年，美国国防部研究并部署了阿帕网（ARPANET），随后又将美国南部的加州大学洛杉矶分校、斯坦福大学、加利福尼亚大学以及犹他州州立大学的四台主要计算机连接在一起，并开始联机运行。计算机网络，即互联网的雏形就此诞生。在此之后，这种旨在让不同的计算机设备能够互联互通的网络迅速发展壮大，并很快成为一张覆盖整个北美并向全世界扩张的"大网"。而就是从这时候开始，类似于前述那种针对电话网络的入侵行为也开始出现在互联网上，针对互联网的破坏行为开始出现，网络犯罪也自此正式诞生并迅速进入了发展阶段。

尽管计算机网络在20世纪70年代就已经诞生，但是在20世纪90年代之前，计算机依然是一种昂贵的精密仪器设备，并且在那个时期也缺乏与当下类似的各种民用应用程序。因此，计算机和互联网在这一时期尚未普及，对它们的使用也还仅限于国防、科学研究、高等院校以及部分企业之间的信息传输共享和信息系统的研究。在这种情况下，互联网上虽然也会出现一些恶意行为，但是其中大多数都是无意的行为或者恶作剧。例如有的黑客入侵了别人的计算机设备后，仅仅是留下"我来过"的留言，其目的并不是破坏，而是炫技。而普通人对这种行为也并没有太多的敌意，以至于"黑客"在这一时期也并不是一个贬义词，而是对技术高超者的称谓。

但是，这种局面在20世纪80年代末发生了重大的转变。1988年，年仅22岁的康奈尔大学研究生罗伯特·莫里斯向网上传播了一个蠕虫病毒，造成了网络上6000个系统的瘫痪，损失估计为200万到6000万美元。虽然莫里斯仅仅是出于好奇的探索行为，并没有期待危害结果的发生，但是作为第一例造成大规模破坏性的网络恶意行为，全社会由此开始了深刻的反思：随着社会对计算机网络的依赖日益加深，人类是否可能蒙受更大的风险？由于当时的法律尚未对此作出规定，所以莫里斯没有承担责任。但是，第一个网络紧急事件的应急响应部门——计算机应急小组（CERT）也因此而成立。从此，世界各国都开始逐渐对打击网络犯罪、维护网络安全予以重视。

随着各国金融系统在20世纪90年代开始逐步实现网络化，针对金融系统的网络犯罪活动迅速增加，其中典型的就是信用卡诈骗。1995年，仅美国发生的信用卡诈骗所造成的损失就超过了16.3亿美元。这标志着，对金钱的贪婪开始逐渐成为入侵和破坏网络的主要动机之一。而与此同时，传统的"黑客"行为有增无减，并且其危害性和破坏力也明显增强。例如1998年的CIH病毒、1999年的梅丽莎病毒、2000年的爱虫病毒等，其造成的损失都远远超过莫里斯蠕虫。

到了21世纪，信息产业的发展逐渐进入了高速路，计算机和互联网在全世界范围的普及，使越来越多的利益与互联网相关联。国防、金融、社会治理以及人们的个人生活，都开始信息化和网络化，网络犯罪在追逐更大的经济利益的同时，也对国家安全、社会秩序和公民人身财产安全形成严重的威胁。而随着网速和带宽的日益提升，大数据、人工智能等技术的不断发展，网络犯罪行为所带来的威胁也将进一步提升。

从网络犯罪的发展历史来看，网络犯罪是以计算机和互联网为代表的信息技术产业不断发展的伴生产物，二者的发展历史几乎是同步的。一方面，网络与越来越多的利益相关联，为网络犯罪提供了更多有价值的侵害目标，促使犯罪分子对计算机和网络产生更加强烈的犯罪动机；另一方面，信息技术在人类社会带来各类便利的信息化工具的同时，也成为犯罪分子能够加以利用的犯罪工具，并且许多传统犯罪的犯罪方法和犯罪模式也得以借助网络发生新的异变，给犯罪的预防和打击带来新的挑战。

二、网络犯罪概念的界定

网络犯罪，是指以网络为犯罪工具或者犯罪对象，实施的危害计算机信息系统和网络安全、严重违反信息网络管理秩序、侵犯公民合法权利的犯罪行为。值得注意的是，网络犯罪并非《中华人民共和国刑法》（以下简称《刑法》）中规定的单独罪名，和"经济犯罪""未成年人犯罪"等概念一样，只是为了便于研究和讨论而形成的对这类新型犯罪的统称。

目前，我国学术界对网络犯罪的界定存在狭义说和广义说两种主要观点。狭义的网络犯罪主要是指以计算机和网络为侵害对象的犯罪行为，即传统意义上的计算机犯罪或危害计算机信息系统安全犯罪。《刑法》在1997年增加的第二百八十五条"非法侵入计算机信息系统罪"和第二百八十六条"破坏计算机信息系统罪"，即俗称的黑客犯罪或危害计算机信息系统安全犯罪，就是与狭义说所对应的。尽管《中华人民共和国刑法修正案（七）》（以下简称《刑七》）增加了非法获取计算机信息系统数据、控制计算机信息系统罪以及提供侵入、控制计算机信息系统工具罪，《中华人民共和国刑法修正案（九）》（以下简称《刑九》）增设了第二百八十六条之一"拒不履行信息网络安全管理义务罪"，但是这几个新增罪名所指向的犯罪行为依然是以计算机和网络安全作为侵害的对象。有学者认为，此类犯罪的共同特征就在于，一方面其犯罪对象是计算机信息系统，因而其他涉及计算机的普通犯罪均被排除在外；另一方面，行为所实施的危害计算机信息系统安全的行为只能通过非法操作计算机的行为来加以实施。因此，根据狭义说，网络犯罪应当仅指那些既以计算机和网络为工具同时又指向计算机和网络的犯罪行为。从网络安全的角度而言，就是对网络和计算机信息系统的保密性、完整性和可用性这三项基本安全要素的侵犯。

广义的网络犯罪则不仅包括以计算机和网络为侵害对象的犯罪行为，还包括以计算机和网络为工具实施的其他犯罪行为。具体而言，广义的网络犯罪可以分为两类：第一类是以网络为对象的犯罪，即涵盖了狭义说所对应的各项罪名；第二类则是以网络为工具的犯罪，涉及利用网络实施的盗窃、贪污、诈骗等传统罪名。由于网络已经渗透到了人们生活的方方面面，其被犯罪分子利用进行犯罪活动的表现形形色色。在刑法分则中，除了杀人、抢劫、强奸等必须通过面对面才可以实施的犯罪行为之外，几乎所有传统犯罪都可以"网络化"。因此，广义说就是将利用计算机网络实施的各类犯罪行为都归于网络犯罪的概念之中。

尽管广义说将网络犯罪的定义外延至利用网络实施的犯罪行为，但是，并不是所有以网络为工具的犯罪都属于网络犯罪。对于纯粹以侵犯财产为目的的破坏或盗窃计算机或网络硬件设施行为，如盗窃笔记本电脑、毁坏网络通信基站等行为，显然与传统的侵财犯罪没有区别，不宜作为网络犯罪。

为了全面理解和把握网络犯罪的概念，还需要对以下概念有所了解：

1. 计算机信息系统

计算机信息系统的概念最早出现于1994年发布的《中华人民共和国计算机信息系统安全保护条例》（该条例于2011年1月修订，以下简称《计算机信息系统安全保护条例》）。计算机信息系统，是指由计算机及其相关的和配套的设备、设施（含网络）构成的，按照一定的应用目标和规则对信息进行采集、加工、存储、传输、检索等处理的人机系统。

在1997年《刑法》中沿用了这一概念，首次规定了"非法侵入计算机信息系统罪"和"破坏计算机信息系统罪"这两项典型的、以计算机网络为对象的犯罪。

2011年颁布的《最高人民法院、最高人民检察院关于办理危害计算机信息系统安全刑事案件应用法律若干问题的解释》第十一条规定："本解释所称'计算机信息系统'和'计算机系统',是指具备自动处理数据功能的系统,包括计算机、网络设备、通信设备、自动化控制设备等。"这个概念的界定与之前《计算信息系统安全保护条例》中的界定并没有本质区别,同时还明确了:在我国现有刑事法律规范中,"计算机信息系统""计算机系统"只是称谓不同,其含义是相同的。

2. 网络和网络安全

在我国立法规范中,"网络"是在"计算机信息系统"之后出现的名词,同时也伴随着"计算机犯罪"向"网络犯罪"的称谓转变。同时,"网络安全"的概念也逐渐替代了"计算机信息系统安全"的概念,成为学界描述网络犯罪侵害对象时最常用的称谓。2016年颁布的《中华人民共和国网络安全法》(以下简称《网络安全法》)第七十六条首次通过立法对"网络"和"网络安全"这两个概念作出了明确界定。其中:

"网络,是指由计算机或者其他信息终端及相关设备组成的按照一定的规则和程序对信息进行收集、存储、传输、交换、处理的系统。"可以看出,目前法律规范中采用的"网络"这一称谓,其含义与之前的"计算机信息系统"和"计算机系统"的概念并无本质差异。

"网络安全,是指通过采取必要措施,防范对网络的攻击、侵入、干扰、破坏和非法使用以及意外事故,使网络处于稳定可靠运行的状态,以及保障网络数据的完整性、保密性、可用性的能力。"此前虽然已经出现了"计算机信息系统安全"的概念,但是立法中从未对此概念作出过界定。"完整性、保密性、可用性"是信息安全科学领域对信息安全以及网络安全基本属性的界定,《网络安全法》首次规定"网络安全"的主要内容,为法学领域进一步研究和探讨这一概念奠定了基础。

值得注意的是,在目前《刑法》及相关司法解释的规定中,还大量出现"信息网络"和"信息网络安全"的表述。例如,《刑法》第二百一十七条对侵犯著作权罪的规范中提到"通过信息网络向公众传播"的行为;第二百四十六条对侮辱诽谤罪的规范中提到"通过信息网络实施"相关犯罪行为;第二百八十六条之一规定的"拒不履行信息网络安全管理义务罪";第二百八十七条之一规定的"非法利用信息网络罪";第二百八十七条之二规定的"帮助信息网络犯罪活动罪";第二百九十一条之一对编造、故意传播虚假信息罪中提到的"在信息网络或者其他媒体上传播"的犯罪行为等;《最高人民法院、最高人民检察院关于办理利用信息网络实施诽谤等刑事案件适用法律若干问题的解释》第七条中提到"通过信息网络有偿提供删除信息服务"和"通过信息网络有偿提供发布信息等服务"的行为;《最高人民法院、最高人民检察院关于办理侵犯公民个人信息刑事案件适用法律若干问题的解释》第三条提到"通过信息网络或者其他途径发布公民个人信息"的行为。尽管《刑法》和相关司法解释都没有对"信息网络"和"信息网络安全"的概念予以界定,但是从法条的表述和立法意图来看,这组概念与"计算机信息系统"、"计算机信息系统安全"和"网络"、"网络安全"的含义并无区别,相关规范也都是在描述以网络为对象或者是以网络为工具的犯罪行为。因此,这些表述可以视为相同概念的不同称谓。

三、信息化发展与网络犯罪的动态联系

进入 21 世纪以来,随着信息技术的飞速发展和普及,互联网完成了从 Web1.0 到 Web2.0 的革命性升级,并逐渐展现出 Web3.0 的发展趋势;网络空间不再是与现实空间隔绝开的"虚拟世界",二者之间的界限逐渐被打破,并且相互映射、相互融合、相互渗透,形成紧密联系的整体;互联网这一信息平台所承载的资产价值日益提升,越来越多以往在线下产生价值的利益和权益开始逐渐转移到线上,与系统、数据、应用、流量、用户等概念密切绑定,形成了新的价值呈现形态和产业模式。在这个过程中,我国信息产业的规模不断壮大,并逐渐成为我国新时期经济繁荣发展的重要推动力。但是,信息技术的普及和信息产业的发展也同样带来了负面效应,网络犯罪数量不断增加、形式更加多样、后果日益严重;同时,网络立法滞后性带来的影响日益明显,对网络空间的监管、对网络主体行为的规范以及对网络不法行为的查处和打击均面临层出不穷的新问题。要正确地看待这一现象,就需要从信息技术和信息产业发展的负面影响与网络犯罪之间的动态关系中,考察网络犯罪的动因和发展环境,从而更好地理解网络犯罪的相关问题。

(一)资产价值的不断飙升促使逐利成为网络犯罪的最大动因

"资产"和"资产价值"是信息科学领域在界定信息系统安全要素时所使用的概念。资产,是指通过信息化建设积累起来的信息系统、信息、生产或者服务能力、人员能力和赢得的信誉等;资产是有价值的,资产价值则通过资产的敏感

程度、重要程度和关键程度来表示。[1]

在 Web1.0 到 Web2.0 的发展过程中，网络所承载的资产越来越多，相应的资产价值也在不断飙升。一方面，大量传统的"线下"行为开始"线上"化，人们逐渐习惯了借助网络通信和网络应用，便捷地实现对现实世界中各类权利和权益的处分，小到网络购物、移动支付，大到政务、金融、军事的信息化，从而形成越来越多的线下资产与线上行为挂钩，增加了相关信息系统和信息通讯的资产价值；另一方面，流量经济、大数据产业的发展，也使"数据""流量"等虚拟资产的价值不断攀升，并一跃成为现代社会的新兴财富。

当逐利已成为网络犯罪主体最主要的诉求时，资产价值的提升势必会诱发更多的安全威胁，成为刺激网络犯罪不断发展的最大动因。特别是当新的网络应用或网络经济模式出现并带动一批新的高价值资产出现时，网络犯罪的发展方向也会随之发生明显的变化。例如，微信的普及使利用微信实施诈骗的案件在全部网络诈骗案件中的占比逐年快速提高，到 2017 年已有赶超 QQ 之势，而随着 QQ 占比的降低，2018 年微信占比超过 QQ 约二十个百分点。[2]

（二）技术和产业的高速发展客观上造成了法律的滞后

根据"摩尔定律"，集成电路上可以容纳的晶体管数目在大约每经过 18 个月便会增加一倍。这虽然只是经验之谈，却在一定程度上揭示出信息技术的进步速度。正是因为有这样高速发展的技术推动，加之市场需求和经济收益的不断刺激，信息产业也始终处于发展的快车道，各种网络应用和网络服务的创新层出不穷，并带动着网络行为模式不断发生新的变化。

与技术创新和产业创新相比，法律显然不能以同样的速度推陈出新。法律是社会关系的调整器，在社会关系的内容和性质未发生变化之前，不能对相应的法律随意修改或废除，应具备相对的稳定性。因此，法律具有滞后性是不可避免的。如果再将这种天然的滞后性与信息技术发展的高速性对比的话，二者之间的差距表现得就会更加明显。正如法学界的有一句名言所说：当网络立法出台的那一天，它就已经过时了。与此同时，法律的滞后性也会造成监管制度调整的滞后，这又为网络犯罪的肆意发展以及新型网络犯罪活动的产生提供了契机。

---

[1] 参见沈昌祥主编：《信息安全导论》，电子工业出版社 2009 年版，第 30 页。
[2] 《网络犯罪特点和趋势司法大数据专题报告（2016.1-2018.12）》，中国司法大数据研究院 2019 年。

（三）网络对匿名性的固有追求始终是打击网络犯罪的最大障碍

匿名是互联网最原始的基因，在任何一个时期，对网络行为的研究都会提到匿名性的特点。然而，在网络发展的不同阶段，匿名性的表现也有所不同。

在网络发展初期以及 Web1.0 时代，网络应用和网络服务的模式类型相对贫乏，只有简单的信息发布功能和基础的通信功能，用户的网络行为以浏览门户网站、阅读论坛信息为主，同时伴随论坛发帖、发送电子邮件、单纯即时聊天等简单的网络社交通信功能。在这一时期，网络基本上是一个与现实空间鲜有交集的"虚拟空间"，各种网络账号、网络昵称和网络 ID 都没有强制的实名要求，用户也习惯于以匿名的方式上网，以寻求与现实空间熟人之间交流沟通完全不同的体验。在这一时期有一个著名的说法：你永远不知道网络的对面是一个人还是一条狗。此时，要打击网络犯罪，必须首先明确从事不法行为的虚拟身份究竟对应怎样的真实身份，"核查落地"也由此成为网络犯罪侦查的核心任务。尽管如此，由于这一阶段的网络用户数量较少，网络接入的渠道相对有限，因此，即便是虚拟账号的注册信息中没有任何与实名有关的信息，也比较容易通过追踪并定位到行为人接入和使用网络的物理地址。

随着网络发展进入到 Web2.0 时代，社交媒体的兴起使网络的交互性得到空前的提升；同时，网速、光纤、云计算、移动互联网等基础设施的发展，也让用户通过互联网实现社交、音视频的分享以及交易支付的需求得以满足，并不断催生出新的交互需求。在这一阶段，网络应用和网络服务已经不再是虚拟世界内的小众潮流，而是大众生活中的必需品，甚至关系到日常工作和生活的方方面面。这种急剧膨胀的市场需求不仅催生了一大批互联网企业，也不可避免地打破了虚拟世界和现实世界之间的界限。此时，无论是商业主体还是政府职能部门，这些中心实体都需要有更强的监管手段，以更好地维护秩序、保护各方主体的合法权益，网络实名制则成为必然的发展趋势。从 2002 年清华大学新闻学教授李希光首次提出"人大应该禁止任何人网上匿名"开始至今，我国网络实名制已经得到了充分的落实，经营场所上网、互联网接入、网络金融服务以及微博微信等社交网络的注册和使用等，都已经纳入强制实名制的范畴。尽管网络实名已经成为一种常态，但是网络的匿名性并未消失，特别是对于从事违法、犯罪行为的主体，依然会通过冒用、盗用或者通过黑市购买他人实名账号的方式规避实名要求，或者是通过代理服务器、伪装 IP 地址等技术手段避免被追踪定位，这些反侦查手段往往会给"核查落地"带来非常大的障碍。

随着比特币、NFT（Non-Fungible Token 的缩写，译为非同质化代币）、元宇宙等新兴网络事物的不断涌现，以"去中心"为主要特征的 Web3.0 的概念呼之欲出。与 Web2.0 时代相比，Web3.0 是依托区块链的安全性实现的、去中心化水平极高的网络。以比特币网络为例，银行、第三方支付机构都没有必须存在的意义，在没有中心实体的情况下，所有用户即使全部匿名、互不相识，也依然可以借助区块链的分布式账本、链式存储和多数共识机制，实现安全、可信的货币发行和货币交易，换言之，从商业应用角度来看，实名制已经不再是维护正常秩序的必然要求。同时，即便是用户依然采用实名注册账号，但是由于不再有中心实体的存在，用户与用户之间的通信方式主要是点对点形式（peer to peer，简称 P2P），对注册信息的监管和调查也无法像之前一样通过商业主体或政府监管部门加以实现。因此，"去中心"模式下的网络空间，其匿名性给网络犯罪侦查带来的障碍已经不再是"账号不实"这种传统形式，而是升级为网络监管和用户自主操控之间的制度性冲突。

第二节　网络犯罪的特点

一、网络犯罪本质的信息性

网络是信息化的直接产物，网络空间在本质上就是一个信息处理和信息交互的平台，一切网络行为也都是依赖于平台上各类电子数据的存储、处理和传输加以实现。网络犯罪的主要犯罪行为发生在网络空间，因此，信息性就是网络犯罪行为最本质的属性，也是其与其他传统犯罪行为相比最根本的差异所在。

一般认为，虚拟性、匿名性是网络犯罪的显著特点，而这两个特点都可以视作信息性的表现，是信息性的衍生属性。电子数据是网络空间中信息的表现形式。传统物理世界的各类信息通常是以物质的成分或形态作为反映信息的载体，这种信息属于连续信息，与其载体之间是一一对应的关系，如果原载体发生改变或者信息脱离原载体转移到其他载体时，信息也会随着物质的改变而发生变化，导致信息失真甚至毁灭；而电子数据则是一种离散信息，这类信息并不以物质载体的成分或形态的连续变化来呈现，所以它并不依赖于某个特定的物理载体，可以与原载体分离并转移或复制到其他载体而不发生失真。由于不依赖于固定的、唯一的物理载体作为信息反映体，网络行为就不能像现实世界的行为一样可以通过各种客观实在物去观察行为的过程和留下的痕迹,这就给人以"虚拟"和"不真实"的外在表现。

发生在网络空间的各种交互行为,都是依托网络通信实现的,而这些通信是发生在节点和节点之间,通过链路传输实现的。在这个过程中,参与通信的直接主体是链路两端的节点,账号、用户名、昵称、IP 地址、电话号等都是对通信主体节点的标识信息。只有当这些信息主动加入用户的真实身份信息或者与真实身份信息建立关联关系时,它们才是"实名"的,否则就是"匿名的"。因此,网络行为的"匿名性",归根结底是由其信息的通信模式和通信关系所决定的。

网络犯罪的信息性具体体现在以下几个方面:其一,网络犯罪的主要犯罪行为必须在网络空间内实施,必须借助电子数据的存储、处理和传输等信息过程才能实施;其二,网络犯罪的危害性是通过破坏信息系统的完整性、保密性、可用性或者传播违法、有害信息等形式加以实现;其三,能够反映网络犯罪行为"痕迹"的信息是以各类信息系统中存储、传输的电子数据的形式呈现,所以电子数据往往是办理网络犯罪案件过程中最主要的线索和证据形式。

二、网络犯罪手段和方法的技术性

网络犯罪的技术性首先表现为对计算机技术、网络技术等信息技术的依赖性。网络犯罪是信息技术的产物,所有网络犯罪行为的实施都离不开对技术的使用,也都需要有相应的技术条件支撑才能实现其效果。同时,网络犯罪的主体也必须具备一定的计算机网络知识和技能才有能力实施犯罪行为。以网络为对象实施的犯罪,行为人需要具有计算机网络的相关知识,具有相对高超的计算机网络技术,才能突破系统的防护,并且做到清除犯罪痕迹以及掩盖犯罪行为;即使是以网络为工具的犯罪行为,行为人也要掌握一定的计算机网络知识,才有能力利用计算机网络实施犯罪活动。尽管随着目前网络社会分工的细化和入侵工具的智能化,网络犯罪的技术门槛越来越低,但是完全不懂或者不借助计算机网络知识,也是无法进行网络犯罪的。

网络犯罪的技术性还表现在技术发展催生出新的犯罪形态。美国犯罪学家埃德温·H. 萨瑟兰提出,才智和现代技术工具的结合产生犯罪的可能性。随着网络技术的不断发展,各类网络应用和网络服务的模式和业态也在推陈出新。在这个过程中,新的信息资产涌现出来,成为犯罪分子逐利的目标。同时,随着网络的交互性日益提升,借助网络可以实施更多的网络行为,而这些行为能够产生的效果和影响日益丰富多样,甚至能够关联到社会生活的方方面面。当新的犯罪动机、犯罪手段和犯罪工具结合在一起时，就会产生有新的犯罪行为模式以及新的犯罪组织模式。

三、网络犯罪行为的复杂性

网络犯罪行为的复杂性主要体现在以下几个方面：

第一，犯罪主体的复杂性。具备计算机网络知识的个体，只要通过一台联网的计算机，便可以通过网络进行入侵活动。有组织的网络犯罪活动形成或松散或紧密的圈子，在金钱利益的大前提下，不认识的人可以通过网络组成的团体实施犯罪活动。这个团体可以是跨地域、跨人种的，其层级关系复杂多变。

第二，犯罪对象的复杂性。随着网络应用的逐步普及，网络犯罪对象也越来越复杂和多样，不但针对个人或者组织的利益，而且发展到网络恐怖主义等侵害国家安全，政治安定等领域，具体的体现是网络犯罪类型推陈出新，各种犯罪交织，区分界定困难。

第三，犯罪手段的多样性。犯罪分子为了实现犯罪目的，同时也为了隐藏犯罪痕迹，会充分研究并利用网络技术和各种信息交互模式，最终形成各式各样的犯罪手段。例如，据不完全统计，当前网络诈骗手法多达六大类三百多种，而且还在不断"推陈出新"。

四、网络犯罪行为的广域性

广域性是互联网的主要特性，也是网络空间与现实空间相比最主要的区别之一。与传统犯罪不同，网络犯罪是发生在网络空间的非接触式犯罪，因此，其主要犯罪行为是借助网络并通过网络的信息通信和信息处理过程实现的。这种特性不仅使网络犯罪行为在本质上呈现出信息性，同时也使物理空间不再是行为实施的障碍。正是由于网络的广域性，犯罪活动可以突破地域的限制，从而呈现出跨域性的特点，犯罪分子可以轻而易举地通过互联网"压缩时空"，从而结成犯罪团伙。也正因如此，近年来，网络犯罪的发展趋势也呈现出集团化、团伙化的特点。

随着近年来我国不断加强对网络犯罪活动的侦查和打击力度，在境内通过网络实施犯罪的主体很难逃脱法律的制裁，因此催生了大量跨域甚至跨国实施犯罪活动的犯罪分子和犯罪团伙，其中，网络赌博、网络电信诈骗、网络传播淫秽色情物品等类型的案件尤为明显。

五、网络犯罪危害的严重性和扩散性

任何犯罪行为都具有社会危害性，网络犯罪的危害具体表现在其严重性和扩

散性两个方面。

网络犯罪的危害领域，包括个人隐私、社会金融、国家安全等多个方面，而且犯罪发展迅速。随着网络的应用逐步增多，人们的生活也越来越多地依靠网络。这就导致网络犯罪危害性体现的领域和范围都越来越大，危害的程度也愈加严重，其危害的领域也逐步从计算机网络系统、金融系统发展至生产、科研、卫生、邮电、医疗等几乎所有联网的领域。从某种意义上说，网络犯罪危害的严重性要远大于除暴力犯罪之外的普通犯罪活动。

而网络犯罪危害的扩散性则是指其危害领域、危害对象和危害结果的广泛性。近年来，网络应用正以极快的速度普及，不同地区、不同国家以及各个领域、各个部门、各个层级正在被网络连在一起。正是由于社会生活已经对网络形成了普遍且深入的依赖性，因此，不论是以网络为对象还是以网络为工具的犯罪行为，都可能危害到非常广的领域，既可以是政府机关、新闻出版、文化教育、科技行业，也可以是工厂、矿山、粮食、商业、供销、石油、煤炭、运输、银行、证券、外贸和房地产等领域，网络犯罪对各行各业均有渗透作用。

犯罪动机和犯罪目的不同，最终产生的危害结果也不同，有时甚至还会同时对几个领域产生危害。有些网络犯罪有确定的犯罪目标，而有些则没有。而无论是否有确定的目标，由于网络信息传播本身易扩散的特点，即便犯罪行为只计划侵害一个犯罪对象，也可能给众多的无辜者带来危害。例如，在5·19断网事件中，原本的侵害对象是竞争对手的服务器，但最终却导致六省发生断网事故。[1]而像传播病毒、传播淫秽色情物品等本身就没有特定目标的犯罪行为，其危害性则更会轻易地随网络而扩散传播，甚至会使整个网络都受到影响。

六、网络犯罪组织形态的产业链化

在利益的驱动下，以计算机网络为对象的、单纯的入侵和破坏行为已经不再是网络犯罪中的主流，个人信息、金融系统、商业秘密等更具价值的资产早已成为更吸引犯罪分子的目标。与此同时，借助并借鉴"互联网+"的发展，大量传统犯罪行为也开始以新的犯罪形态蔓延发展，它们借助网络技术和网络应用来完成犯罪预备以及实施犯罪活动。为了在不断膨胀的互联网产业中攫取更大的非法利益，越来越多的网络犯罪活动集中于获取高额利润和获取个人数据，并且逐步

---

〔1〕 关于5·19断网事件，参见 http://news.cctv.com/china/20090602/110418.shtml，最后访问时间：2024年8月2日。

形成完善的分工和产业，一步步发展壮大，形成稳定的利益链条。

近年来，网络犯罪的"黑灰产"链条也已经日益明晰，网络犯罪活动的分工也日趋细化。例如，在电信网络诈骗犯罪的产业链条中，有的环节专门负责收集公民信息、有的环节专门利用"伪基站"发布诈骗广告、有的环节专门从事开发木马软件等技术支持、有的环节则专门提供交易平台和交易账号等等。不同的犯罪分子和犯罪团伙利用各种平台进行作案，每一环节的专业化程度相当高。这些交易、勾连的双方，可能相互不认识，也不会见面，但是上下游产业之间却可以通过网络"合作无间"。

七、网络犯罪过程的隔体性

所谓隔体性，是指犯罪人在实施网络犯罪行为的过程中，与被害人之间往往不发生直接的接触和交往，犯罪行为的实施地与犯罪结果的发生地分属不同的物理空间，甚至犯罪行为和犯罪结果在时间上也并不同步，即犯罪结果可能在犯罪行为发生后一段时间才能显现出来。隔体性犯罪人借助信息网络实施犯罪行为所带来的必然结果，因此，这一特点追根溯源也是网络犯罪的信息性所导致的。网络犯罪过程隔体性的特点，往往会给针对网络犯罪的事前防控和事后取证等工作带来诸多的困难。

正是由于网络犯罪过程的隔体性，导致犯罪人在实施犯罪时心理的负罪感普遍较低。很多犯罪人在操作计算机、发送信息、设计网络应用或者搭建各类网络服务时，由于并未直面自己的侵害对象，犯罪的危害结果也没有当场呈现出来，因此他们很容易会"忘记"自己正在实施犯罪行为，并且会认为这些行为与正常的 APP 开发或者网站运营行为并无差异。这种与传统接触式犯罪完全不同的心理，导致道德伦理约束产生效果相对较弱，成为网络犯罪高发的重要因素之一。

第三节　网络犯罪的立法

一、域外网络犯罪的立法状况

在全球信息化的进程中，网络犯罪已经成为一个世界性的问题。因此，在当今的时代背景下，网络犯罪立法也是世界各国的共同话题。

（一）国际公约

2001年11月23日，26个欧盟成员国以及美国、加拿大、日本和南非等30个国家在布达佩斯签署了《网络犯罪公约》。《网络犯罪公约》从破坏计算机数据和系统的保密性、完整性和可用性的犯罪、与计算机相关的犯罪和与内容相关的犯罪三个方面，规定了各成员国打击信息网络犯罪的立法义务。这是世界第一部针对网络犯罪行为制订的国际公约，并在随后成为世界主要国家的立法范本，因此，该公约也被普遍称为《网络犯罪国际公约》。

在具体内容上，《网络犯罪公约》共包括四章。其中，第一章是"术语使用"，对公约中所使用的基本术语进行界定，如"计算机系统""计算机数据""服务提供者""流量数据"等。第二章是"国家层面采取的措施"，这一章是公约中内容最多，也是直接涉及网络犯罪相关规范的部分，具体分为"刑事实体法""程序法"和"管辖权"三节。第三章是"国际合作"，分别从"一般原则"和"特殊条款"两节，对办理网络犯罪案件的国际合作制定相关规定，以促进缔约各国的相互合作。第四章"最后规定"，则是对该公约的签署和生效、加入公约、领土适用等效力问题进行规定。

尽管《网络犯罪公约》试图打造一个在全球普遍适用的网络犯罪立法框架，但是受制于公约制定时的技术限制和时代限制，在公约出台后不久就显现出相对于网络犯罪发展趋势的滞后性。诸如美国、俄罗斯多个签署国都开始着手制定新时代的网络犯罪立法。

此外，由于参与制定《网络犯罪公约》的多为信息网络发达的国家和地区，其在打击网络犯罪方面都有巨大的先天优势，而为了维护公约制定国自身的利益最大化，造成了公约的公平性和普适性受到限制。因此，欧洲内部的学者亦有不少对公约的公正性提出质疑。

（二）欧洲国家的立法

欧盟的多数国家，自20世纪八九十年代起就开始针对其国内刑法是否能够适用于信息网络技术实施的新型犯罪进行审视和研究，并对其刑法进行适当的修改、发展和补充。其中，法国、德国、丹麦、奥地利、瑞典等国分别不同程度地对其本国刑法的罪名体系进行了修改；而英国、葡萄牙、西班牙等国则只是在原有刑法基础上对计算机犯罪进行了增补。总体来讲，欧洲大多数国家实际上已经具备了比较完整的网络犯罪罪名体系。

例如德国在1986年8月1日进行了对其刑法的修正，加入了有关防治计算机犯罪的各项规定，主要包括计算机欺诈罪、资料伪造罪、刺探资料罪、变更资料罪、计算机破坏罪等。《德国刑法典》第 269 条规定："意图在法律交往中进行欺骗而储存或变更可辨识状态下为伪造或变造文书之重要证据资料，或使用在此状态下所存储或变更资料者，处 5 年以下自由刑或罚金……"第 303 条 A 规定："非法删除、隐藏，使不能使用或变更资料者，处 2 年以下自由刑或罚金……第一项所称资料，仅指以电子、磁性或其他非可直接以感官辨识之方式所存储或传送者。"根据上述规定可以发现，变更资料罪的犯罪构成不以对客体作物理性侵害为表，而是对电子数据存储的资料予以删除或妨害也可以构成。而对于以网络为工具实施的传统犯罪，特别是诈骗罪，《德国刑法典》也设置了专门的条文。

欧洲另一个比较有代表性的国家是法国。现行《法国刑法典》于 1994 年 3 月 1 日生效，其中第三卷第三编第三章专章规定了"侵犯资料自动处理系统罪"，分别对侵害计算机信息系统、侵害计算机存储数据以及相关的特殊行为的处罚进行了规定。其中，对于针对计算机信息系统实施的犯罪，《法国刑法典》用比较系统的篇幅对非法侵入计算机信息系统、破坏计算机信息系统的行为进行了规定，具体包括"非法侵入系统或者在系统中非法停留"（第 323-1 条第 1 款）和"破坏计算机信息系统"（第 323-1 条第 2 款）两类犯罪行为。此外，对于针对计算机存储数据实施的犯罪，《法国刑法典》将这一类型犯罪分为两种情况分别加以规定，具体为"破坏存储数据犯罪"（第 323-1 条第 2 款）和"非法输入数据犯罪"（第 323-3 条）。同时，该法还通过特殊条款，对网络犯罪的组织形态、犯罪停止形态的处罚作出了规定，如对网络犯罪未遂的处罚、对网络犯罪集团的处罚等。

（三）美国的立法

1958 年，世界上第一起受到刑事追诉的网络犯罪案件在美国发生。一位美国工程师将银行财务程序进行了篡改，进而连续多次修改其存款余额。1964 年，另一家美国金融公司通过计算机伪造各种保单，并利用计算机改变保险统计数据，以此方式骗取保险金，在近十年的时间里骗取了近 20 亿美元，成为全世界首例主体为法人组织从事的计算机犯罪。可以说，在网络犯罪发展的初期，互联网最早发展起来的美国是面临网络犯罪冲击最早也是最先注意到网络犯罪的国家。

然而，在美国对于是否需要针对网络行为进行调控制定特殊的法律，却一度引发了激烈的争论。是需要制定一套特殊的法律？还是对现有法律作一些调整和完善后就可以适用于网络空间？对此，法官弗兰克·伊斯特布鲁克曾经指出：正如没有必要制定"马法"（Law of House）一样，也没有必要制定"网络法"。[1] 这就是著名的"马法非法"之争。

1997年10月，美国《时代》周刊以"隐私之死"作为封面标题指出了信息时代隐私保护的重大难题。为了应对网络发展对公民隐私带来的侵害，西方发达国家相继出台了《数据保护法令》。"马法非法"之争的结论显而易见。1970年，美国颁布了《金融秘密权利法》，对于金融行业保管的信息数据进行了规范。1978年，美国佛罗里达州制定了第一部计算机犯罪法，规定了计算机犯罪的具体形式。随后，美国各州相继颁布了计算机犯罪法。1984年1月，美国修改了刑法典，在第18篇第47章中规定计算机犯罪，其中具体包括下列行为："（1）自计算机取得机密情报罪；（2）自计算机取得金钱或信用情报罪；（3）妨害联邦计算机系统罪。"[2]

1984年10月，里根总统签署了美国第一部联邦计算机犯罪的成文法《伪装进入设施和计算机欺诈及滥用法》；1986年又颁布了《计算机诈骗和滥用法》，将非法活动分为四类，分别是："（1）任何无授权的读取系统，尤其是读取绝密文件或机密政府文件；（2）非法读取财物方面信息；（3）任何无授权的读取任何美国政府的计算机；（4）有目的的买卖非法的信息数据。"[3] 1994年，美国议会通过了《计算机滥用修正法案》。

在最初，美国在网络犯罪方面的立法是将重点放在未经许可而故意进入联邦计算机的行为上。1993年以后，则扩大了计算机犯罪的责任范围，并开始为计算机犯罪的受害者提供民事补偿。自此之后，美国开始不断构建和完善网络犯罪立法的体系。

以上是美国在网络犯罪立法方面的一个发展脉络。至此，美国联邦立法出台的涉及打击网络犯罪的法案共包括以下几项：《美国联邦计算机欺诈与滥用法案》（Computer Fraud and Abuse Act. 18 USC 1001 note），该法案旨在对利用计算机和接入设备的欺诈及相关行为提供额外的惩罚；《美国联邦计算机安全法案》

---

[1] Frank Easterbrook, "Cyber and The Law of House", *University of Chicago Law Forum*, 1996, p. 207.
[2] 刘广三：《计算机犯罪论》，中国人民大学出版社1999年版，第140-142页。
[3] ［英］尼尔·巴雷特：《数字化犯罪》，郝海洋译，辽宁教育出版社1998年版，第113页。

(Computer Security Act of 1987. PL 100 - 235. January 8, 1988, 101 Stat 1724)，该法案旨在为国家标准局提供计算机程序的标准，为政府计算机网络提供安全保障，为管理、操作、使用联邦计算机系统的安全事务人员提供培训以及其他目的；《美国联邦禁止电子盗窃法案》（No Electronic Theft (NET) Act. 105th Congress - First Session Convening January 7, 1997），该法案的目的在于修订美国法典第 17 部和第 18 部，通过修订刑法来给予著作权更大的保护；《美国联邦禁止网上攻击者法案》（Deleting Online Predators Act of 2006），该法案旨在修改 1934 年通信法，以保护在商业社交网站和聊天室的未成年人利益；《美国联邦非法互联网赌博执行法案》（Unlawful Internet Gambling Enforcement Act of 2006），该法案旨在加强联邦对非法互联网赌博的打击力度。

此外，在《美国联邦刑法与刑事诉讼法》（UNITED STATES CRIMES AND CRIMINAL PROCEDURE）的"刑法"部分中，也有多项规定与网络犯罪行为有关，其中包括：第 47 章"欺诈与错误声明"，包括第 1028 条"欺诈及与身份证明文件，身份验证功能和信息相关的行为"、第 1028A 条"严重的身份盗窃"、第 1029 条"欺诈及与接入设备相关的行为"、第 1030 条"利用计算机进行欺诈及相关行为"以及第 1037 条"电子邮件的欺诈与相关行为"；第 63 章"邮件欺诈与其他欺诈犯罪"，包括第 1343 条"运用有线、无线和电视欺诈"；第 65 章"蓄意损毁（财产）罪"，包括第 1362 条"通信线路、基站和系统"；第 71 章"淫秽罪"，包括第 1462 条"进口或运输淫秽物品罪"、第 1465 条"制造或运输用于销售或传播的淫秽物品"、第 1466A 条"儿童性虐待的淫秽视觉展示"。第 110 章"性剥削和其他形式的儿童虐待"，包括第 2251 条"儿童的性剥削"、第 2252 条"某些与包含儿童的性剥削资料相关的行为"、第 2252A 条"某些含有儿童色情内容的资料相关的行为"、第 2252B 条"互联网误导性域名"、第 2252C 条"网络上的误导性词汇及数码图像"；第 113 章"盗窃罪"，具体包括第 2319 条"著作权刑事侵权"；第 117 章"为非法性行为和相关犯罪运输"，包括第 2425 条"利用州际设备传输未成年人相关信息"；第 119 章"有线、电子通讯或口头通讯拦截"，包括第 2510 条"定义"、第 2511 条"拦截和披露有线、口头或电子通讯的禁止"、第 2520 条"授权的民事损害恢复"以及第 2521 条"针对非法拦截的禁令"；第 121 章"储存的有线或电子通信及传输记录访问"，包括第 2701 条"对已存储通信的非法访问"、第 2702 条"自愿披露顾客通信及记录"、第 2703 条"经要求对客户通信或记录的披露"、第 2704 条"备份保存"、第 2706 条"费用承担"、第 2707 条"民事诉讼"、第 2708 条"救济的排他性"、第 2709 条"反间谍访问电话的收费和交易记录"、第 2701 条"错误披露录像带出租或出售记录"、第 2711 条"本章术语的定义"以及第 2712 条"对联邦提起的民事诉讼"。

二、网络犯罪的立法模式

大陆法系一直以来都有以成文法立法的传统，针对法律所调整的对象不同，划分不同的部门法，各部门法之间相互协助、相互依存，共同形成统一的、完整的立法体系。英美法系虽然也有成文法，但是需要判例来充实实体法的内容，实质上依然是判例法。法官审理案件时，并不是依靠成文法法条进行演绎，而是先前的判例和相关的法律精神。在这种模式下，英美法系经常会根据不同的情况产生新的判例或者制定特别法，以更新或者丰富法律规范体系。

我国属于大陆法系国家，刑事立法在总体上也是遵循成文法的立法传统。虽然各级法院也会针对办案实践出台定期出台指导性判例，但是这些判例的主要作用是为了实现各地以及各级法院之间对法律适用的统一性，指导各级法院正确理解和适用相关法律法规，而非英美法系国家的"判例法"性质。我国的网络犯罪立法属于刑事立法的范畴，也是遵循成文法的立法模式。因此在办理网络犯罪案件时，只能以各项成文法作为法律依据。相关法律体系的完善，也是以制定和修改成文法为途径。

从目前制定和完善网络犯罪相关法律法规的角度来看，主要有三种具体的立法模式可供选择：

第一种，直接适用当前法律。将网络犯罪，尤其是对利用计算机和网络实施犯罪，作为一种使用了新工具的传统犯罪，而适用现有的传统法律。这种模式只是将针对计算机和网络的犯罪作为侵犯传统法益的犯罪，将计算机和网络犯罪作为使用了新工具的传统犯罪。实际上，并没有进行新的立法，而是利用旧有的法律来应对新的犯罪形式。因此，这种模式也被称为"保守的立法方式"。主张此立法模式的观点认为：网络虽然被称为虚拟的世界，被视作一个与现实有着众多差异的崭新空间，但归根结底它是现实生活的一种延伸。网络犯罪与现实生活中的社会犯罪并没有太大的差异，只不过犯罪分子使用的是一种新型的犯罪手段。所以网络时代并不需要创造新的法律，唯一需要的是对现行法律的解释作更加明确的界定。

第二种，修正现行法律，增加特别条款，使之适应信息化社会的需求。这种模式主要通过修订既有的法律来实现，使其能够涵盖新出现的网络犯罪行为，如在犯罪对象中加入计算机系统、计算机网络等；或者是在对其他传统犯罪的规定中，将所列举的犯罪手段进一步扩充，在保持现有立法的稳定性和完整性基础上，把利用计算机和网络进行的犯罪行为也纳入其中。德国学者赛博称这种模式为"渐进的立法方式"。主张这种模式的理由是：其一，计算机网络犯罪与现行刑法并非截然不能相通，其犯罪形态仍可纳入传统刑法体系中。其二，保持刑法的完整性，避免特别法多如牛毛。其三，适时增订足可维护刑法的妥当性与适应性，达到防治计算机网络犯罪的效果。其四，目前计算机网络科技尚未发展到极限，新方法或技术不断推出，若采取太过专业的立法方式专业化立法的结果是法律本身势将时常修正。

第三种，单独立法。由于网络犯罪在目的、方式、手段等方面所表现出的特殊性，现有立法的基本原则和基础理论都不能很好地适用，有必要单独针对网络犯罪的具体情况制定相应的法律规范。选择这种模式，就是要制定特别法，以单行法规的形式打击新出现的网络犯罪。在对网络犯罪全面认识的基础上，针对网络犯罪的特有形态、手段，对网络犯罪进行专法规定。赛博将这种模式称为"整体的立法方式"，这也是所有立法模式中实现难度最大的。主张采用这种立法模式的理由是：其一，对计算机网络犯罪的规范，例如定义、形态、特性、罪刑等，较为完整而有效。其二，易于修订。其三，较符合信息立法的精神。

对于网络犯罪而言，上述三种立法模式各有利弊。在具体选择的时候，不仅要根据本国现有立法体系和立法模式，选择与既有法律体系相兼容的模式；同时还要根据办理网络犯罪案件的实际情况，以适应司法实践的当时之需。

从各国立法的实践经验来看，第一种模式多为初期应对网络犯罪案件时的选择，因为受情势所迫，只能被动的依靠旧有法律对新的犯罪类型进行规范。例如在网络盗窃、网络诈骗等行为刚出现时，各国司法实践大多是以已有的盗窃罪和诈骗罪予以处罚。但是这种立法模式在面对网络犯罪带来的新特点时，就会有所局限，导致立法适用的障碍。例如2005年12月，深圳市在办理第一起QQ盗窃案件时，由于有关虚拟财产的认定没有相关法律的支持，无法使法院明确是否能以"盗窃罪"论处，最终选择以"侵犯通信自由罪"对相关行为进行定罪量刑。因此，在适用第一种立法模式时，为了克服其"被动性"给司法实践带来的桎梏，必须要适时对原有法律的适用作出恰当解释。并且，当对相关立法的经验积累和理论研究达到一定程度的时候，便应开始考虑选择第二种模式和第三种模式。

由于我国信息产业也起步和发展均相对较晚，因此目前在立法模式上采用的是第二种模式，即"渐进的立法方式"。例如我国在 1997 年修改的《刑法》以及后来的《刑七》和《刑九》两个修正案，在《刑法》中逐步加入了关于网络犯罪的条款，就是采用了这种立法模式。

在具体考量对网络犯罪的法律规制时，又可进一步细分为两种情况：

一种是对于本质上与传统犯罪并无差异的网络犯罪，应考虑依然适用旧有法律，但可以针对新情况出台司法解释，以指明旧法在新情况下如何准确适用。例如网络盗窃、网络赌博、网络诈骗等。这是采用了第一种"保守的立法方式"。

另一种是针对纯粹的危害计算机信息系统安全类犯罪，应当选择增设若干新的罪名，因为旧有罪名不能涵盖此类新的犯罪类型。但是考虑到新设罪名依然遵循原有的刑法基本理论和基本原则，因此仍属于原有刑法立法体系，目前尚不宜特别立法。所以，这是采用了第二种"渐进的立法方式"。

而对于有关网络犯罪的刑事程序法，特别是与网络犯罪有关的电子数据证据规则而言，情况就有所不同了。由于网络犯罪对刑事司法提出了全新的挑战，在刑事诉讼的各个问题和各个阶段上都需要新的法律标准。对于证据而言，电子数据证据在证据的收集、保全、鉴定和质证等方面都有诸多有别于其他类型证据的特点，在司法实践中带来许多新问题。因此，就有关网络犯罪的刑事程序法和证据规则的立法模式而言，重新单独立法是打击网络犯罪的必然要求。

人们往往只看到网络充当犯罪工具的一面，而忽略了网络是信息的载体，凡网络犯罪，必然危害信息交流秩序。因此，必须把有关网络犯罪的立法模式选择放到未来信息社会的大背景下予以考察，将其提高到刑法现代化和应对信息革命挑战的高度看待。

三、我国网络犯罪的立法沿革

法律是社会关系的调节器，这一点对网络社会也同样适用。完善、合理的法律规范可以有效地预防和打击网络犯罪行为，保障国家和公民的合法权益，维护网络社会的正常秩序。因此，从 20 世纪 80 年代起，我国就开始了对计算机与网络的立法工作。

1981 年，公安部开始成立计算机安全监察机构，并着手开始制定有关计算机安全方面的法律法规和规章制度。1986 年 4 月开始草拟《中华人民共和国计算机信息系统安全保护条例》（征求意见稿）。1988 年 9 月 5 日，第七届全国人民代表大会常务委员会第三次会议通过《中华人民共和国保守国家秘密法》，其中第三章第十七条首次提出："采用电子信息等技术存取、处理、传递国家秘密的办法，由国家保密工作部门会同中央有关机关规定"。1989 年，在重庆发现首例计算机病毒，随后公安部发布了《计算机病毒控制规定（草案）》，并开始推行"计算机病毒研究和销售许可证"制度。1991 年 5 月 24 日，国务院第八十三次常委会依照《中华人民共和国著作权法》的规定制定并通过了《计算机软件保护条例》，这是我国第一部有关计算机的法律，其中为保护计算机软件设计人的权益，调整了计算机软件在开发、传播和使用中发生的利益关系，鼓励计算机软件的开发与流通，促进计算机应用事业的发展。1992 年 4 月 6 日，机械电子工业部发布了《计算机软件著作权登记办法》，规定了计算机软件著作权管理的细则。1991 年 12 月 23 日，国防科学技术工业委员会发布了《军队通用计算机系统使用安全要求》，对计算机实体（场地、设备、人身、媒体）的安全、病毒的预防，以及防止信息泄露提出了具体措施。1994 年 2 月 18 日，国务院发布了《计算机信息系统安全保护条例》，为保护计算机信息系统的安全，促进计算机的应用和发展，保障经济建设的顺利进行提供了法律保障。1996 年 2 月 1 日国务院发布了《中华人民共和国计算机信息网络国际联网管理暂行规定》，提出了对国际联网实行统筹规划、统一标准、分级管理、促进发展的基本原则。1997 年 5 月 20 日，国务院对这一规定进行了修改，设立了国际联网的主管部门，增加了经营许可证制度，并重新发布。

1997 年 10 月 1 日，我国《刑法》修改后施行。第一次增加了计算机犯罪的罪名，包括非法侵入计算机系统罪，破坏计算机系统功能罪，破坏计算机系统数据、程序罪，制作、传播计算机破坏程序罪等。这标志着我国对计算机及网络管理的法制体系建设进入了一个新的阶段，同时也标志着我国正式开启了针对网络犯罪的立法工作。

2000 年，我国进一步加快了计算机与网络立法的步伐。为了规范电信市场秩序，维护电信用户和电信业务经营者的合法权益，保障电信网络信息的安全，促进电信事业的健康发展，国务院于 9 月 20 日通过了《中华人民共和国电信条例》。之后，为维护国家安全和社会问题，保障网络安全，维护社会主义市场经济秩序和社会管理秩序，保护公民、法人和其他组织的合法权益等四个方面出发，国务院发布了《互联网信息服务管理办法》。同年 10 月，为了加强对互联网内容服务的监督管理，防止有害信息危害社会，尤其是对国家安全、社会稳定和公共秩序造成危害，国务院专门起草了《关于维护网络安全和信息安全的决定（草案）》，并提请全国人大常委会审议。2000 年 12 月 28 日，九届全国人大常委会第十九次会议表决通过《全国人民代表大会常务委员会关于维护互联网安全的决定》。自此掀开了我国在新世纪对计算机和网络加强立法的序幕。

2009 年 2 月 28 日，中华人民共和国第十一届全国人民代表大会常务委员会第七次会议审议通过《刑七》，并于公布之日实施。《刑七》针对网络犯罪，增设非法获取计算机信息系统数据、非法控制计算机信息系统罪和提供侵入、非法控制计算机信息系统的程序、工具罪两项新的网络犯罪罪名。在《刑七》实施之后，公安部推动最高人民法院、最高人民检察院于 2011 年 8 月 30 日，发布了《最高人民法院、最高人民检察院关于办理危害计算机信息系统安全刑事案件应用法律若干问题的解释》。该《解释》全面解释了危害计算机信息系统安全犯罪的法律适用问题，并且在诸多问题上对传统刑法理论进行了突破，解决了长期困扰司法实践的一系列突出问题。2015 年 8 月 29 日，中华人民共和国第十二届全国人民代表大会常务委员会第十六次会议通过《刑九》，自 2015 年 11 月 1 日起施行。《刑九》中关于网络犯罪相关内容做出多项重大修改，新增了帮助信息网络犯罪活动、网络服务商拒不履行义务等罪名，同时规定了网络犯罪的单位犯罪情形，以及利用信息网络传播虚假信息、侵犯公民个人信息等内容。

针对一些传统犯罪行为的网络化，我国还相继出台了一系列的司法解释，以解决办理此类案件时所面临的问题。其中主要包括：2004 年 11 月出台的《最高人民法院、最高人民检察院关于办理侵犯知识产权刑事案件具体应用法律若干问题的解释》；2004 年和 2010 年分别出台的《最高人民法院、最高人民检察院关于办理利用互联网、移动通讯终端、声讯台制作、复制、出版、贩卖、传播淫秽电子信息刑事案件具体应用法律若干问题的解释（一）》和《最高人民法院、最高人民检察院关于办理利用互联网、移动通讯终端、声讯台制作、复制、出版、贩卖、传播淫秽电子信息刑事案件具体应用法律若干问题的解释（二）》两个司法解释；2005 年出台的《最高人民法院、最高人民检察院关于办理赌博刑事案件具体应用法律若干问题的解释》；2010 年整治网络赌博专项行动期间，最高法、最高检、公安部专门联合出台的《最高人民法院、最高人民检察院、公安部关于办理网络赌博犯罪案件适用法律若干问题的意见》（以下简称《网络赌博犯罪意见》）；2013 年 9 月 10 日出台的《最高人民法院、最高人民检察院关于办理利用信息网络实施诽谤等刑事案件适用法律若干问题的解释》；2019 年 11

月 1 日起实施的《最高人民法院、最高人民检察院关于办理非法利用信息网络、帮助信息网络犯罪活动等刑事案件适用法律若干问题的解释》等。

综上所述，自 20 世纪 80 年代以来，我国逐渐加强了针对计算机和网络安全的立法。特别是自 1997 年《刑法》修改增加网络犯罪相关罪名以来，在近二十年的时间里，我国正式开始了关于网络犯罪的立法工作。随着刑事立法以及相关司法解释的出台与不断修改、完善，我国关于网络犯罪的立法体系正在逐渐形成之中。

四、《刑法》发展对打击网络犯罪的意义

《刑法》是国家的基本法之一，也是动用刑事处罚的手段对侵害国家利益、公共利益和公民利益的违法行为进行打击的重要法律依据。因此，《刑法》可以说是打击网络犯罪的"总纲"。一方面，《刑法》对网络犯罪行为的犯罪构成和量刑标准加以规定，无论是公安侦查机关对网络犯罪案件的立案和证据收集，还是检察院和法院在后续的诉讼和审判工作中对网络犯罪行为最终处以适当的刑罚处罚，都需要以此为唯一依据，不能放任网络犯罪行为横行，也不能滥用公权力对未构成犯罪的行为横加干涉；另一方面，《刑法》也是各种单位、组织和个人在从事与网络相关行为时的行为准则，使其能够对相关行为的法律性质具有预见性，为其划清合法行为的界限，在预防网络犯罪的同时，也保证互联网产业的发展不会受到过多不必要的限制。

然而《刑法》并不是治理网络违法行为的唯一法律依据，它所针对的只是网络犯罪行为，除犯罪行为之外，其他社会危害性稍轻的普通违法行为，则应当由其他法律、行政法规以及部门规章加以约束。换言之，一旦被列入《刑法》的范畴，都代表着其社会危害性已经达到必须动用刑罚进行处罚的程度。因此，并不是涉及网络的任何"乱象"都需要在《刑法》中进行规范。而从另一个角度来看，《刑法》也应当审慎立法，在权衡相关法益和相应行为的社会危害性之后再加以规范，以防过于严苛，干预公民正常的网络行为和社会生活，对我国互联网产业和技术的发展形成不必要的阻滞。

在《刑九》出台之前，我国《刑法》关于网络犯罪的罪名体系，一致沿用 1997 年《刑法》的相关设计，即著名的第二百八十五条、第二百八十六条和第二百八十七条。从规范的内容上看，这种设计主要将网络犯罪或者称之为计算机犯罪的规范分为两大类。一类是以网络为对象的犯罪，包括第二百八十五条"非法侵入计算机信息系统罪"和第二百八十六条"破坏计算机信息系统罪"。这两条法律将所有直接以网络为对象的犯罪行为划分"侵入"和"破坏"两种情况，围绕着"保密性""完整性""可用性"这三个信息安全的基本属性，以简明的结构建立起"危害计算机信息系统安全类犯罪"的框架。另一类则是以网络为工具的犯罪，即第二百八十七条的相关规定。《刑七》实际上也是在这个体系架构上进行了补充，对以网络为对象的犯罪进行进一步的细化，但并没有打破原有的框架体系，而是增加了"非法获取数据""为侵入、破坏系统提供程序、工具"两种行为。

在《刑九》出台之后，其涉及网络犯罪的相关修正，代表了《刑法》对网络犯罪规范的进一步细化。从总体的架构上，"以网络为对象"和"以网络为工具"这两种类型的划分体系依然被沿用下来。对于"以网络为对象"类犯罪，一方面是增加了单位作为"侵入"和"破坏"犯罪主体的规定，为有效打击近几年不断发展的网络犯罪产业链提供有效的法律依据。另一方面，则是突破"侵入"和"破坏"两大法条的局限，增加了新的法条并增设"拒不履行信息网络安全管理义务罪"，扩展了刑法的适用面，将因网络服务商不作为导致严重危害社会的情形纳入刑法的规范之中，也使日后处理此类案件时会有更加合适的法律依据。而对于"以网络为工具"类犯罪，《刑九》实际上是对"帮助信息网络犯罪活动""利用网络传授犯罪方法"以及"网络造谣"等情形独立立法，凸显国家对此类行为严厉打击的态度。

当然，我国现有的网络犯罪立法仍然存在许多待完善之处，在一些个案中经常会就罪与非罪、此罪彼罪引发争议。对此，我们应当给予一定的宽容。由于网络空间的虚拟性和复杂多样性，在打击和治理网络犯罪的司法实践中，始终都会面临层出不穷的新情况和新问题。特别是在飞速发展的互联网产业的推动下，网络行为的模式、网络利益的形式以及网络思维的逻辑都会随时发生意想不到的"革命式"变化。而与这种局面相对应，立法往往是一个需要经验总结和时间积淀的活动。网络犯罪立法只能是追随着已经出现的各种网络犯罪现象，而所谓有前瞻性、预见性的"超前立法"在刑事领域目前还只是理论上的一种奢望，在世界各国都无法实现。因此毫无疑问，网络犯罪立法的"滞后性"是无法避免的。甚至可以认为，从网络犯罪立法出台的那一刻起，它就已经"过时"了。

因此，对于网络犯罪立法而言，司法实践的作用尤为重要。在司法实践中，一方面要领会网络犯罪立法的精神，适时调整对法律法规的理解，灵活运用，在依法办案的前提下有效使用现有的法律法规和司法解释；另一方面，要不断积累办案经验，总结在适用法律时所面临的具体困境，形成对立法效果的有益反馈，促进网络犯罪立法的改进和完善。

第四节　网络犯罪侦查的概述

一、网络犯罪侦查的概念

网络犯罪案件侦查是针对网络犯罪的特点进行的侦查行为。其中，"侦查"是一个刑事诉讼中特有的概念。在刑事诉讼的三大程序（侦查、审判、起诉）中，侦查活动主要在侦查阶段进行。侦查机关为了查明案情，对刑事案件依照法律程序实施的收集证据、采取有关强制性措施以及查缉犯罪嫌疑人的活动。[1]

网络犯罪有其自身的特点，网络犯罪案件侦查的技术和方式也与传统的侦查有所不同。但总体来说，网络犯罪侦查的主体、客体和程序等几大要素与传统的侦查并无本质区别。

（一）侦查主体

网络犯罪侦查是具有强制性的执法活动，因此，其侦查主体也具有特定性。侦查主体是指法律赋予侦查权力的特定机关（部门）和人员，即法定的侦查机关和侦查人员。根据刑事诉讼法相关规定，侦查部门包括公安机关、国家安全机关、检察机关、监狱、军队保卫部门以及这些机关或部门的侦查人员；其他法律规定的侦查部门及其侦查人员，如海关设立的走私犯罪侦查部门，也属于侦查主体。网络犯罪侦查的主体主要为各级具有侦查权的部门。但是，网络犯罪侦查还具备一定的技术性，需要学术机构、网络相关行业的配合，为网络犯罪侦查培养和输送人才，提供技术支持，共同打击网络犯罪。

（二）侦查客体

侦查客体也就是侦查对象，在刑法中是指依据法定程序立案侦查的刑事案件。《中华人民共和国刑事诉讼法》（以下简称《刑事诉讼法》）第十九条第一款规定："刑事案件的侦查由公安机关进行，法律另有规定的除外。"在网络犯罪侦查中，侦查客体是指涉及网络犯罪的案件。网络犯罪案件是刑事案件中的一种类型，虽然犯罪嫌疑人，例如我们常说的网上"黑客"，与案件有着密切的联

---

[1] 肖承海、郭华、陈碧编著：《侦查学总论》，中国政法大学出版社2019年版，第3页。

系，但他也不属于侦查客体。由此可见，网络犯罪侦查的客体具有特殊性。

（三）侦查行为

侦查是专门机关实施的一种诉讼行为，具有专门性。《刑事诉讼法》第一百一十六条规定："公安机关经过侦查，对有证据证明有犯罪事实的案件，应当进行预审，对收集、调取的证据材料予以核实。"具有刑事侦查权的相关部门，可以对犯罪嫌疑人依法进行专门调查工作和采用有关强制性措施。其中，"专门调查工作"指《刑事诉讼法》第二编第二章"侦查"中的内容，包括讯问犯罪嫌疑人，询问证人、被害人，勘验、检查，搜查，查封扣押物证、书证，鉴定，通缉、技术侦查措施等。而"强制性措施"则包括专门调查工作中的强制性和一些针对犯罪嫌疑人的强制性措施，如拘传、取保候审、监视居住、拘留和逮捕等。在网络犯罪案件中，侦查行为可能会运用一些特殊的手段，如对信息流（建设使用网络服务行为）、资金流（资金行为）、关系网（联络行为）进行技术分析，对特定人进行行为分析和追踪等。

（四）侦查程序

侦查活动本身是依照一定的程序进行的，侦查机关或侦查人员必须严格依照法律规定的步骤开展。《刑事诉讼法》第一百一十五条规定："公安机关对已经立案的刑事案件，应当进行侦查，收集、调取犯罪嫌疑人有罪或者无罪、罪轻或者罪重的证据材料。对现行犯或者重大嫌疑分子可以依法先行拘留，对符合逮捕条件的犯罪嫌疑人，应当依法逮捕。"第一百一十六条规定："公安机关经过侦查，对有证据证明有犯罪事实的案件，应当进行预审，对收集、调取的证据材料予以核实。"因此，侦查程序具有法定性，侦查活动不得违反法定程序。同样的，网络犯罪案件侦查也应按照法定程序进行，不得违反相关程序。

二、网络犯罪案件侦查的任务

网络犯罪侦查的任务是侦查机关依照法律赋予的权力，按照职责分工，利用相关的技术，发现网络犯罪、收集证据、查明案情，揭露犯罪的过程，是对以网络为目标和以网络为工具的犯罪行为进行侦查。

网络犯罪案件侦查主要包括：

查明网络犯罪事实。犯罪事实，就是指作案人事实犯罪行为的时间、地点、目的、动机、手段、过程，侵害对象和所造成的危害后果，以及作案人作案时的年龄、精神状态等。查明网络犯罪事实，就是查明网络犯罪行为是否存在；犯罪嫌疑人实施犯罪行为的时间、地点、手段、后果及其他情节；犯罪行为是否由犯罪嫌疑人实施等等。网络犯罪侦查是根据已知的"目标信息、行为"从其他"原始信息、行为"中寻找与犯罪有关的其他"目标信息、行为",这也是网络犯罪侦查与一般刑事侦查相比的特殊之处。

发现、收集、审查证据。刑事侦查的过程就是一个不断发现、收集、审查证据的过程。无论有罪证据还是无罪证据,无论罪重证据还是罪轻证据,都应该认真收集,并对各种证据材料予以综合分析研究,辨别真伪。这一点对于网络犯罪侦查尤其重要。在网络世界中,人人都可以躲在键盘后面,用虚拟身份掩护自己的违法犯罪行为,隐蔽性极强;并且,网络犯罪的嫌疑人往往年龄层次较为年轻,专业化程度较高,取证相对困难。网络犯罪案件的证据,一般包括在硬盘、软件、管理制度等方面可以反映网络犯罪真实情况的物证、书证、视听资料等。对这些证据的勘验,常用的有记录、封存、备份、收集等手段。

三、网络犯罪侦查的基本原则

作为一项专门的刑事司法活动,网络犯罪侦查必然要遵守一定的行为准则,这些准则构成了网络犯罪侦查的基本原则。网络犯罪侦查的原则应该从刑事侦查活动的一般规律和网络犯罪侦查的特点出发,继承传统侦查理念和实践经验的精华,结合信息技术时代的客观形势,提出符合时代需求、能够有效指导当前网络犯罪侦查工作的最根本的原则。鉴于侦查在我国刑事诉讼程序中的定位,结合目前网络犯罪侦查的理论和实践,专门机关在进行网络犯罪侦查活动时,一般应遵守法治原则、客观原则、协同原则、迅速及时原则、全面细致原则、比例原则、措施秘密和程序公开相结合原则、专群结合原则以及国际协助原则等。

(一) 法治原则

法治原则,是指侦查机关在网络犯罪侦查过程中,无论是选择侦查途径,还是实施的各项侦查措施和强制措施,都必须严格地依照法律规定进行。习近平总书记指出:"法律是什么?最形象的说法就是准绳。用法律的准绳去衡量、规范、引导社会生活,这就是法治。""守法律、重程序,这是法治的第一位要求"[1]。法治国家的建设目标要求在社会生活和政治生活的方方面面都要落实法治化的规范,特别是司法活动更要坚持法治原则。因此,法治原则理应成为依法治国背景下网络犯罪侦查活动的第一位基本原则。

---

[1] 张文显:《准确把握习近平法治思想的鲜明理论品格》,载《人民日报》2021年12月6日,第9版。

坚持法治原则对于顺利开展网络犯罪侦查工作有其必要性。首先，法律是侦查机关进行侦查活动的唯一准绳，任何单位和个人都没有超越法律的特权；其次，法治原则是网络犯罪侦查主体有效收集证据、查明案件事实的基本保证，只有依照法律法规以及有关规章的规定进行的侦查行为和侦查措施才能为法律所认可，所获得的证据材料才有资格在法庭上作为最终认定犯罪事实的证据；最后，在网络犯罪案件的办案过程中，法治原则的贯彻是犯罪嫌疑人合法人身财产权益坚实而有效的保障。

因此，法治原则理应贯穿整个网络犯罪侦查活动。其一，网络犯罪侦查的主体必须是对网络犯罪案件享有侦查权的侦查机关；其二，网络犯罪侦查采取的侦查手段和各项程序性措施，都必须严格遵守相关法律法规和规章制度的要求；其三，对于查证属实的网络违法犯罪行为，必须对相关责任人依法予以惩处。

（二）客观原则

客观原则，是指侦查人员应当从每个具体的网络犯罪案件的实际情况出发，始终坚持以客观的态度收集所有能够客观、真实反映案件情况的证据，并以客观证据为基础，审查判断犯罪嫌疑人与网络犯罪案件事实之间的联系，从而为认定犯罪事实提供客观依据。

客观原则是辩证唯物主义的思想在网络犯罪案件侦查工作中的落实和体现，是网络犯罪侦查过程中贯彻实事求是原则的必然要求，是网络犯罪侦查活动得以进行的客观基础，也是唯一基础。

贯彻客观原则，就要求在网络犯罪侦查工作中必须重视对案件事实的调查研究，坚持"重证据、不轻信口供"的证据原则；必须牢固树立依法立案、依法取证的法治理念，依托正当程序确保证据的真实性、客观性；必须尊重科学，避免任何形式的主观臆断和盲目判断，特别是对电子数据进行取证、鉴定、评价等活动时，必须采用科学的方法并且有充分的科学依据。

（三）协同原则

协同原则，是指在网络犯罪侦查过程中，不同侦查主体之间、侦查机关与其他部门和单位之间相互支持、配合、协作，共同协助负责办案的责任机关完成对案件的具体侦查工作。具体包括：同一办案机关负责网络犯罪案件的侦查主体与其他类犯罪侦查主体之间的协同；不同办案机关负责网络犯罪案件的侦查主体跨区域协同；同区域内侦查机关与其他行政管理部门之间的协同；同区域内侦查机关与互联网公司、数据公司以及其他各类公司、企业之间的协同。

协同原则是网络犯罪活动广域性和产业链化的发展趋势对侦查工作提出的必然要求，也是提高网络犯罪侦查质效的重要途径。因此，网络犯罪侦查中必须贯彻协同原则。在侦查过程中，侦查人员应树立起全局观念，加强网络犯罪侦查的协作意识。在具体的工作和行动中，切实做到互相配合、互相策应，加强技术交流和情报共享，做好网络犯罪案件的并案侦查、联合侦查。与此同时，在机构设置方面，也应当充分考虑到网络犯罪侦查的跨区协作和跨部门协作的客观需求，理顺具体协同工作过程中各警种、各部门、各单位之间的关系。

（四）迅速及时、全面细致原则

迅速及时、全面细致原则，是指侦查人员在办理网络犯罪案件时，应当抓住战机、积极侦查、全面细致调查案件事实、及时提取固定线索和证据。由于网络犯罪的信息性，电子数据自然就成为查明犯罪事实最主要的线索和证据类型，而电子数据具有易失性，如果不能及时提取固定，就可能会灭失。因此，在网络犯罪侦查过程中，对于电子数据的发现、提取和固定，都应当迅速而及时地进行。同时，由于网络犯罪的广域性和产业链化，无论是犯罪线索和证据，还是犯罪嫌疑人，都会呈现出数量多、分布广等特点，这就要求侦查人员在案件调查和采取侦查措施时，应做到全面细致，不能遗漏与犯罪行为有关的线索，不放过参与案件的犯罪嫌疑人。在网络犯罪侦查工作中，迅速及时和全面细致原则是相互联系、不可分割的，迅速及时不意味着可以片面粗糙，全面细致的同时也要强调时效性，不可旷日持久贻误破案时机。

迅速及时、全面细致原则是由网络犯罪的特点所决定的，要贯彻这一原则，就要求侦查人员在办理网络犯罪案件时，应树立起高度的社会责任感和雷厉风行的工作作风，缩短侦查环节、提高侦查效率；案发后应及时勘验，全面固定和提取各类证据，尽快查明案件事实；应不断加深对网络信息行为和电子数据的认识，熟悉并了解电子数据取证的方法和过程，保持对线索和证据的敏感性，及时、有效地完成对易失数据的提取和固定，避免证据灭失；应全面、细致地了解案情，清查所有涉案人员，并查明其各自在案件中的角色、地位、发挥的作用以及与虚拟身份之间的对应关系，深入调查与犯罪行为有关的上下游产业链和相关利益链，防止网络犯罪行为给社会造成更大的损害；应合理制定抓捕方案，统一部署、协调一致，将所有犯罪嫌疑人及时抓捕归案，避免遗漏。

(五) 比例原则

比例原则，也称相当性原则，[1] 是指在侦查活动中，侦查机关所采取各种侦查措施，应当与犯罪嫌疑人的人身危险性、案件的性质和程度、证据和线索对侦破案件的价值及获取的难易程度等保持基本的比例关系。

网络犯罪侦查坚持比例原则，是由侦查措施的强制性所决定的。侦查措施是国家侦查机关履行侦查职责并行使侦查权的过程，为了打击犯罪、维护更广泛的利益，侦查措施特别是搜查、查封扣押等强制性侦查措施，不可避免地会对公民和企业的权益造成一定损害。因此，为了保障侦查活动的顺利进行、达到侦查的目的，同时最大限度地保障涉案企业和公民的合法权益，侦查机关在具体实施侦查措施时，必须接受比例原则的控制和约束。在办理网络犯罪案件时，侦查机关应根据网络犯罪行为的社会危害性大小，合理选择适当种类的侦查措施。同时，侦查机关在采取刑事强制措施时，也应当考虑与犯罪嫌疑人的人身危害性相适应，并根据情况的变化不断进行调整。

(六) 专群结合原则

专群结合原则，是指对于网络犯罪侦查工作而言，一方面是由具有侦查权的专门侦查机关采取法律规定的专门侦查措施和手段进行完成案件事实调查的专门性工作；另一方面，这项工作还需要依靠群众才能充分、有效地实现其工作目标。

现代侦查工作既不能脱离群众，也不能轻视专门工作。

侦查机关和侦查人员必须牢固树立相信群众、依靠群众、深入群众的信念，听取各方面群众的意见，并积极动员组织群众支持、协助侦查活动，在专门机关的组织指导下发挥群众同违法犯罪行为作斗争的积极作用。特别是针对网络犯罪广域性、危害的严重性和扩散性等特点，必须更加充分依靠群众，重视网络舆情，善于利用公开网络中的各种情报和线索，积极拓展线上举报违法犯罪的便捷途径，使网络时代的群众力量能够更好地在犯罪侦查工作中发挥作用。

同时，侦查机关还必须大力加强专门工作，强化网络犯罪侦查队伍的专门化建设，并且逐步将基础建设工作做扎实，用高、精、尖的现代科学技术武装侦查队伍，提高队伍素质，充分发挥专门机关的主导作用。

---

[1] 参见樊崇义主编：《刑事诉讼法实施问题与对策研究》，中国人民公安大学出版社2001年版，第126页。

（七）国际协助原则

国际协助原则，是指不同国家的网络犯罪侦查机关在打击网络犯罪时，依据事先的约定或签订的国际刑事侦查协助协定，相互提供侦查方面的支持、便利或帮助的刑事司法行为。互联网信息的传播是超越国界的，各类网络犯罪活动也天然具备国际化、全球化的发展趋势。为适应这种趋势，不断加强网络犯罪侦查国际协助，也是各国打击网络犯罪的必然选择。

我国于1984年加入国际刑警组织，同年公安部组建国际刑警组织中国国家中心局（INTERPOL – NCB OF CHINA）。目前，已与国际刑警总部和各成员国之间建立了广泛的联系，积极开展侦查国际协助工作，主要内容包括：互通犯罪情报信息、交流侦查业务技术、协助调查取证、协查缉捕国际犯罪分子、引渡已逃亡到成员国的罪犯、培训侦查人员等。

本章小结

本章作为网络犯罪案件侦查的绪论，主要介绍了网络犯罪的基本概念、发展历程以及相关定义。通过本章的学习，应当掌握以下几个要点：

1. 网络犯罪的演变历程：从最初的计算机犯罪发展到现今的网络犯罪，这一过程与信息技术的发展密切相关。随着计算机网络的普及和应用范围的扩大，网络犯罪的形式和危害程度也在不断演变。

2. 网络犯罪的概念界定：网络犯罪是指以网络为犯罪工具或者犯罪对象，实施的危害计算机信息系统和网络安全、严重违反信息网络管理秩序、侵犯公民合法权利的犯罪行为。学界对网络犯罪的定义存在狭义说和广义说两种主要观点。

3. 相关概念的理解：

（1）计算机信息系统，由计算机及其相关的和配套的设备、设施构成的，按照一定的应用目标和规则对信息进行处理的人机系统。

（2）网络，由计算机或者其他信息终端及相关设备组成的，按照一定的规则和程序对信息进行收集、存储、传输、交换、处理的系统。

（3）网络安全，通过采取必要措施，防范对网络的攻击、侵入、干扰、破坏和非法使用以及意外事故，使网络处于稳定可靠运行的状态，以及保障网络数据的完整性、保密性、可用性的能力。

4. 法律规范的发展：我国法律对网络犯罪的规定经历了从无到有、从单一到多样的过程。从最初的《计算机信息系统安全保护条例》到后来的《刑法》修正案，再到《网络安全法》的颁布，体现了立法对网络犯罪认识的不断深化和完善。

5. 网络犯罪的特点：网络犯罪具有虚拟性、跨地域性、技术性、隐蔽性等特点，这些特点使得网络犯罪的侦查和防控面临独特的挑战。

6. 网络犯罪的危害：网络犯罪不仅威胁个人和组织的信息安全，还可能危及国家安全、社会秩序和经济发展，其危害程度和影响范围往往超出传统犯罪。

通过本章的学习，读者应当对网络犯罪有了基本的认识，为后续深入学习网络犯罪案件的侦查方法和技术奠定了理论基础。在接下来的章节中，我们将进一步探讨网络犯罪案件的侦查思路、取证方法以及具体的侦查措施。

思考题

1. 简述网络犯罪的发展历程，并分析信息技术的发展与网络犯罪之间的关系。
2. 比较网络犯罪概念的狭义说和广义说，并说明你对网络犯罪概念的理解。
3. 网络犯罪与传统犯罪相比，有哪些独特的特点？这些特点对侦查工作带来了哪些挑战？
4. 分析网络犯罪对个人、组织和国家可能造成的危害。
5. 我国关于网络犯罪的法律规制经历了怎样的发展过程？请列举几个重要的法律法规。
6. 作为网络犯罪侦查人员，你认为应该具备哪些专业素质和能力？
7. 在网络犯罪案件的受理阶段，侦查人员应该注意收集哪些特殊的线索和证据？
8. 如何理解网络犯罪侦查中"变被动为主动"的理念？为什么这对网络犯罪侦查工作很重要？
9. 网络犯罪侦查的主要任务是什么？简述网络犯罪侦查的基本程序。

第二章 网络犯罪案件的侦查程序

刑事案件侦查程序是侦查机关根据法律、法规的规定运用侦查权力对刑事案件调查和侦破的步骤流程。虽然各类刑事案件的特点规律各异，具体侦查方法也不尽相同，但其侦查的步骤流程是相同的。刑事案件的侦查按工作的具体过程通常可以分为受案、立案、侦查和取证、破案和侦查终结这四个主要环节步骤。

网络犯罪本质上与传统犯罪并无差异，只是传统犯罪在互联网上的新型表现形式而已。但是由于互联网快速传递信息、高效跨地域组织团队、非接触式资金转账、海量数据等网络独有特点使得网络犯罪侦查与传统犯罪侦查有较大不同，在侦查程序的各个环节步骤都有适应网络犯罪特点的针对性的规定。

第一节 管 辖

一、网络犯罪案件职能管辖

刑事案件职能管辖是指侦查机关、监察机关、检察机关和审判机关各自直接受理刑事案件的职权范围，也就是侦查机关、监察机关、检察机关和审判机关之间，在直接受理刑事案件范围上的权限划分。具体地讲，刑事案件职能管辖确定了哪些刑事案件由侦查机关立案侦查；哪些刑事案件由监察机关立案调查；哪些刑事案件由人民检察院直接受理立案侦查；而哪些刑事案件不需要侦查由人民法院直接受理审判。

《刑事诉讼法》第十九条第一款规定，"刑事案件的侦查由公安机关进行，法律另有规定的除外"。根据《刑事诉讼法》《监察法》与《最高人民法院关于适用〈中华人民共和国刑事诉讼法〉的解释》，法律另有规定的除外案件是指：

（1）人民检察院管辖的刑事案件：人民检察院在对诉讼活动实行法律监督中发现的司法工作人员利用职权实施的非法拘禁、刑讯逼供、非法搜查等侵犯公民权利、损害司法公正的犯罪案件。经省级以上人民检察院决定立案侦查的公安机关管辖的国家机关工作人员利用职权实施的重大犯罪案件。

（2）人民法院直接受理的自诉案件：①告诉才处理的案件：侮辱、诽谤案（刑法第二百四十六条，但是严重危害社会秩序和国家利益的除外），暴力干涉婚姻自由案（刑法第二百五十七条第一款），虐待案（刑法第二百六十条第一款），侵占案（刑法第二百七十条）。对于告诉才处理的案件，公安机关不得受理，侮辱、诽谤案件中严重危害社会秩序和国家利益的除外。被侵害人向公安机关控告、报案的，公安机关应当告知被侵害人向人民法院起诉。②人民检察院没有提起公诉，被害人有证据证明的轻微刑事案件：故意伤害案（刑法第二百三十四条第一款），非法侵入住宅案（刑法第二百四十五条），侵犯通信自由案（刑法第二百五十二条），重婚案（刑法第二百五十八条），遗弃案（刑法第二百六十一条），生产、销售伪劣商品案（刑法分则第三章第一节，但是严重危害社会秩序和国家利益的除外），侵犯知识产权案（刑法分则第三章第七节，但是严重危害社会秩序和国家利益的除外），属于刑法分则第四章、第五章规定的对被告人可能判处三年有期徒刑以下刑罚的案件。对上列八项案件，被害人直接向人民法院起诉的，人民法院应当依法受理。但对此八项案件因证据不足驳回起诉，人民法院移送公安机关或者被害人向公安机关控告的，公安机关应当受理；被害人直接向公安机关控告的，公安机关应当受理。③被害人有证据证明对被告人侵犯自己人身、财产权利的行为应当依法追究刑事责任，且有证据证明曾经提出控告，而公安机关或者人民检察院不予追究被告人刑事责任的案件。

（3）监察机关依法立案调查的刑事案件。

（4）国家安全机关依法立案侦查的危害国家安全的刑事案件（间谍案）。

（5）军队保卫部门依法立案侦查的军队内部发生的刑事案件。

（6）海警局依法立案侦查的海上发生的刑事案件。

（7）监狱依法立案侦查的罪犯在监狱内犯罪的案件。

由此可见，除法律另有规定的这些案件由其他特定的机关行使侦查权外，绝大多数的刑事案件由公安机关负责立案侦查，则其相对应的绝大多数网络犯罪案件也由公安机关负责立案侦查。仔细分析以上另有规定的除外案件，有几类案件有较为常见的网上表现形式，如网络诽谤案、网上生产、销售伪劣商品案、网上侵犯知识产权案等。这几类案件除了严重危害社会秩序和国家利益的情况外均为自诉案件，由被害人直接向人民法院起诉。其中网上生产、销售伪劣商品案、网上侵犯知识产权案等案件为相对自诉案件，被害人具有选择权，如选择不去法院自诉而直接去公安机关控告的，公安机关应当受理。而网络诽谤案件为绝对自诉案件，除了严重危害社会秩序和国家利益的情况外不得适用公诉程序。侦查机关在司法实践中对于此类案件的职能管辖应予以注意。

网络诽谤犯罪是指利用网络捏造散布虚假事实，损害他人名誉，情节严重的行为。司法实践中此类犯罪类型主要包括婚恋家庭矛盾引发的网络诽谤案件、民事商业纠纷引发的网络诽谤案件、职务竞争引发的网络诽谤案件、私人恩怨引发的网络诽谤案件，还有一类高发的是针对政府公职人员的网络诽谤案件。随着我国社会各项改革的进程不断推进，社会各阶层的利益结构不断分化、重组，各类利益群体之间不可避免地出现了利益冲突和矛盾，社会矛盾凸显。有些人在接受政府管理部门管理或司法机关处理时，因认为利益分配不公或司法机关处理不当从而对政府部门公职人员产生怨恨，抓住转型期民众"仇富""仇官"的心态在网上捏造事实诽谤政府部门公职人员，发泄心中不满或吸引舆论关注对政府部门施压。此类案件的被害人往往是政府部门的负责人，而涉及事件往往是征地拆迁、环境保护、就业社保等民生领域的敏感事件，影响范围较广。

按刑法规定的职能管辖，诽谤罪除"严重危害社会秩序和国家利益的"情形外，属于"告诉才处理"的自诉案件，即公安机关只能对"严重危害社会秩序和国家利益的"的诽谤案件立案侦查，其余的诽谤案件被害人需自行向人民法院提起诉讼，要求追究行为人刑事责任。《最高人民法院、最高人民检察院关于办理利用信息网络实施诽谤等刑事案件适用法律若干问题的解释》中明确列举了七种"严重危害社会秩序和国家利益的"情形：

（1）引发群体性事件的；

（2）引发公共秩序混乱的；

（3）引发民族、宗教冲突的；

（4）诽谤多人，造成恶劣社会影响的；

（5）损害国家形象，严重危害国家利益的；

（6）造成恶劣国际影响的；

（7）其他严重危害社会秩序和国家利益的情形。

国家利益是指一个国家的生存利益和发展利益，包括国家的安全利益、经济利益、政治利益等方面内容。应该说大部分诽谤政府部门公职人员的案件尚达不到严重危害社会秩序和国家利益的程度，不符合以上七种情形，属自诉案件，公安机关应当告知被侵害人向人民法院起诉。但实际上各地时有发生公安机关立案侦查逮捕嫌疑人造成自诉案件却由检察机关公诉的现象，引起各大传媒及社会各界争论的强烈反响。此类事件的发生是由于侦查机关对此类网络案件的职能管辖认识不清造成的。

二、网络犯罪案件地域管辖

《公安机关办理刑事案件程序规定》第十五条规定，"刑事案件由犯罪地的公安机关管辖。如果由犯罪嫌疑人居住地的公安机关管辖更为适宜的，可以由犯罪嫌疑人居住地的公安机关管辖。"2012年《刑事诉讼法》修改以前的网络犯罪的地域管辖与传统犯罪类同，以犯罪地管辖为原则，以居住地管辖为补充。但是由于网络犯罪跨地域作案、团伙人员众多关系松散、犯罪利益链条遍布广泛等特点，司法实践中经常出现某一网络案件相关地域要素，如被害人所在地、被攻击网站所在地、嫌疑人使用服务器所在地、嫌疑人银行卡开户地、嫌疑人取款地、嫌疑人居住地均位于不同地方的情况，导致案件管辖确定十分复杂，传统的地域管辖无法适应打击网络犯罪活动的需要。

经征求有关方面意见，2012年出台的《最高人民法院关于适用〈中华人民共和国刑事诉讼法〉的解释》（以下简称《刑事诉讼法解释》）增加针对或者利用计算机网络犯罪的管辖规定，确立相对宽泛的管辖模式，规定与案件有关的地方都有管辖权。其第二条第二款规定："针对或者利用计算机网络实施的犯罪，犯罪地包括犯罪行为发生地的网站服务器所在地，网络接入地，网站建立者、管理者所在地，被侵害的计算机信息系统及其管理者所在地，被告人、被害人使用的计算机信息系统所在地，以及被害人财产遭受损失地。"[1] 根据这一规定，下列三类与网络犯罪有关的地方都具有管辖权：

第一，主要网络资源所在地。由于主要网络资源所在地具备开展侦查工作的优势，有必要赋予其管辖权；否则如果发现用于实施犯罪活动的网站，没有开展

---

[1] 在2021年实施的《最高人民法院关于适用〈中华人民共和国刑事诉讼法〉的解释》对第二条第二款的内容进行了一定的调整："针对或者主要利用计算机网络实施的犯罪，犯罪地包括用于实施犯罪行为的网络服务使用的服务器所在地，网络服务提供者所在地，被侵害的信息网络系统及其管理者所在地，犯罪过程中被告人、被害人使用的信息网络系统所在地，以及被害人被侵害时所在地和被害人财产遭受损失地等。"

侦查无法查清犯罪嫌疑人所在地，也就无法开展案件其他侦查工作。因此，《刑事诉讼法解释》规定将管辖权赋予犯罪行为发生地的网站服务器所在地，网络接入地，网站建立者、管理者所在地的公安机关。

第二，危害结果地。包括被侵害的计算机信息系统及其管理者所在地、被害人使用的计算机信息系统所在地、被害人财产遭受损失的。之所以将"管理者所在地"也规定为管辖地，这是因为很多情况下管理计算机信息系统的企事业单位与计算机信息系统并不在同一个地方，比如某公司位于河北，其服务器托管在北京。

第三，被告人所在地。包括被告人使用的计算机信息系统所在地。2022 年，两高及公安部颁布实施了《最高人民法院、最高人民检察院、公安部关于办理信息网络犯罪案件适用刑事诉讼程序若干问题的意见》（以下简称《网络犯罪刑事诉讼程序意见》），对网络犯罪的地域管辖做出了更为细化的规定。其第二条第二款、第三款规定："信息网络犯罪案件的犯罪地包括用于实施犯罪行为的网络服务使用的服务器所在地，网络服务提供者所在地，被侵害的信息网络系统及其管理者所在地，犯罪过程中犯罪嫌疑人、被害人或者其他涉案人员使用的信息网络系统所在地，被害人被侵害时所在地以及被害人财产遭受损失地等。涉及多个环节的信息网络犯罪案件，犯罪嫌疑人为信息网络犯罪提供帮助的，其犯罪地、居住地或者被帮助对象的犯罪地公安机关可以立案侦查。"该条规定对网络犯罪的犯罪地做了详细解释，充分列举了网络犯罪的犯罪地的情形，最大限度地明确了犯罪地范围，以满足打击网络犯罪的需要。

根据《网络犯罪刑事诉讼程序意见》第二条的规定，对于网络犯罪案件的管辖原则，应当注意以下问题：

首先，网络犯罪案件的管辖与传统犯罪一样，以犯罪地管辖为原则，以居住地管辖为补充。

其次，由于网络犯罪案件的跨地域性，网络犯罪案件可能涉及多个犯罪地的具体情形，《网络犯罪刑事诉讼程序意见》第二条对"犯罪地"规定了多个连结点，包括"用于实施犯罪行为的网络服务使用的服务器所在地""网络服务提供者所在地""被侵害的信息网络系统及其管理者所在地""犯罪过程中犯罪嫌疑人、被害人或者其他涉案人员使用的信息网络系统所在地""被害人被侵害时所在地以及被害人财产遭受损失地"等。

最后，考虑到网络犯罪案件的特殊性，《网络犯罪刑事诉讼程序意见》第二条在列举网络犯罪案件犯罪地的具体情形后专门增加了"等",以适应司法实践的复杂情况。例如,通过互联网向甲地的网民兜售假币、假发票或者煽动甲地的人员非法游行集会等情形,按照传统管辖规定,甲地公安机关能否依据犯罪结果的立案侦查,可能存在争议,而其他有管辖权的地区也往往由于没有现实危害未立案侦查。经研究认为,为了有力惩治网络犯罪,对于此种情形,甲地公安机关可以依据《网络犯罪刑事诉讼程序意见》立案侦查。

以上规定为网络犯罪地域管辖的一般原则。依照此原则,对于有多个犯罪地的网络犯罪案件,各犯罪地的公安机关都具有管辖权。此种情况很容易产生网络犯罪案件的管辖争议或者出现具有管辖权的机关互相推诿的情况,影响侦查、起诉和审判活动的顺利进行。为此《网络犯罪刑事诉讼程序意见》进一步明确了网络犯罪案件的地域管辖争议处理原则与并案处理规定。

1. 网络犯罪案件的地域管辖争议处理原则

网络犯罪确定了犯罪地为主、嫌疑人居住地为辅的管辖原则,同时规定了有多个犯罪地的网络犯罪案件由最初受理的公安机关或者主要犯罪地公安机关立案侦查,但在司法实践中,由于诉讼风险、侦查成本、法律适用理解等多方面因素,各地公安机关对于网络犯罪案件地域管辖的争议时有发生。究其引起争议的模糊不清之处,一是网络犯罪均为多个犯罪地且呈现产业链条化形态,侦查前期较难确定主要犯罪地;二是网络犯罪案件管辖规定涉及的最初受理地与主要犯罪地为两者均可的关系,并无明确的主辅次序;三是法律和司法解释均没有对"必要时,可以由犯罪嫌疑人居住地公安机关立案侦查"的必要情形加以诠释。

《网络犯罪刑事诉讼程序意见》并没有对各类网络犯罪案件的管辖争议出台明确意见,而是确定了网络犯罪案件的地域管辖争议处理原则,即"有争议的,按照有利于查清犯罪事实、有利于诉讼的原则,由共同上级公安机关指定有关公安机关立案侦查。"

指定管辖是相对于法定管辖而言的,指司法实践中存在地域管辖不明或有争议,或者是有管辖权的公安机关、人民检察院和人民法院无法或不宜行使管辖权的情形,由上级机关指定下级机关管辖或将案件移送的规定。对于公安机关而言,管辖不明确或者有争议的网络犯罪案件,可以由有关公安机关协商。协商不成的,由共同的上级公安机关指定管辖。对于有管辖权的公安机关无法或不宜行使管辖权的情形,《网络犯罪刑事诉讼程序意见》第八条规定,"对于具有特殊情况,跨省(自治区、直辖市)指定异地公安机关侦查更有利于查清犯罪事实、保证案件公正处理的重大信息网络犯罪案件,以及在境外实施的信息网络犯罪案件,公安部可以商最高人民检察院和最高人民法院指定侦查管辖。"

网络犯罪由于跨地域实施且分工合作,经常出现只抓获部分犯罪嫌疑人,而其他犯罪嫌疑人没到案的情形(有些案件的犯罪嫌疑人甚至位于境外)。对于此种情形,《网络犯罪刑事诉讼程序意见》规定,如果对已到案共同犯罪嫌疑人、被告人的犯罪事实可以认定的,可以依法先行追究。

《网络犯罪刑事诉讼程序意见》第七条规定:"对于共同犯罪或者已并案侦查的关联犯罪案件,部分犯罪嫌疑人未到案,但不影响对已到案共同犯罪或者关联犯罪的犯罪嫌疑人、被告人的犯罪事实认定的,可以先行追究已到案犯罪嫌疑人、被告人的刑事责任。之前未到案的犯罪嫌疑人、被告人归案后,可以由原办案机关所在地公安机关、人民检察院、人民法院管辖其所涉及的案件。"

据实践反映,在对部分犯罪嫌疑人、被告人先行追究刑事责任后,对于后到案的犯罪嫌疑人的管辖,实践中存在较大争议,特别是指定管辖的案件。例如,某地办理跨国电信诈骗案中,由于犯罪嫌疑人全部位于境外,遍及印尼、马来西亚、泰国、越南、柬埔寨、斯里兰卡等东南亚国家,受限于国际执法合作的流程和所在国的内政等诸多原因,被抓获的505名犯罪嫌疑人分6批才全部遣返回国。由于检法部门的指定管辖均是指定到人,因此也需要分批申请,给办案带来很大困难,该地公检法部门仅申请指定管辖工作前后共耗时半年之久,且易导致超期羁押等问题。因此,《网络犯罪刑事诉讼程序意见》进一步明确,后到案的共同犯罪嫌疑人、被告人涉及的案件,可以由原公安机关、人民检察院、人民法院一并管辖。

需要说明的是,这一规定有先例可循。《网络赌博犯罪意见》规定:"如果有开设赌场的犯罪嫌疑人尚未到案,但是不影响对已到案共同犯罪嫌疑人、被告人的犯罪事实认定的,可以依法对已到案者定罪处罚。"《关于办理流动性团伙性跨区域性犯罪案件有关问题的意见》第七条也规定:"对部分共同犯罪嫌疑人、被告人在逃的案件,现有证据能够认定已到案犯罪嫌疑人、被告人为共同犯罪的,可以先行追究已到案犯罪嫌疑人、被告人的刑事责任。"

2. 网络犯罪案件的并案处理规定

并案处理是指将原本应由不同机关管辖的数个案件,合并由同一个机关管辖处理。并案处理在性质上属于管辖权的合并,管辖机关可以突破法定的地域管辖的规定,将原本应由不同机关管辖的数个案件,在程序上合并处理。对于公安机关而言，并案处理意味着公安机关可以对原本应由其他公安机关管辖的数个案件合并立案及并案侦查。《网络犯罪刑事诉讼程序意见》第四条第一款、第二款规定，"具有下列情形之一的，公安机关、人民检察院、人民法院可以在其职责范围内并案处理：（1）一人犯数罪的；（2）共同犯罪的；（3）共同犯罪的犯罪嫌疑人、被告人还实施其他犯罪的；（4）多个犯罪嫌疑人、被告人实施的犯罪存在关联，并案处理有利于查明案件事实的。对为信息网络犯罪提供程序开发、互联网接入、服务器托管、网络存储、通讯传输等技术支持，或者广告推广、支付结算等帮助，涉嫌犯罪的，可以依照第一款的规定并案侦查。"

网络犯罪通常是流动性、团伙性、跨地域性的犯罪，一案数人数地或一人数案数地或团伙时分时合交叉作案的情况较为常见，导致网络犯罪地域管辖极为复杂（参见图2.1）。

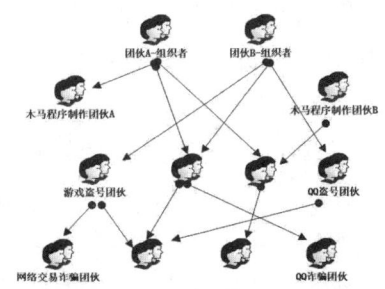

图 2.1 网络犯罪团伙之间关系错综复杂

如果每起跨地域性质的网络犯罪案件都采取指定管辖和移交管辖的方式来确定管辖，耗费的司法资源难以计数，并且会极大地延误侦查时机。司法实践中司法机关采取并案处理的方式将符合上述规定条件的网络犯罪并案侦查、并案起诉、并案审判，简化了指定管辖的程序。

（1）"一人犯数罪的"网络犯罪。由于网络犯罪的成本低、隐蔽性高、犯罪收益大且罪恶感小，网络犯罪作案者几乎都是多次作案。随着移动互联网的普及，流窜作案的情况也较为常见。典型的表现形式比如网络盗窃、网络诈骗这类的网络侵财犯罪，犯罪者为逃避打击往往采用移动上网、异地流窜的方式作案，盗窃或诈骗得手后立即销毁相应犯罪证据，迅速消失转移到另一处重新开始作案。公安机关对诸如此类犯罪的分属各地、地域管辖不同的同一人网络犯罪案件可以并案侦查。

（2）"共同犯罪"的网络犯罪。一项网络犯罪往往被细化成多个犯罪环节，由负责各环节的不同犯罪团伙共同实施。比如《最高人民法院、最高人民检察院关于办理利用互联网、移动通讯终端、声讯台制作、复制、出版、贩卖、传播淫秽电子信息刑事案件具体应用法律若干问题的解释（一）》第七条规定，"明知他人实施制作、复制、出版、贩卖、传播淫秽电子信息犯罪，为其提供互联网接入、服务器托管、网络存储空间、通讯传输通道、费用结算等帮助的，对直接负责的主管人员和其他直接责任人员，以共同犯罪论处。"诸如此类的共同犯罪的网络犯罪案件理应并案侦查。

（3）"共同犯罪的犯罪嫌疑人、被告人还实施其他犯罪的"网络犯罪。此种情形在网络犯罪案件中较为常见。比如一个网络广告联盟明知是淫秽网站，仍然通过投放广告的方式向其直接提供资金，对其主管人员按照传播淫秽物品牟利罪的共同犯罪处罚。进一步侦查发现，该网络广告联盟在明知是赌博网站的情况下为赌博网站投放广告收取费用，构成了开设赌场罪的共同犯罪，两案可以并案侦查。

（4）"多个犯罪嫌疑人、被告人实施的犯罪存在关联，并案处理有利于查明案件事实的"网络犯罪。当前各种网络犯罪链条已日渐成熟，网上出现很多分工明确的专业化犯罪团伙，因网络交易、技术支持、资金支付结算等关系形成多层级链条。不论此种链条结构为紧密层级关系的网络赌博、网络传销类型的金字塔状结构，还是比较松散的、类似一个木马作者可以向多个盗号团伙销售木马而一个盗号团伙可以从多个木马作者购买木马这种上下游多对多的网状结构，链条上的犯罪都可以被认为是存在关联。《网络犯罪刑事诉讼程序意见》第四条第二、三款规定："对为信息网络犯罪提供程序开发、互联网接入、服务器托管、网络存储、通讯传输等技术支持，或者广告推广、支付结算等帮助，涉嫌犯罪的，可以依照第一款的规定并案侦查。有关公安机关依照前两款规定并案侦查的案件，需要提请批准逮捕、移送审查起诉、提起公诉的，由该公安机关所在地的人民检察院、人民法院受理。"《网络犯罪刑事诉讼程序意见》第十条第一款规定："犯罪嫌疑人被多个公安机关立案侦查的，有关公安机关一般应当协商并案处理，并依法移送案件。协商不成的，可以报请共同上级公安机关指定管辖。"

对于检察机关或审判机关而言，并案处理意味着检察机关或审判机关可以对原本应由其他检察机关或审判机关管辖的数个案件合并审查起诉或审判。由于网络犯罪的形式特点，经常存在侦查阶段本应并案侦查的网络犯罪案件被不同地方公安机关根据不同被害人的报案分别立案侦查的情形。人民法院或者人民检察院发现这一问题后，如果继续分案处理，难以对网络犯罪案件的事实作出全面、准确的审查、认定，影响案件公正处理；对本可并案审理的案件分案处理，也影响诉讼效率，耗费司法资源。《网络犯罪刑事诉讼程序意见》第十条第二、三款规定："人民检察院对于审查起诉的案件，发现犯罪嫌疑人还有犯罪被异地公安机关立案侦查的，应当通知移送审查起诉的公安机关。人民法院对于提起公诉的案件，发现被告人还有其他犯罪被审查起诉、立案侦查的，可以协商人民检察院、公安机关并案处理，但可能造成审判过分迟延的除外。决定对有关犯罪并案处理，符合《中华人民共和国刑事诉讼法》第二百零四条规定的，人民检察院可以建议人民法院延期审理。"

第二节　受案、初查和立案

一、网络犯罪案件的受案和初查

刑事案件的受案，是指司法机关对于公民报案、控告、举报、扭送犯罪嫌疑人、犯罪嫌疑人自首或者其他行政执法机关、司法机关移送的案件的接受处理工作。《刑事诉讼法》第一百一十条规定，公安机关、人民检察院或者人民法院对于报案、控告、举报，都应当接受。受案的程序如下。

（1）问明情况。对于报案、控告、举报、自首、扭送的，都应当立即接受，问明情况，并制作《询问笔录》。必要时可以录音、录像。《询问笔录》应当包括以下内容：①告知控告人、举报人应当如实提供情况，不得诬告、陷害，以及诬告、陷害应负的法律责任；②案件的详细情况；③犯罪嫌疑人的详细情况；对自首的，应当问明自首的方式、动机、目的、过程、同案人、被害人基本情况等；④被害人、证人的详细情况；⑤涉案物品、工具的详细情况。

（2）接受证据。受案机关对报案人、控告人、举报人、扭送人提供的有关证据材料、物品等应当登记，必要时拍照、录音、录像，并妥善保管。移送案件时，应当将有关证据材料和物品一并移交。接受有关证据材料、物品，应当制作《接受证据清单》一式两份，写明名称、规格、数量、特征等，由证据提供人签名（盖章）、捺指印，一份交证据提供人，一份留存。

（3）制作登记及回执文书。制作《接受刑事案件登记表》，连同其他受案材料报本单位领导审批后妥善保管、存档备查。同时对报案、控告、举报、扭送的，应当制作《接受刑事案件回执单》，交报案人、控告人、举报人、扭送人，并留存一份备查；对行政执法机关或其他司法机关移送的涉嫌犯罪案件，应当在《移送案件通知书》等文书或者其他送达回执上签收。

（4）审查。对接受的案件，或者发现的犯罪线索，应当迅速进行审查。对于在审查中发现案件事实或者线索不明的，必要时，经办案部门负责人批准，可以进行初查。

（5）移送。经过审查，认为有犯罪事实，但不属于自己管辖的案件，应当立即报经县级以上司法机关负责人批准，制作移送案件通知书，移送有管辖权的机关处理。对于不属于自己管辖又必须采取紧急措施的，应当先采取紧急措施，然后办理手续，移送主管机关。

网络犯罪案件的受案程序与传统案件程序相同，只是由于网络犯罪的特有形式特点使其受案环节也存在相对应的需注意之处。

首先，问明情况及接受证据环节应注意网络线索及电子数据证据的收集。网络犯罪是传统犯罪的网络表现形式，具有传统犯罪所没有的网络属性。网络犯罪活动与承载其犯罪行为的网络环境息息相关，不受时间、地点限制，没有特定的表现场所和客观表现形态，犯罪的网上证据由于网络环境的特点甚至即时存有、即时消失。这些特点就要求网络犯罪案件的侦查人员在案件的受理阶段要注意网络线索及电子数据证据的收集，受理报案、控告、举报、自首、扭送的案件，问明情况接受证据时除了要询问收集传统的案件详情、被害人嫌疑人详情外，还要仔细询问、全面收集犯罪行为所处网络环境情况、涉案网络线索、网上操作细节等相关情况，对报案人、控告人、举报人提供的一些即时性网络线索及电子数据证据要快速操作、及时提取固定，防止涉案证据灭失。比如侦查人员在受理编造虚假信息在信息网络上散布、起哄闹事等造成公共秩序严重混乱的网络寻衅滋事案件或网络编造、故意传播虚假恐怖消息案件时，应在接到报案人报案的第一时间审查涉案网上信息，并截屏固定证据，防止涉案网上信息被修改、删除，导致证据灭失，同时也为下一步涉案信息的溯源工作提供支撑。由于网络犯罪隐蔽性极强、高技术性特征明显，一些案件的受害人在报案时甚至只知道自己的损失情况，对犯罪分子作案的时间、方式等详情却一无所知。此时受案人员应帮助报案人回忆案发时细节，全面了解报案人的网络行为情况，在受案的环节同步分析还原案发时网络情形，方能全面掌握案情。比如在网络盗窃案件的受案环节，受案人员需要详细问清被害人的上网工具、上网时间、有哪些网络金融账号、开通了哪些金融服务、接到哪些电话、使用哪些即时网络通信软件、接到哪些短信、浏览过哪些网站、下载过哪些软件、扫描过哪些二维码、连接过哪些热点、点击过哪些链接、转款明细、验证码接受手机短信清单等等信息，才能对犯罪分子作案方式详情有所了解。

其次，网络犯罪侦查的受案在审查环节往往很难认定是否达到立案标准，需开展初查。上文提到网络犯罪案件隐蔽性极强，并且犯罪证据往往即时存有、即时消失，因此公安机关仅凭报案、控告、举报和自首材料常常无法判断是否有犯罪事实发生，是否达到刑事案件立案标准。比如利用网络传播侵权作品的网络侵犯著作权案，相关司法解释规定"非法经营数额在五万元以上的"才可达到刑事立案标准。非法经营数额达不到标准的难以立案，不立案又难以查询金融账户的资金明细。再比如网络诈骗案件往往出现嫌疑人单次作案骗取少量资金，通过多次作案积少成多大量非法牟利的情况。仅以单次作案的被骗金额达不到诈骗罪的立案标准，需要查询嫌疑人金融账户的资金明细。诸如上述情形的大量网络犯罪案件在受案的审查环节难认定是否达到立案标准，需要在受案环节就开展初查工作。《网络犯罪刑事诉讼程序意见》第十一条、十二条和十三条规定了网络犯罪案件的初查制度。其中，第十一条规定"公安机关对接受的案件或者发现的犯罪线索，在审查中发现案件事实或者线索不明，需要经过调查才能够确认是否达到刑事立案标准的，经公安机关办案部门负责人批准，可以进行调查核实；经过调查核实达到刑事立案标准的，应当及时立案。"第十二条规定"调查核实过程中，可以采取询问、查询、勘验、检查、鉴定、调取证据材料等不限制被调查对象人身、财产权利的措施，不得对被调查对象采取强制措施，不得查封、扣押、冻结被调查对象的财产，不得采取技术侦查措施。"第十三条第一款规定"公安机关在调查核实过程中依法收集的电子数据等材料，可以根据有关规定作为证据使用。"

最后，网络犯罪案件的线索来源广泛。除了以上提到的公民报案、控告、举报、扭送犯罪嫌疑人、犯罪嫌疑人自首或者其他行政执法机关、司法机关移送等线索来源外，公安机关自行发现也是网络犯罪案件线索的重要来源。自行发现的方式主要有：①网络巡查。网络巡查是公安机关部门对信息网络实施公开管理的一种重要手段，即可以监控网上的动态信息，发现信息网络安全管理工作中存在的隐患和漏洞，还可以主动发现信息网络犯罪的线索和发展趋势。②网络安全管理。公安机关依法行使互联网安全管理的职能，依托垃圾邮件监测系统、IDC 有害数据监测系统、上网服务场所安全审计系统等技术手段，通过对互联网接入服务单位、信息服务提供单位、重点互联网应用单位和互联网上网服务场所的管理，提高发现网络犯罪案件线索的能力。③通过秘密侦查、技术侦查手段获取的网络犯罪案件线索。

二、网络犯罪案件的立案

刑事案件的立案，是指司法机关发现犯罪事实或者犯罪嫌疑人，或者对于受案的材料进行审查，认为有犯罪事实需要追究刑事责任且属于自己管辖的，决定作为刑事案件进行侦查或者审判的诉讼程序。任何刑事案件侦查活动的展开都是以立案为标志的。只有经过立案程序，司法机关的侦查活动才有法律依据和法律保障，才能产生法律效力。

《刑事诉讼法》第一百一十二条规定，"人民法院、人民检察院或者公安机关对于报案、控告、举报和自首的材料，应当按照管辖范围，迅速进行审查，认为有犯罪事实需要追究刑事责任的时候，应当立案；认为没有犯罪事实，或者犯罪事实显著轻微，不需要追究刑事责任的时候，不予立案，并且将不立案的原因通知控告人。控告人如果不服，可以申请复议。"根据该条规定，立案必须符合以下几个条件。

（1）有犯罪事实。指客观上存在着某种应受刑事处罚的犯罪行为，并且有一定的事实材料证明该犯罪行为确已发生。其中"应受刑事处罚的犯罪行为"指该行为必须是触犯刑法，依照刑法的规定构成犯罪的行为；"一定的事实材料"指证明犯罪行为发生的相应的客观证据，而不能是凭空听说或主观想象；"确已发生"指犯罪事实确已存在，包括犯罪行为已经实施、正在实施和预备犯罪。

（2）达到刑事立案标准。指犯罪行为达到追究刑事责任的最低标准。犯罪事实显著轻微、危害不大，未达到追究刑事责任的最低标准的，不予立案。

（3）需要追究刑事责任。是指依照刑法规定应当追究犯罪行为人的刑事责任。犯罪已过追诉时效期限的，经特赦令免除刑罚的，依照刑法告诉才处理的犯罪没有告诉或者撤回告诉的，犯罪嫌疑人、被告人死亡的，依照刑法规定不追究刑事责任的，不予立案。

（4）符合案件管辖规定，属本单位管辖。只有按照法律规定属本单位管辖的案件才可立案，否则应依案件管辖规定将案件移交相关司法机关处理，或告知当事人向人民法院自诉。

对于公安机关而言，受案后经审查符合立案条件的，经县级以上公安机关负责人批准，予以立案；认为不符合立案条件的，经县级以上公安机关负责人批准，不予立案。对有控告人的案件，决定不予立案的，公安机关应当制作不予立案通知书，并在三日以内送达控告人。控告人对不予立案决定不服的，可以在收到不予立案通知书后七日以内向作出决定的公安机关申请复议；公安机关应当在收到复议申请后七日以内作出决定，并书面通知控告人。控告人对不予立案的复议决定不服的，可以在收到复议决定书后七日以内向上一级公安机关申请复核；上一级公安机关应当在收到复核申请后七日以内作出决定。对上级公安机关撤销不予立案决定的，下级公安机关应当执行。人民检察院通知公安机关立案的，公安机关应当在收到通知书后十五日以内立案，并将立案决定书复印件送达人民检察院。

网络犯罪案件的立案与传统犯罪案件的立案在程序上、立案条件上一致。但与网络犯罪案件的管辖遇到的问题一样，网络犯罪案件的作案手法花样翻新，表现形式不断变化，与传统犯罪有较大差异，传统犯罪的刑事立案标准也无法适应打击网络犯罪的需要。网络诈骗、网络传播淫秽物品、网络赌博、网络诽谤、网络寻衅滋事等网络犯罪案件以传统的刑事案件立案标准进行立案审查，均会发生犯罪行为在立案标准中无明确规定、无法判断是否可以立案的情况。

例如诈骗罪的规定是"诈骗公私财物，数额较大的"，因此诈骗数额是诈骗犯罪案件重要的立案标准。但是在网络诈骗犯罪中，经常出现被害人地域分布广泛、真实身份无法查清、单笔被骗数额较小的情况，按传统诈骗罪的立案标准来审查无法立案。针对此种情况，《最高人民法院、最高人民检察院关于办理诈骗刑事案件具体应用法律若干问题的解释》第五条规定，"利用发送短信、拨打电话、互联网等电信技术手段对不特定多数人实施诈骗，诈骗数额难以查证，但具有下列情形之一的，应当认定为刑法第二百六十六条规定的'其他严重情节'，以诈骗罪（未遂）定罪处罚：（一）发送诈骗信息五千条以上的；（二）拨打诈骗电话五百人次以上的；（三）诈骗手段恶劣、危害严重的。"

再如赌博犯罪的规定是"以营利为目的，聚众赌博或者以赌博为业的"或"开设赌场的"。而网络赌博犯罪的常见表现形式是建立网站开设网上赌场的组织均在境外，境内的犯罪行为人并不参与赌场建设只是利用现成的赌博网站接受投注、抽头牟利，按传统的开设赌场罪立案标准来审查也无法立案。针对此种情况，《网络赌博犯罪意见》第一条规定"利用互联网、移动通讯终端等传输赌博视频、数据，组织赌博活动，具有下列情形之一的，属于刑法第三百零三条第二款规定的'开设赌场'行为：（一）建立赌博网站并接受投注的；（二）建立赌博网站并提供给他人组织赌博的；（三）为赌博网站担任代理并接受投注的；（四）参与赌博网站利润分成的。"

针对诸如此类的网络犯罪新型表现形式，为明确网络犯罪的定罪量刑标准，规范司法行为，最高法、最高检及公安部近年来不断出台专门的网络犯罪司法解释及规定，为各类网络犯罪案件的立案标准提供了具体的法律依据。

第三节 侦查和取证

案件侦查中的侦查和取证环节，是指侦查机关对已经立案的案件依法采取各种侦查措施开展侦查活动，查明犯罪事实，收集、调取犯罪嫌疑人有罪或者无罪、罪轻或者罪重的证据材料的环节。虽然网络犯罪侦查的法律依据、工作原则和基本思路均与传统犯罪案件侦查无异，但由于网络犯罪侦查工作对象的网络虚拟性、跨地域性及电子数据证据的特殊表现形式，使得其在查明事实时所采取的侦查措施、收集证据时所依据的犯罪事实证明规则与传统犯罪侦查有较大的差异。

一、网络犯罪案件的侦查措施

刑事侦查措施是指侦查机关在刑事案件侦查过程中，为查明事实收集证据所依法采用的具体方法。《刑事诉讼法》规定、列举了五种强制侦查措施和十种侦查措施。五种强制侦查措施包括拘传、取保候审、拘留、监视居住、逮捕；十种侦查措施包括讯问犯罪嫌疑人、询问证人、勘验检查、搜查、封查扣押物证书证、鉴定、技术侦查措施、通缉、调取证据、辨认。其中勘验、检查的侦查措施可独立出侦查实验；封查、扣押物证、书证的侦查措施可独立出查询、冻结存款、汇款；技术侦查措施可独立出隐匿身份侦查、控制下交付侦查措施。除了《刑事诉讼法》中规定、列举的以上十九种侦查措施外，司法实践中侦查机关还经常使用访问调查、视频图像侦查、边境控制、摸底排队、刑嫌调控、阵地控制、网上追逃、公开悬赏等诸多侦查措施。这些侦查措施虽然没有像以上十九种措施那样在《刑事诉讼法》中明文列举，但只要其侦查行为在法律、法规的框架内，侦查机关均可根据案件侦查需要灵活运用。

由于网络犯罪侦查需调查的工作对象多以虚拟身份的形式出现于网上，需查明的犯罪事实均发生在网上而需收集的犯罪嫌疑人有罪或者无罪、罪轻或者罪重的证据材料多以电子数据的形式存在，因此网络犯罪侦查措施的使用有其符合网络犯罪规律的相应特点，主要表现在如下方面。

1. 讯问嫌疑人和询问证人

讯问嫌疑人是指侦查机关为了查明犯罪事实，收集证据，依法对犯罪嫌疑人进行正面审讯的侦查措施。询问证人是指侦查机关通过与证人或被害人的谈话和问话来了解案件情况的侦查措施。讯问嫌疑人和询问证人本是侦查机关经常采取的常规侦查措施，但在网络犯罪侦查中有时却会遇到使用上的困难。网络犯罪往往是团伙性犯罪，犯罪集团借助互联网强大的组织团队特性会组织起传统方式根本无法组织运转的庞大团队。比如大部分的网络传销团伙的人数众多，数以万计且分散至各地，规模远远超过普通传销团伙的人数。如按照传统工作方法到各地去调查案件，讯问嫌疑人，工作量巨大，难以操作。从上例同时可见网络犯罪也是跨地域犯罪，网络犯罪行为人经常可以借助互联网对不同地域的受害人实施侵害。比如在网络盗窃案件中一个犯罪行为人往往可以通过网络盗取数千个银行账户内资金，被害人遍布全国各地。当侦查机关到各地找被害人做询问笔录取证的时候，也会遇到前面提到的工作量巨大的难题。

针对此类团伙性、跨地域性网络犯罪的特点，最高法、最高检、公安部对在此类案件中讯问嫌疑人和询问证人的侦查措施作出了适应跨地域情况的规定。《网络犯罪刑事诉讼程序意见》第十五条规定，"询（讯）问异地证人、被害人以及与案件有关联的犯罪嫌疑人的，可以由办案地公安机关通过远程网络视频等方式进行并制作笔录。远程询（讯）问的，应当由协作地公安机关事先核实被询（讯）问人的身份。办案地公安机关应当将询（讯）问笔录传输至协作地公安机关。询（讯）问笔录经被询（讯）问人确认并逐页签名、捺指印后，由协作地公安机关协作人员签名或者盖章，并将原件提供给办案地公安机关。询（讯）问人员收到笔录后，应当在首页右上方写明'于某年某月某日收到'，并签名或者盖章。远程询（讯）问的，应当对询（讯）问过程同步录音录像，并随案移送。异地证人、被害人以及与案件有关联的犯罪嫌疑人亲笔书写证词、供词的，参照执行本条第二款规定。"该规定的实施大大节省了侦查机关对于此类案件侦查的时间成本和侦查成本，提高了侦查工作效率。

2. 调取证据

《刑事诉讼法》第五十四条规定，"人民法院、人民检察院和公安机关有权向有关单位和个人收集、调取证据。有关单位和个人应当如实提供证据。"根据上述规定，侦查机关在案件侦查过程中对有关单位和个人掌握的证据有权作为犯罪证据进行调取，调取证据成为侦查机关查明犯罪事实、收集证据的一种重要侦查措施。侦查机关调取证据的类型主要包括物证、书证、视听资料、电子数据、检验报告、鉴定意见、勘验笔录、检查笔录等证据材料。

在网络犯罪侦查中因犯罪嫌疑人均为跨地域作案，所以嫌疑人所对应的物证、书证等证据也需跨地域调取。除传统的物证、书证外，网络犯罪侦查最常遇到的是调取电子数据证据的问题。网络犯罪相关银行账户、网络数据往往分布在不同地方，特别是在犯罪违法所得的认定方面，掌握电子数据证据的单位一般是为用户提供互联网接入服务、互联网数据中心服务、互联网信息服务的单位。而我国互联网产业区域发展并不均衡，这些掌握电子数据证据的单位一般集中在北京、上海、深圳、杭州等少数地区，往往与案件发生地不在同一地域。同时网络犯罪通过借助计算机网络对不特定人实施侵害或者组织不特定人实施犯罪，涉案人员和被害人往往位于不同区域。以上情况使网络犯罪侦查的调取证据措施也遇到了跨地域操作困难。例如，2006年某地公安机关侦办的一起网银盗窃案，涉案银行账号6万余个，涉及全国所有省市。根据传统取证程序，通常需要办案地派两名民警携带法律文书到证据所在地开展调取工作，工作量巨大，难以有效调取相关证据。

《关于办理流动性团伙性跨区域性犯罪案件有关问题的意见》第五条规定："办案地公安机关跨区域查询、调取银行账户、网站等信息，或者跨区域查询、冻结涉案银行存款、汇款，可以通过公安机关信息化应用系统传输加盖电子签章的办案协作函和相关法律文书及凭证，或者将办案协作函和相关法律文书及凭证电传至协作地县级以上公安机关。办理跨区域查询、调取电话信息的，由地市以上公安机关办理。协作地公安机关接收后，经审查确认，在传来法律文书上加盖本地公安机关印章，到银行、电信等部门查询、调取相关证据或者查询、冻结银行存款、汇款，银行、电信等部门应当予以配合。"

借鉴上述规定，《网络犯罪刑事诉讼程序意见》第十四条第一款对网络犯罪案件的跨地域取证作了进一步明确："……跨地域调取电子数据的，可以通过公安机关信息化系统传输相关数据电文。"

在司法实践中许多妨害社会管理秩序的网络犯罪及破坏社会主义市场经济的网络犯罪往往是由行政执法机关掌握第一手材料并先行查处，因此在网络犯罪侦查过程中采取调取证据的侦查措施时还应该注意调取行政执法机关的执法证据。

首先，行政执法机关收集的证据可直接作为犯罪证据。《刑事诉讼法》第五十四条规定，行政机关在行政执法和查办案件过程中收集的物证、书证、视听资料、电子数据等证据材料，在刑事诉讼中可以作为证据使用。通过规定对行政执法机关在执法过程中收集到的证据在刑事诉讼中予以采信，避免了侦查机关对该证据的重复性侦查，大大节省了侦查资源和时间成本。

其次，行政执法机关的行政处罚是一些网络犯罪的立案标准。比如在侦查网络销售伪基站案件中，确认案件是否符合刑事案件立案标准可以根据《最高人民法院、最高人民检察院、公安部、国家安全部关于依法办理非法生产销售使用"伪基站"设备案件的意见》第一条的规定，"非法生产、销售'伪基站'设备，具有以下情形之一的，依照《刑法》第二百二十五条的规定，以非法经营罪追究刑事责任：……虽未达到上述数额标准，但两年内曾因非法生产、销售'伪基站'设备受过两次以上行政处罚，又非法生产、销售'伪基站'设备的。"

再次，行政执法机关的行政处罚是一些网络犯罪主观故意的证明条件。比如在侦查网络销售假冒注册商标商品案时，收集犯罪嫌疑人主观故意的证据时可以根据《最高人民法院、最高人民检察院关于办理侵犯知识产权刑事案件具体应用法律若干问题的解释（一）》第九条规定，"具有下列情形之一的，应当认定为属于刑法第二百一十四条规定的'明知'：……（二）因销售假冒注册商标的商品受到过行政处罚或者承担过民事责任、又销售同一种假冒注册商标的商品的"。

最后，行政执法机关的行政处罚是一些网络犯罪的量刑条件。比如在侦查网络传销案件中，对组织传销活动情节严重的认定条件可以根据《最高人民法院、最高人民检察院、公安部关于办理组织领导传销活动刑事案件适用法律若干问题的意见》第四条的规定，"对符合本意见第一条第一款规定的传销组织的组织者、领导者，具有下列情形之一的，应当认定为刑法第二百二十四条之一规定的'情节严重'：……（三）曾因组织、领导传销活动受过刑事处罚，或者一年以内因组织、领导传销活动受过行政处罚，又直接或者间接发展参与传销活动人员累计达六十人以上的"。

3. 查询、冻结存款、汇款

查询、冻结存款、汇款是指侦查机关根据侦查犯罪的需要，依照规定向有关单位查询犯罪嫌疑人的存款、汇款、债券、股票、基金份额等财产，通知有关单位对嫌疑人的存款、汇款、债券、股票、基金份额等财产予以冻结的侦查措施。《银行业金融机构协助人民检察院公安机关国家安全机关查询冻结工作规定》第十四条规定，"银行业金融机构协助人民检察院、公安机关、国家安全机关查询的信息仅限于涉案财产信息，包括：被查询单位或者个人开户销户信息，存款余额、交易日期、交易金额、交易方式、交易对手账户及身份等信息，电子银行信息，网银登录日志等信息，POS机商户、自动机具相关信息等"。非银行支付机构按照刑事诉讼法规定也应配合侦查机关查询相关财产信息及冻结财产。

通过该种侦查措施，侦查机关可以获得犯罪嫌疑人或者与其涉嫌的犯罪有牵连的人的资金往来情况及存取转账操作地点，从中分析研判和发现侦查线索，进一步查明犯罪事实，为证实犯罪提供证据。同时该措施还可以防止赃款转移，减少国家、单位和个人在犯罪活动中所受的财产损失，最大限度地保护国家、单位和个人的利益。查询、冻结存款、汇款是网络犯罪侦查中常用的一种侦查措施，尤其在网络经济犯罪案件、网络侵财犯罪案件、网络赌博案件、网络传播淫秽物品牟利案件的侦查中被频繁使用。在网络犯罪的框架下，该种侦查措施的使用也会遇到实际操作困难：

首先，仍然是网络犯罪的跨地域特点使查询、冻结措施操作成本巨大。侦查机关要求有关单位协助查询、冻结财产时传统的做法是由两名办案人员持有效工作证件和加盖县级以上人民检察院、公安机关或国家安全机关公章的协助查询财产或协助冻结财产法律文书，到银行业金融机构或非银行支付机构等有关单位现场办理。司法实践中由于网络犯罪案件的犯罪嫌疑人或被害人往往位于不同地域，其所对应的存款、债券、股票等财产的账户也相应地由不同地域的单位开户。比如在网络盗窃、网络诈骗案件中犯罪嫌疑人几乎均为异地作案，被害人也遍布各地，涉案的银行卡开户地一般不在办案单位所在地。另外由于网络黑市的存在，一些网络犯罪案件的犯罪嫌疑人为逃避法律打击往往从网上购买不实名的异地银行卡来收取非法获利资金，为侦查机关查询、冻结财产设置障碍。同时网络犯罪案件中犯罪嫌疑人大量使用非银行支付机构的网上支付账号来收取转移资金，而我国非银行支付机构往往集中在几个城市，大部分地区的侦查机关查询、冻结非银行支付机构账户内财产均需跨地域执行。

为解决以上实际问题，《关于办理流动性团伙性跨区域性犯罪案件有关问题的意见》第五条规定，"办案地公安机关跨区域查询、调取银行账户、网站等信息，或者跨区域查询、冻结涉案银行存款、汇款，可以通过公安机关信息化应用系统传输加盖电子签章的办案协作函和相关法律文书及凭证，或者将办案协作函和相关法律文书及凭证电传至协作地县级以上公安机关"。

其次，查询、冻结存款、汇款侦查措施的反馈时效无法满足网络犯罪侦查的实战需要。银行业金融机构对于侦查机关的查询财产需求如无法当场办理的，对于查询单位或者个人开户销户余额信息的，银保监会规定原则上应当在三个工作日以内反馈；对于查询单位或者个人交易日期、交易方式、交易对手账户及身份等信息、电子银行信息、网银登录日志等信息、POS机商户、自动机具相关信息的，银保监会规定原则上应当在十个工作日以内反馈。非银行支付机构的查询、冻结反馈时效虽无类似明确规定，在实际操作中基本与银行业金融机构反馈时效处于同一量级。而在网络诈骗案件中犯罪嫌疑人转移赃款的速度一般是以分钟为量级计算的。几十万甚至成百上千万的被骗资金在很短的时间内通过网络转款、电话转款等方式被化整为零转到不同的下级账户内，为逃避侦查机关的查询和冻结措施往往又迅速继续向下级账户转账几次后通过各种方式变现取出。为应对此类案件，《银行业金融机构协助人民检察院公安机关国家安全机关查询冻结工作规定》第二十六条规定，人民检察院、公安机关、国家安全机关可以与银行业金融机构建立快速查询、冻结工作机制，办理重大、紧急案件查询、冻结工作。具体办法由国家金融监督管理总局会同最高人民检察院、公安部、国家安全部另行制定。人民检察院、公安机关、国家安全机关可以与银行业金融机构建立电子化专线信息传输机制，查询、冻结（含续冻、解除冻结）需求发送和结果反馈原则上依托国家金融监督管理总局及其派出机构与银行业金融机构的金融专网完成。但截至当前，相关部门已经建立的快速查询、冻结平台的反馈时效仅达到"T+1"日的程度，仍无法满足网络诈骗案件侦查的实战需求，无法实现刑事诉讼法设立查询、冻结侦查措施时所想达到的防止赃款转移，减少被害人财产损失的目的。针对网络诈骗类犯罪的高发势头，一些地区的公安机关对查询、冻结侦查措施的使用进一步探索，会同当地的银监部门、银行业金融机构、非银行支付机构等有关单位成立反信息诈骗中心，探索解决查询、冻结侦查措施的反馈时效问题。

案例

2015年7月24日上午9时深圳市公安局反信息诈骗中心接到报警电话,被害人陈某公司的转账账户被犯罪嫌疑人通过网络入侵篡改成嫌疑人的银行账户,公司1600万元货款被转入嫌疑人银行账户。深圳市公安局反信息诈骗中心立即启动快速联动机制对被骗资金快速拦截,对诈骗账户及子账户进行全面查询。经查,发现剩余款项1456万元经转款后分别在中国工商银行和中国建设银行的账户内。在银行的配合下,反信息诈骗中心快速反应,成功地拦截了被骗资金,整个过程只用了15分钟。

4. 勘验

勘验是指网络犯罪侦查机关为了查明犯罪事实,收集证据,对于与网络犯罪有关的场所、物品、人身进行勘验或者检查的侦查措施。任何犯罪活动的发生都是在时间和空间的框架下与一定的场所、物品和人发生联系,引起场所、物品和人产生变化并留下痕迹。勘验就是侦查人员运用科学技术对这些变化和痕迹进行提取、固定、收集,为证实犯罪提供证据,并分析研判从中发现侦查线索。在必要的时候,侦查机关可以指派或者聘请具有专门知识的人,在侦查人员的主持下进行勘验。网络犯罪侦查的勘验与传统犯罪侦查的勘验在基本原则、指导思想上一致,但由于网络犯罪的证据材料和案件线索多以电子数据的形式存在于现场电子设备或远程网络空间中,而电子数据证据具有许多不同于传统证据的属性特点,因此电子数据证据勘查与传统勘查在工作流程、工作要求、工作标准等方面有较大不同。

5. 技术侦查措施

技术侦查措施是指侦查机关为了侦查某些特定犯罪,而秘密采取的特殊侦查措施或者侦查手段,包括电子监听、电话监听、电子监控、秘密拍照、秘密录像、秘密邮件检查等专门技术手段。[1]《刑事诉讼法》第一百五十条第一款规定:"公安机关在立案后,对于危害国家安全犯罪、恐怖活动犯罪、黑社会性质的组织犯罪、重大毒品犯罪或者其他严重危害社会的犯罪案件,根据侦查犯罪的

---

[1] 胡云腾主编,最高人民法院研究室编著:《网络犯罪刑事诉讼程序意见暨相关司法解释理解与使用》,人民法院出版社2014年版,第70页。

需要，经过严格的批准手续，可以采取技术侦查措施。"当前犯罪行为日趋隐蔽化、组织化，如仅采取传统侦查措施一些犯罪案件将难以侦破。比如贩卖毒品案侦查过程中，如果犯罪嫌疑人对非法持有大量毒品的来源去向表示并不知情，而侦查机关仅使用传统侦查手段将难以查明其贩卖毒品的主观故意。同时一些犯罪行为的危害后果十分严重，比如对于恐怖主义犯罪如果不能事先发现犯罪行为制止犯罪，即便案发后传统侦查措施能够取得证据，但其犯罪行为已经导致社会遭受巨大损失。基于上述原因，法律规定了可以采取技术侦查措施的案件范围为"危害国家安全犯罪、恐怖活动犯罪、黑社会性质的组织犯罪、重大毒品犯罪或者其他严重危害社会的犯罪案件"。因为网络犯罪案件多为跨地域性、团伙性犯罪，被害者众多，社会危害巨大，同时犯罪行为均发生在网上，作案手法极为隐蔽，不采取技术侦查措施难以侦办，所以虽然刑事诉讼法未对"其他严重危害社会的犯罪案件"做详细的说明表述，但《公安机关办理刑事案件程序规定》第二百六十三条以列举的方式对"其他严重危害社会的犯罪案件"做出了说明，明确规定了"利用电信、计算机网络、寄递渠道等实施的重大犯罪案件，以及针对计算机网络实施的重大犯罪案件"即网络犯罪可以采取技术侦查措施。

《网络犯罪刑事诉讼程序意见》第十八条第一款规定，"采取技术侦查措施收集的材料作为证据使用的，应当随案移送，并附采取技术侦查措施的法律文书、证据材料清单和有关说明材料"。该规定进一步明确了网络犯罪侦查可以采取技术侦查措施，同时规定了采取技术侦查措施收集的材料可以作为证据使用。网络犯罪技术侦查收集的证据材料的移送、审查与判断，与传统犯罪技术侦查相同。

6. 摸底排队

摸底排队是指侦查机关通过分析案情推断出犯罪嫌疑人的特征和作案条件，依靠发动有关单位和人民群众提供线索，在一定范围内汇总符合作案条件和有嫌疑人特征的人逐个调查了解，从中发现犯罪嫌疑人或犯罪线索的侦查措施。摸底排队是侦查机关专门工作同群众路线结合的具体表现，是侦查人员获得犯罪线索和侦破案件的有效措施，是刑事案件侦查的一项常规性重要侦查措施。

传统的摸底排队措施主要在网下开展调查，通过全面发动群众提供线索，进而开展调查工作确定侦查对象。而网络犯罪多为跨地域性、团伙性犯罪，网络犯罪侦查的工作对象又多以虚拟身份的形式出现于网上，使用传统的摸排范围选择方法往往难以确定作案人的居住、活动范围，使该项侦查措施失去可操作性和针对性。针对此种情况，侦查机关在网络犯罪的摸底排队侦查中对摸排范围的选择在传统的空间范围和社会范围的基础上，增加了网络范围；摸排对象增加了网络虚拟身份及电子数据；摸排条件针对网络犯罪特点进行相应设定。摸排范围中的网络范围是指犯罪嫌疑人可能使用的网络服务的范围及因其网上行为所留存的电子数据的范围。比如侦查人员通过电子数据勘查获取了被攻击的网络服务器的日志，则该日志数据中的可疑记录集合可以作为摸排网络攻击者的网络范围。侦查人员选好摸排范围后，在网络范围内对涉案的网络虚拟身份及电子数据进行摸排，相应的摸排条件主要如下。

（1）具备作案时间条件。任何案件都必须有作案时间，排查对象是否具备作案时间条件是摸底排队的重要条件依据。对于一些摸排范围为网络范围的网络犯罪案件，由于其摸排的对象为网络虚拟身份与电子数据，摸排对象本身即带有时间属性可供侦查人员分析、核查。根据《互联网安全保护技术措施规定》第七条规定，互联网服务提供者对于网络虚拟身份应当落实"记录并留存用户登录和退出时间、主叫号码、账号、互联网地址或域名、系统维护日志的技术措施"，即网络虚拟身份有用户登录和退出时间可作为时间摸排条件。同时电子数据文件本身都具有建立时间、修改时间、访问时间属性，许多电子数据文件内部还嵌有时间戳，都可以作为时间摸排条件。

（2）具备作案空间条件。任何案件都必须有作案地点，即使网络犯罪的犯罪行为主要在网络上实施，网络虚拟身份与电子数据对应的所有人也有物理地点。《互联网安全保护技术措施规定》第八条规定，提供互联网接入服务的单位应当"记录并留存用户注册信息"。侦查机关根据法律规定通过用户注册信息可以获得摸排对象的物理地点。网络犯罪侦查中可以将嫌疑人的时间和空间条件作为摸排条件，在网络范围内对摸排对象逐个调查，查找具备作案空间条件的犯罪嫌疑人。

（3）具备作案工具条件。犯罪行为人在实施犯罪时往往借助于一定的工具，因此是否具有或有条件获取作案工具是摸排的重要条件。对于网络犯罪而言，一些作案工具具有明显的特征，如利用系统漏洞的外挂程序、非法控制计算机信息系统的程序、计算机病毒、钓鱼网站代码、洗号工具、打码工具，侦查人员可以根据此条件对摸排对象进行摸排。

（4）具备个体自然特征条件。某些嫌疑人由于生活地区、职业、学习经历、地方民俗、民族、宗教等影响，在其思想、信仰、语言习惯（网上发布文字信息，有时会包括方言）、饮食习惯、兴趣爱好等方面会有所体现，而这些现实中的个体自然特征又会在网络中以不同的方式体现出来，成为排查特定人员的条件依据[1]。

（5）具备表现反常条件。一个完整的犯罪行为过程一般包括犯罪预备、犯罪实施、罪后反常这三个依次进行的阶段。在犯罪预备阶段犯罪行为人要对作案目标进行踩点、购置作案工具、计划逃跑路线；在罪后反常阶段犯罪行为人会有处置赃物、毁灭作案证据、打探侦查工作、逃跑隐匿的行为。这些反常行为会在一定场合、一定程度上有所暴露，可以作为摸排的条件依据。网络犯罪侦查也是根据摸排的网络虚拟身份及电子数据的反常情形作为摸排条件。例如在破坏计算机信息系统的案件中，犯罪嫌疑人在犯罪预备的阶段会对计算机信息系统进行反复嗅探扫描、尝试登录，侦查人员可以在摸排范围内对有以上反常行为的日志记录进行逐一排查，找出嫌疑人留下的痕迹进而确定犯罪嫌疑人。再如一些案件中犯罪嫌疑人在案发后逃跑隐匿，其对应的网络虚拟身份的上网地点也相应发生变化，构成犯罪后反常的情形，侦查人员可根据其具备表现反常条件对该人深入核查。

7. 刑嫌调控

刑嫌调控是指侦查机关对有刑事犯罪嫌疑，但未发现其犯罪证据的人员进行秘密调查、控制，收集犯罪情报信息，获取犯罪证据的侦查措施。刑嫌调控并不针对特定案件开展工作，而是针对不特定的多个刑嫌人员作为工作对象收集犯罪情报信息，进而获取证据，开展打击工作破获刑事案件。如果说摸底排队是"从案到人"的侦查模式，那么刑嫌调控则是"从人到案"的主动型侦查措施。此项措施是侦查机关落实先发制人、主动进攻侦查思路的有效方法，对打击防范预谋犯罪，及时发现制止现行犯罪都有重要的作用。

根据司法实践和公安部有关规定，刑嫌人员主要包括如下人员：刑满释放、劳教解除人员中确有重新犯罪迹象的；正处于缓刑、假释、监外执行、取保候审和监视居住人员中有继续犯罪迹象的；仇视社会主义，对现实不满，或者具有某种复仇、报复因素，公开扬言或已有实施犯罪行为迹象的；有工不上、有业不就，居无定所，经济暴富、来源不明或者扬言要通过犯罪手段发家致富的；经商赔本、炒股破产、赌博输巨款、借贷被骗、吸毒无毒资等有预谋犯罪迹象的；有

---

[1] 孙晓冬主编：《网络犯罪侦查》，清华大学出版社2014年版，第20页。

盗窃、抢劫枪支意图，有私藏、贩卖枪支、爆炸物品嫌疑的；社会交往关系复杂，多与有劣迹违法人员接触，有进行组织犯罪嫌疑的；游手好闲、经常打架斗殴，欺行霸市、强拿硬要，有进行流氓团伙犯罪迹象的；外来人口中没有正当职业，走东窜西，经济来源可疑，伪造证件、不讲真实身份，有犯罪嫌疑的。传统案件侦查过程中侦查机关通过取得刑嫌人员居住地有关部门的支持、布置工作关系贴靠监控、向知情人员走访核实现实表现等方法对刑嫌人员全面控制掌握，及时收集犯罪情报信息，开展侦查打击工作。随着网络犯罪案件的日益高发，网络犯罪的跨地域性导致侦查成本巨大，犯罪的地缘性和链条化特征更加需要侦查机关发挥刑嫌调控主动进攻、先发制人、缩短侦查途径的措施优点。同时网络犯罪的隐蔽性和工作对象的网络虚拟性也使传统的刑嫌调控工作方法发生了改变，侦查工作遇到了新的挑战。[1]

一方面，网络犯罪跨地域导致侦查成本高、难度大，一些类型的网络犯罪破案率极低而犯罪行为收益巨大。犯罪行为人犯罪得手后往往在同村同乡互相传授犯罪方法和经验，结成团伙相互帮带，使得该类型网络犯罪在该地区集中高发，形成地域特征明显的地缘性网络犯罪。例如通过对近年来网络侵财案件进行统计分析，根据作案手法可以总结出几个明显的地缘性网络犯罪高发地。国内的广西壮族自治区宾阳县的QQ诈骗、广东省电白县的"猜猜我是谁"电信诈骗、海南省儋州市的机票诈骗、福建省安溪县的钓鱼网站及淘宝兼职诈骗、湖南省双峰县的PS裸照敲诈，国外的尼日利亚电子邮件更改打款账号诈骗等作案手法都具有明显的地域特征且发案率居高不下。被害人所在地的侦查机关采取"从案到人"的侦查模式开展工作，往往会遇到异地办案侦查成本高、当地环境复杂不熟悉情况、本乡本土居民抱团不愿配合办案等实际困难，导致案件难以侦破。此时作案高危人群所在地的侦查机关采取刑嫌调控侦查措施，对辖区内的刑嫌人员有针对性地开展前置侦查工作，发展隐蔽力量，多层次、多渠道掌握刑嫌人员的活动规律，根据本地高发案件的特点收集其犯罪证据后再一举打击，并向前追溯同类犯罪行为，会收到良好的打击效果，大大缩短侦查机关的侦查途径，节约侦查成本。

另一方面，网络犯罪的手法隐蔽、花样翻新，区分有无违法犯罪迹象的表象特征随着社会形势的发展变化巨大，使网络犯罪刑嫌人员疑点的外在表象难以分

---

[1] 刘浩阳主编：《网络犯罪侦查》，公安机关内部教材2016年版，第224页。

辨。SOHO 就业形态的普及使犯罪行为人有工不上、有业不就的情况不再引人注意，犯罪隐藏得更深；网络洗钱方式更为巧妙，变非法所得为正当收入的方法更趋多样；对现实不满、仇视社会的也不再公开扬言而是转为网上匿名发声；劣迹违法人员开始使用网络相互联系，购买枪支、毒品等各类违禁品和各类作案工具的行为也转移至网上进行；一些侦查机关刑嫌调控的工作对象甚至只是以网络虚拟身份的形式活跃在网上，在现实社会从不露面。以上种种现象需要刑嫌调控措施在网络犯罪侦查中采取新的工作方法。侦查人员在对网络犯罪刑嫌人员开展登记、调查工作时，不但对其网下身份信息进行登记，更要对其网上虚拟身份进行登记。对有些并不掌握真实身份而仅仅掌握其网上虚拟身份的犯罪嫌疑对象，可以仅仅登记其网上虚拟身份作为刑嫌人员开展调控工作。工作中除了使用传统的贴靠监视方法外，还可根据网络犯罪的特征采用网络巡查、网络安全管理、网上关键词收集比对、网络行为预警评分等方法对刑嫌人员网上活动全面掌握控制，及时发现网络犯罪情报线索，对利用互联网组织、策划、实施的违法犯罪活动精确打击，实现各类网络案、事件"发现得早、控制得住、处置得好"的工作实效。

8. 阵地控制

阵地控制是指侦查机关在犯罪分子经常涉足、作案、藏身、潜逃、销赃和交往联络等复杂地区、场所和行业建立公开和秘密的力量，用以发现、揭露和查缉犯罪分子的侦查措施[1]。传统的阵地既包括违法犯罪人员经常涉足的场所和落脚的处所，如公共交通场所、公共文体娱乐场所、商业街区、出租房等；又包括因经营业务容易被违法犯罪人员利用，需要采取特定治安管理措施的行业，如旅馆业、网吧业、典当寄卖业、公章刻制业、印刷业、金银首饰加工业、废旧金属收购业、旧货交易业、汽车租赁业、开锁业等特种行业。侦查机关通过巡逻盘查、技术监控、行政管理、布置阵地控制特情等方法对侦查阵地进行控制，收集犯罪情报信息，及时发现打击现行犯罪活动。

网络犯罪的主要犯罪行为在网络上实施，此种情况就要求侦查机关应将阵地控制的措施向网络上延伸，对网上阵地进行控制。网上阵地与传统阵地不同，不再表现为特定的场所和行业，而是表现为违法犯罪人员经常出没的网络服务空间，包括各类网站、论坛、网络即时通信、博客、微博客、电子邮箱、网络聊天

---

[1] 马海舰：《侦查措施新论》，法律出版社 2012 年版，第 309 页。

室、网络游戏、社交网络、分类信息网站、电子商务平台、网络支付平台、网络金融平台、网络广告平台、VPN、虚拟主机、域名注册、网络电话、网络搜索引擎。例如在论坛、博客、微博客、电子邮箱的网上阵地，违法犯罪人员可能实施传播网络谣言、虚假恐怖信息、侮辱诽谤他人等行为；在网络即时通信群组、网络聊天室的网上阵地，违法犯罪人员可能实施组织卖淫、聚众赌博、勾连作案等行为；在网络游戏、网络支付平台、网络金融平台、网络电话的网上阵地违法犯罪人员可能实施网络诈骗、网络盗窃、网络敲诈等侵财犯罪；在网络商务平台、网络广告平台违法犯罪人员可能实施销售毒品、枪支、假证件等违禁品、销售伪劣商品、销售赃物、侵犯著作权等行为；在 VPN、虚拟主机、域名注册、网络搜索引擎的网上阵地违法犯罪人员可能实施制作钓鱼网站、非法侵入计算机信息系统、藏匿网上作案踪迹等行为；在社交网络、分类信息网站的网上阵地违法犯罪人员可能实施网络诈骗、寻找网下作案目标等行为。总之凡是违法犯罪人员能够涉足或利用其进行违法犯罪活动的网络服务空间都应列为网上阵地。网上阵地与传统阵地相比具有聚集人员多、隐蔽性强、不便控制等特点，使犯罪行为在网上阵地更容易滋生和发展。占据控制这些阵地的制高点，随时掌握阵地内的动态信息，对预防和打击犯罪有重要的意义。

网上阵地控制的方法主要是通过网络巡查、建设网络秘密力量、网络安全管理等措施了解违法犯罪人员在阵地内的活动情况，收集犯罪情报信息，分析、掌握网络违法犯罪的发展趋势。其中网络巡查指侦查人员通过网上浏览、搜索、查找等方式监控、收集网上阵地内的公共信息，对其性质进行鉴别，对各类违法犯罪情报信息汇总研判，对有害信息进行处置。网络巡查要求及时发现、迅速处置各类网上阵地内的有害信息；及时掌握网上敌情社情动态、群体性事件、突发性事件、社会热点问题、社会重要活动的网上反应；及时提供阵地内的网络犯罪情报信息，为侦查机关网上斗争、阵地控制提供支撑。建设网络秘密力量主要是从网络服务商、网站管理人员、论坛贴吧版主、活跃网民中间选建秘密力量，发挥其技术优势和管理权限，发现网上阵地内的违法犯罪活动迹象，及时通报侦查机关。网络安全管理是指公安机关运用行政管理手段，依法监督、检查、指导各互联网服务提供单位及联网使用单位健全安全管理制度、落实安全技术措施，保障网络安全运行。网络安全管理是公安机关维护网上公共秩序、控制网上阵地、打击网络犯罪的重要基础。通过网络安全管理，公安机关可以依托垃圾邮件监测系统、IDC 有害数据监测系统、上网服务场所安全审计系统对网上阵地全面控制。

二、网络犯罪案件的证据收集

在网络犯罪案件的侦查和取证环节，侦查机关应依法采取各种侦查措施查明犯罪事实，收集、调取犯罪嫌疑人有罪或者无罪、罪轻或者罪重的证据。我国刑诉法规定犯罪事实的证明标准是"证据确实、充分，应当符合以下条件：（一）定罪量刑的事实都有证据证明；（二）据以定案的证据均经法定程序查证属实；（三）综合全案证据，对所认定事实已排除合理怀疑"。网络犯罪与传统犯罪的证明标准相同，但由于网络犯罪往往涉案人员众多且分布各地，涉案金额巨大且往来频繁，涉案电子数据海量且极易灭失，以上客观条件限制使得侦查机关无法逐一收集相关证据。在犯罪事实证明标准一致的前提下，收集网络犯罪事实证据所依据的证明规则与传统犯罪的证明规则有较大区别。

网络犯罪中，以网络诈骗等侵财性的涉众案件为典型，其每年发案数量达数十万起，占网络犯罪发案数量的80%以上，个别经济发达省份可以到达95%以上，但打击率不超过3%，处理率不到1.8%，人民群众反映强烈。同时这类案件侦查成本高昂，牵扯大量侦查资源。

在一些网络诈骗案件中，嫌疑人利用网络电话、钓鱼网站等方法对不特定多数的境外人员实施诈骗。某网络诈骗团伙在2013年3月4日至5月23日间，预谋诈骗11664次，预谋诈骗金额2.4362亿元，成功诈骗金额高达251万余元。公安机关先后组织两次抓捕行动，出动警力80余人，分赴全国16个省市、26个地市抓捕，抓获各环节主要犯罪嫌疑人28人，花费办案经费上百万元。该案报案的被害人被骗仅490元，尚不够追诉标准。如果按照传统诈骗犯罪的证明规则来收集证据，侦查机关会因无法查证诈骗数额导致无法证明诈骗犯罪事实的情况发生。针对此种情况，《最高人民法院、最高人民检察院关于办理诈骗刑事案件具体应用法律若干问题的解释》第五条规定，"利用发送短信、拨打电话、互联网等电信技术手段对不特定多数人实施诈骗，诈骗数额难以查证，但具有下列情形之一的，应当认定为刑法第二百六十六条规定的'其他严重情节'，以诈骗罪（未遂）定罪处罚：（一）发送诈骗信息五千条以上的；（二）拨打诈骗电话五百人次以上的；（三）诈骗手段恶劣、危害严重的。实施前款规定行为，数量达到前款第（一）、（二）项规定标准十倍以上的，或者诈骗手段特别恶劣、危害特别严重的，应当认定为刑法第二百六十六条规定的'其他特别严重情节'，以诈骗罪（未遂）定罪处罚"。根据以上规定，侦查人员可以对犯罪现场用于网络诈骗设备内的电子数据取证，获取其发送诈骗信息或拨打诈骗电话的次数，再结合嫌疑人口供、嫌疑人涉案银行账号往来账目等证据证明嫌疑人的诈骗行为。

在网络侵犯著作权的案件中，嫌疑人未经著作权人许可，以营利为目的通过网络传播他人作品。司法实践中，被网络侵权的作品种类繁多且数量巨大，侦查机关很难按照传统犯罪的证明规则来逐一向著作权人或其代理人取证收集未经著作权人许可的证据。针对此种情况，《关于办理侵犯知识产权刑事案件适用法律若干问题的意见》第十一条规定，"'未经著作权人许可'一般应当依据著作权人或者其授权的代理人、著作权集体管理组织、国家著作权行政管理部门指定的著作权认证机构出具的涉案作品版权认证文书，或者证明出版者、复制发行者伪造、涂改授权许可文件或者超出授权许可范围的证据，结合其他证据综合予以认定。在涉案作品种类众多且权利人分散的案件中，上述证据确实难以一一取得，但有证据证明涉案复制品系非法出版、复制发行的，且出版者、复制发行者不能提供获得著作权人许可的相关证明材料的，可以认定为'未经著作权人许可'。但是，有证据证明权利人放弃权利、涉案作品的著作权不受我国著作权法保护，或者著作权保护期限已经届满的除外"。

在网络赌博案件中，嫌疑人用于接收赌资的银行账户内资金流水往往有成千上万笔记录，侦查机关很难查清每笔资金的投注人并逐一取证。针对此种情况，《网络赌博犯罪意见》第三条规定，"对于开设赌场犯罪中用于接收、流转赌资的银行账户内的资金，犯罪嫌疑人、被告人不能说明合法来源的，可以认定为赌资。向该银行账户转入、转出资金的银行账户数量可以认定为参赌人数。如果查实一个账户多人使用或多个账户一人使用的，应当按照实际使用的人数计算参赌人数"。

在网络组织传销案件中，嫌疑人利用网络发展下线，按照一定顺序组成层级，形成人数众多的传销犯罪组织。由于互联网高效跨地域组织团队的特点使传销组织内人员众多，且分散至各地，侦查机关难以对每个涉案人员逐一调查取证。如果按照传统组织传销犯罪的证明规则，侦查机关会因无法查证传销组织的层级和人数导致无法证明诈骗犯罪事实。针对此种情况，《最高人民法院、最高人民检察院、公安部关于办理组织领导传销活动刑事案件适用法律若干问题的意见》第一条规定，"办理组织、领导传销活动刑事案件中，确因客观条件的限制无法逐一收集参与传销活动人员的言词证据的，可以结合依法收集并查证属实的缴纳、支付费用及计酬、返利记录，视听资料，传销人员关系图，银行账户交易记录，互联网电子数据，鉴定意见等证据，综合认定参与传销的人数、层级数等犯罪事实"。根据以上规定，侦查人员可以对传销网站后台的电子数据取证，对其进行整理分析绘制图表，结合资金交易记录等证据来证明传销组织的层级和人数。

在网络非法集资案件中，因集资参与人人数众多，侦查机关难以逐一取证。《最高人民法院、最高人民检察院、公安部关于办理非法集资刑事案件适用法律若干问题的意见》第六条规定，"办理非法集资刑事案件中，确因客观条件的限制无法逐一收集集资参与人的言词证据的，可结合已收集的集资参与人的言词证据和依法收集并查证属实的书面合同、银行账户交易记录、会计凭证及会计账簿、资金收付凭证、审计报告、互联网电子数据等证据，综合认定非法集资对象人数和吸收资金数额等犯罪事实"。

上述案件均为针对涉众型网络犯罪案件，其犯罪事实的证明规则与传统犯罪的证明规则不同。

《网络犯罪刑事诉讼程序意见》第二十一条对此证明规则做出规定，"对于涉案人数特别众多的信息网络犯罪案件，确因客观条件限制无法收集证据逐一证明、逐人核实涉案账户的资金来源，但根据银行账户、非银行支付账户等交易记录和其他证据材料，足以认定有关账户主要用于接收、流转涉案资金的，可以按照该账户接收的资金数额认定犯罪数额，但犯罪嫌疑人、被告人能够作出合理说明的除外。案外人提出异议的，应当依法审查"。具体而言，对于涉众型网络犯罪的特殊证明需要注意三点：

（1）适用范围为涉案人数特别众多的信息网络犯罪案件，即涉众型网络犯罪案件；对于一般的网络犯罪案件，不能适用。

（2）对于涉案资金本应逐一证明、逐人核实涉案账户的资金来源。但是，对于涉众型网络犯罪案件，有时会因为人数众多且分布较广、涉案时间跨度较大等客观原因，无法找到每一个证人、被害人逐一收集相关的言辞证据并逐一核实涉案账户中的每一笔流水是否与犯罪行为有关。此时，该条设置了一项推定规则，即只要认定有关账户主要用于接收、流转涉案资金的，就可以按照该账户接收的资金数额认定犯罪数额，免除了公安机关对逐一证明、逐人核实涉案账户资金来源的证明责任。

（3）该条设置的是可反驳推定，只要犯罪嫌疑人、被告人能够作出合理说明，则不能按照该推定直接认定犯罪数额。

三、网络犯罪案件嫌疑人的认定

刑事案件侦查中认定嫌疑人环节是指侦查机关在查明犯罪事实、收集证据的基础上通过同一认定方法认定犯罪嫌疑人的环节。认定嫌疑人是刑事犯罪侦查的目的，是刑事犯罪侦查过程中的核心环节。侦查学中认定嫌疑人采用的方法为同一认定法。同一认定法将侦查工作需要查找的嫌疑人称为"被寻找客体"，而将在"查明事实与收集证据"环节被纳入工作视线进行排查的人员称为"受审查客体"，认定嫌疑人的过程就成为认定被寻找客体与受审查客体是否同一的过程。同一认定的具体方法就是比较被寻找客体与受审查客体的特征是否一致来判断客体是否同一。客体的特征是多种多样的，在不同的认定活动中侦查人员获得特征数量不同，并且每种特征的稳定性、反映性、特定性也不尽相同，侦查人员应根据特征的具体情况并结合案情进行综合分析研判，得出认定结论。

一般来讲，侦查人员进行同一认定所依据的客体特征主要分为形象痕迹特征、活动习惯特征、物质成分特征、时间空间特征四类。其中形象痕迹特征指嫌疑人的外在表象及涉案物品和痕迹，包括嫌疑人的体貌特征、遗留气味、指纹、足迹、现场遗留工具等等；活动习惯特征指嫌疑人的生理活动习惯、心理活动习惯及技能习惯，包括嫌疑人的说话习惯、走路习惯、个人癖好、性格特点、心理素质、文化水平、职业习惯、笔迹等等；物质成分特征包括嫌疑人的血型、DNA及现场遗留微量物证的物质成分；时间空间特征则指嫌疑人占有的时间和空间的情况，可以用来判断受审查客体是否具有作案时间或是否在犯罪现场。侦查人员通过对上述客体特征进行一一比较，找出被寻找客体与受审查客体二者特征的一致点或差异点，在此基础上结合案情综合分析研判得出同一认定结论，最终认定犯罪嫌疑人。网络犯罪案件的嫌疑人认定与传统犯罪嫌疑人认定在基本原则、一般方法和认定步骤等方面均相同，只是由于网络犯罪行为主要发生在网上，其与传统犯罪中的客体特征相比多出了嫌疑人的网络特征，包括嫌疑人使用的 IP 地址、网络虚拟身份、电子数据等等。值得注意的是侦查人员根据客体的网络特征进行客体的同一认定时，应充分了解网络特征同一认定的不确定性。与指纹、DNA 这种"证据之王"式的客体特征不同，网络特征的特定性程度不高，仅以其为依据所作出的同一认定结论的确定性程度也较低。

IP 地址是用来标识互联网上的设备的标识符。但由于 IP 地址的数量有限，无法保证互联网上的每台设备均可分配到独立的 IP 地址，在实际应用中常常使用拨号连接、端口映射等方式为多台设备分配一个 IP 地址。日常生活中的网吧、

Wi-Fi 热点上网、无线上网、局域网用户上网等多种应用场景均采取以上 IP 地址分配方式。此种情况下作为客体特征的 IP 地址同一并不能认定其客体同一。即便分配给上网设备的 IP 地址为独立可循的公网地址，其仅能说明网上数据发送时的来源，无法说明 IP 地址同网卡地址之间的对应关系，网卡地址同上网设备之间的对应关系，上网设备和上网者之间的对应关系。以上关系环环相扣，其对应的客体特征均为同一方可认定被寻找客体与受审查客体同一。下面以一案例对此做以说明。

 案例

  2002 年阳江市公安局接群众报案，有人向其邮箱内发送淫秽图片。侦查人员勘查了报案人计算机及邮件服务器，取得发送淫秽电子邮件的计算机当时的 IP 地址，同时查明案发时段此 IP 地址分配给梁某。经询问，在此期间梁某正独自在家中上网。侦查人员勘查扣押了梁的计算机，对梁某做出了警告并处罚款 1500 元的决定。梁某不服处罚决定，向阳江市人民政府申请行政复议。市政府维持行政处罚决定后，梁某又向阳江市江城区人民法院提起行政诉讼。败诉后梁某仍然不服，继续向阳江市中级人民法院上诉。双方法庭上交锋内容如下。

  公安机关：AD 拨号的 IP 地址具有唯一性和排他性，电子邮件发送期间梁某正独自在家中上网，因此该邮件是梁某所发。

  梁某：发件人的 IP 地址只能说明该邮件发送过程中最后与邮件服务器连接的是自己的电脑，但并不足以证明该邮件是他或在他的电脑上编写并发送的，况且公安人员扣押计算机进行检查时并没有发现淫秽色情图片。可能是黑客入侵其计算机发送的电子邮件。

  公安机关：对扣押原告的计算机进行检查时，没有发现黑客入侵记录。梁某也始终没有提出其计算机系统被别人入侵过的证据。

  梁某：公安局提交的电子邮件的证据不是阳江服务器保存的电子邮件，是从李某电脑打印出来的，没有证据证明该电子邮件是原始的，未被修改的，不能作为法定认可的证据。

  公安机关：提交的电子邮件与电子邮件服务器的日志记录核对一致后才打印的，且当时有工作人员在场并签名进行了确认。

  梁某：法律没有明文规定 IP 地址可以作为直接证据采用，从 IP 地址查出的

电话号码，只能作为侦缉线索，不能作为认定违法的证据

公安机关：若这样一起证据确凿的案子都不能使违法人员受到惩处，以后网络安全管理很可能变成一句空话。

此案最终阳江市中级人民法院驳回上诉，维持原判。从此案审判过程可以看到对嫌疑人的认定除了依据 IP 地址外，还包括时间特征、空间特征、现场遗留工具、电子数据等多个特征组合才最终对客体做出了同一认定的结论。在嫌疑人认定过程中如果不是多个相互印证的客体特征组合均一致，侦查机关在法庭上将极为被动，无法回答梁某的质疑。所以网络案件中单凭 IP 地址无法认定嫌疑人，侦查过程中应尽可能的获取更多的客体特征进行同一认定。

四、网络犯罪案件的抓捕时机选择

侦查人员在认定犯罪嫌疑人后应对嫌疑人开展抓捕工作。抓捕犯罪嫌疑人会遇到抓捕时机选择的问题，时机选择过早会导致打草惊蛇不能将所有嫌疑人一网打尽，而时机选择过迟则容易贻误战机使嫌疑人逃之夭夭。这就要求侦查人员深入收集情报信息，全面分析研判案情，从人员安全、抓捕难度、证据收集、侦查成本等方面综合评估抓捕行动，选择一个最佳的抓捕时机。网络犯罪案件团伙作案较多、作案手法隐蔽、案件证据极易在现场销毁，对其犯罪嫌疑人抓捕时机的选择应在保证人员安全这个第一前提的基础上注意以下问题。

首先，网络犯罪案件抓捕时机的选择应树立全局意识。网络犯罪团伙作案较多，比如当前表现形式较为突出的网络赌博、网络传销、网络组织卖淫、网络销售违禁品等等都是利用网络勾联，组织了传统方式难以组建的人数众多、分层级管理的庞大团伙。这些团伙有的上下层关系较为松散，各层级负责事务相对独立，有的却上下层联系紧密，定期网上沟通，团伙内部牵一发而动全身。比如网络赌博案件侦查中如仅对赌博团伙内一个代理开展抓捕，赌博网站管理员会在极短时间内将站内与之相关的上下层赌博账号全部注销，销毁证据，通知相关人员逃跑藏匿，使对其他涉案人员的抓捕行动陷入僵局。对于诸如此类的网络犯罪案件的抓捕时机选择，不要孤立地仅依据是否有利于单人的抓捕，而要站在是否有利于抓获犯罪团伙全体成员的角度来选择。如若不然，尽管具备了抓捕团伙内一个人的最佳时机并实施了抓捕，则可能失去抓捕团伙内其他成员的时机。从全局角度来看，并不是一个好的时机选择。如果犯罪团伙成员众多，不具备一网打尽的条件，侦查人员应在深入收集情报信息，全面分析研判案情的基础上确认团

伙的主要参与者,从是否有利于对主犯的抓捕的角度选择对整个团伙的收网打击时机。

其次,网络犯罪案件抓捕时机的选择应树立人、证并获的意识。网络犯罪作案手法隐蔽,证据获取难度较大。许多网络犯罪案件的侦查难点在于是否可以收集到证明嫌疑人犯罪的证据,而不在于抓捕嫌疑人。此类案件的证据往往以电子数据的形态存在,极易销毁灭失。如架设在境外的淫秽网站、传销网站、赌博网站、侵犯著作权网站服务器等如不在抓捕行动之前对电子数据证据进行固定取证,抓捕行动之后网络服务器关闭,证据无法再次取得。同时网络诈骗、网络盗窃、网络黑客等案件的关键证据均以电子数据形式存在,只对人员采取抓捕措施而未能在抓捕现场查获相应电子数据证据,会导致下一步侦查工作难以开展。对于此类案件的抓捕时机选择应首先考虑是否可以人、证并获,如能提前将证据固定的应在固定证据后再抓捕嫌疑人,不能提前固定证据的应深入收集抓捕对象情报信息,掌握其日常活动规律,选择抓捕对象与涉案电子数据证据在同一位置时实施抓捕,避免出现抓捕后因证据不足又无法通过讯问嫌疑人取得突破、只能释放的情况。例如对于网络六合彩赌博案件嫌疑人的抓捕时机选择,就可以选在六合彩开奖的周二、周四、周六晚上,利于现场抓捕时扣押嫌疑人报盘使用的计算机,查获嫌疑人接受投注的电子数据证据。

侦查人员在入室抓捕的时候更要贯彻人、证并获意识,合理采取进门方式,避免嫌疑人发觉抓捕行动后闭门不开,现场紧急销毁电子数据证据。入室抓捕的关键环节是开门方式,工作中可灵活采用各种理由做掩护,如社区入户调查、物业维修、楼下漏水、收费、送快递等理由使抓捕对象毫无警觉地把门打开。在抓捕现场同时也要做好强攻的准备,一旦智取不成产生对峙的局面可考虑强攻开门,不给嫌疑人留下销毁证据的时间。

最后,网络犯罪案件抓捕时机的选择应充分考虑抓捕现场的地形情况与基本社情。地形情况包括现场地形;现场建筑物的类型与结构,如在城市是单位宿舍还是居民区,是否高层建筑;如在农村,是单门独院还是与人合住;居住房与周围建筑物的关系,出入口的数量与位置;现场是否有家禽。基本社情主要包括犯罪嫌疑人的亲属情况;现场人、车流量;当地的民风习俗、宗教信仰;群众的政治素质、法制观念以及抓捕对象与周边的社会关系等。[1] 在一些类似宾阳QQ

---

〔1〕 黄从彬、潘传声:《浅谈最佳抓捕时机的选择》,载《山东警察学院学报》2010年第2期。

诈骗这样地域特征明显的地缘性网络犯罪案件侦办中，侦查人员应在充分考虑抓捕现场的地形情况与基本社情的基础上选择抓捕时机、部署警力，避免出现抓捕嫌疑人后受到嫌疑人家属围攻的情况，保证抓捕任务的顺利完成。

第四节　侦查终结

侦查终结是刑事案件侦查的结束环节，是指侦查机关经过查明事实与收集证据、认定捕获嫌疑人等一系列侦查活动后，认为案件事实已经查清，证据确实、充分，法律手续完备，足以认定犯罪嫌疑人是否有罪和是否应当追究其刑事责任而决定结束侦查，并对案件依法作出结论和处理的环节。侦查终结应当具备以下条件：

1. 案件事实清楚

这是指以下事实清楚：被指控的犯罪事实确实发生；犯罪嫌疑人实施了犯罪行为与犯罪嫌疑人实施犯罪行为的时间、地点、手段、经过、后果以及其他情节；影响犯罪嫌疑人定罪量刑的身份情况；犯罪嫌疑人有刑事责任能力；犯罪嫌疑人的罪过及其犯罪动机、目的；是否共同犯罪及犯罪嫌疑人在共同犯罪中的地位、作用；对犯罪嫌疑人从重、从轻、减轻或者免除处罚的事实和情节。具有下列情形之一的，可以确认犯罪事实已经查清：①属于单一罪行的案件，查清的事实足以定罪量刑或者与定罪量刑有关的事实已经查清，不影响定罪量刑的事实无法查清的；②属于数个罪行的案件，部分罪行已经查清并符合起诉条件，其他罪行无法查清的；③无法查清作案工具、赃物去向，但有其他证据足以对犯罪嫌疑人定罪量刑的；④证人证言、犯罪嫌疑人供述和辩解、被害人陈述的内容中主要情节一致，只有个别情节不一致且不影响定罪的。

2. 证据确实、充分

案件的事实完全建立在已经取得的确实充分的证据基础之上。证据确实、充分应当满足三个条件：定罪量刑的事实都有证据证明；据以定案的证据均经法定程序查证属实；综合全案证据，对所认定事实已排除合理怀疑。

3. 犯罪性质和罪名认定正确

犯罪性质是指犯罪行为是属何类、何种罪的根本属性，罪名是指根据刑法对某一犯罪行为所规定的名称。准确认定犯罪性质、正确确定罪名是侦查终结的重要条件，对于划清罪与非罪，此罪与彼罪的界限，对犯罪嫌疑人的正确定罪量刑都有重要意义。

4. 法律手续完备

侦查终结时，要求各种法律手续和制作的法律文书必须齐全、完整，并将全部文书材料装订立卷。案卷分为诉讼卷、侦查工作卷。诉讼卷是移送同级人民检察院审查起诉的诉讼案卷。案件侦查中各种法律文书、获取的证据及其他诉讼文书材料都订入此卷。视听资料作为证据，不能装订入卷的，放入资料袋中随案卷移送。实物证据不能装订入卷的，应拍成照片入卷。电子数据作为证据入卷时，对收集、提取的原始存储介质或者电子数据应当以封存状态随案移送，并制作电子数据的复制件一并移送。对文档、图片、网页等可以直接展示的电子数据，可以不随案移送电子数据打印件，但应当附有展示方法说明和展示工具。侦查工作卷是记录侦查机关内部侦查工作过程的文书材料卷宗，由侦查机关存档备查。

以上四个条件是紧密联系的整体，必须同时具备上述条件，才能侦查终结。

需要说明的是公安机关曾在侦查终结之前规定了破案环节。如果侦查中满足了犯罪事实已有证据证明、有证据证明犯罪事实是犯罪嫌疑人实施的、犯罪嫌疑人或者主要犯罪嫌疑人已经归案这三个条件，公安机关即可宣布破案。但是由于《刑事诉讼法》中从未使用过破案这一概念，并且在司法实践中仅实现破案的条件还不足以证明犯罪，侦查人员在破案后还必须进一步深化侦查取证工作才能对案件移送审查起诉。为转变侦查办案方式，实现由"抓人破案"向"证据定案"的目标转变，公安部于2012年对《公安机关办理刑事案件程序规定》做出了的修改，取消了刑事侦查工作中有关破案的规定，不再将破案作为侦查的程序环节。

侦查终结的案件处理结果有两种，或移送审查起诉，或撤销案件。

对于犯罪事实清楚，证据确实、充分，犯罪性质和罪名认定正确，法律手续完备，依法应当追究刑事责任的案件，应当移送人民检察院审查起诉。网络犯罪案件由于跨地域作案、团伙人员众多关系松散、犯罪利益链条遍布广泛等特点，侦查机关往往无法做到将犯罪利益链条上的所有犯罪嫌疑人一次全部抓捕到位。出现只抓获部分犯罪嫌疑人，而其他犯罪嫌疑人没到案的情况时，《网络犯罪刑事诉讼程序意见》第七条规定，"对于共同犯罪或者已并案侦查的关联犯罪案件，部分犯罪嫌疑人未到案，但不影响对已到案共同犯罪或者关联犯罪的犯罪嫌疑人、被告人的犯罪事实认定的，可以先行追究已到案犯罪嫌疑人、被告人的刑事责任……"

经过侦查，发现所立案件具有下列情形之一的，应当撤销案件：没有犯罪事实的；情节显著轻微、危害不大，不认为是犯罪的；犯罪已过追诉时效期限的；犯罪嫌疑人死亡的；经济犯罪案件，经立案侦查，对犯罪嫌疑人解除强制措施后十二个月，仍不能移送审查起诉或者依法作其他处理的；其他依法不追究刑事责任的。

本章小结

本章主要探讨了网络犯罪案件的侦查程序与相关法律规定，包括网络犯罪案件的职能管辖和地域管辖。首先，我们明确了网络犯罪的侦查程序与传统刑事案件相似，但由于网络犯罪的特殊性，侦查工作需适应网络环境的特点。其次，详细介绍了侦查机关、监察机关、检察机关和审判机关在职能管辖上的划分，强调了公安机关在绝大多数网络犯罪案件中的主导作用。同时，也指出了自诉案件的特殊性，如网络诽谤、网络销售伪劣商品等，需由被害人自行向人民法院提起诉讼。

在地域管辖方面，本章指出了网络犯罪的跨地域特征，并详细阐述了《刑事诉讼法解释》对网络犯罪案件的管辖规定，强调了与案件有关的地方均可具有管辖权的原则。这一规定有助于提高对网络犯罪的打击效率，确保侦查工作能够顺利进行。

此外，本章还讨论了网络犯罪案件在受案、立案、侦查和取证等环节中的具体操作流程，确保侦查工作合法、有效地进行。

思考题

1. 网络犯罪案件的职能管辖包括哪些主要机关？各自的职权范围如何划分？
2. 在网络犯罪案件中，公安机关的立案侦查权有哪些法律依据？
3. 请简述网络犯罪案件的地域管辖原则及其特殊性。
4. 网络犯罪案件的受案和初查环节中，侦查人员应注意哪些网络特有的证据收集方法？

5. 网络犯罪案件的立案标准与传统刑事案件有何不同之处？

6. 结合案例分析，说明在网络犯罪案件中，如何有效收集和固定电子数据证据？

7. 讨论网络犯罪案件侦查中常用的技术侦查措施及其适用情境。

8. 为什么在网络犯罪案件的侦查过程中，选择抓捕时机非常重要？请给出具体的分析。

9. 网络犯罪案件中，如何有效应对跨地域作案带来的侦查困难？

第三章 网络犯罪案件的侦查思路

第一节 侦查思路概述

思路是指思考的条理脉络，侦查思路就是指侦查人员在侦查活动中，根据案件客观情况和规律特点有意识采取的侦查策略、谋略和侦查模式。侦查思路不是侦查的措施和侦查的技术，而是采取措施和技术的策略、谋略和模式。正确的侦查思路能够决定正确的侦查方向，最终决定案件侦查的结果。尤其在当前网络犯罪侦查工作中，仅有侦查技术是不够的，还必须要有能够对侦查技术正确、灵活运用的侦查思路，才能战胜对手。从这个角度来讲侦查思路可以说是侦查活动的灵魂，在侦破案件、深挖余罪、扩大战果等各方面均起到了关键作用，甚至关系到一个案件的成败。

网络时代的侦查思路与侦查技术是相辅相成的关系。侦查思路只有在侦查技术的助力下才能实现思路想达到的工作目标和工作效果，在网络斗争中发挥巨大的作用。但侦查技术只是对侦查工作的辅助，侦查工作依靠侦查技术简化工作，把侦查员从简单重复劳动中解放出来。工作中绝不能简单地仅仅依赖侦查技术。单纯依赖技术侦查措施，缺乏侦查思路、忽略侦查谋略往往会导致侦查工作事倍功半，南辕北辙。

虽然网络犯罪案件的预谋、准备、实施的大量过程由原来的现实社会向虚拟世界转移。但是虚拟社会并不是与现实社会割裂开的，传统侦查思路在网络案件侦查中仍然适用。如同深圳警方把网下社会管理的思路应用于网上社会管理，提出了网络九要素管理法（即把 ISP 当高速公路管理、把 IDC 当出租屋管理、把网站当公共场所管理、把安全从业人员当保安管理、把网民当现实人口管理、把虚拟财产当现实财产管理等）一样，只要在传统刑事犯罪侦查思路中融入大数据收集分析、社会工程学等相关网络思维，同样可在网络犯罪案件侦查中发挥指导作用。

虽然刑事案件的案情各异、现场情况千变万化，但侦查人员对案件采取的侦查策略、谋略和侦查模式还是有规律可循的，而且这些策略和谋略应符合以下原则。

1. 合法的原则

侦查策略和谋略是为了破获案件而使用的方式、方法。目的是打击犯罪。侦查策略和谋略必须在法律的框架下进行，如果侦查策略和谋略的实施会诱发产生新的犯罪，不但违背了使用侦查策略和谋略的初衷，而且违反了法律和法规。

2. 专群结合的原则

任何事件都离不开人，犯罪是这样，侦查也是这样，侦查思路应该认识到这个道理。在确定侦查思路时既要加强网络犯罪侦查的基础工作和各种侦查业务工作的建设，不断提升打击网络犯罪的专业技能，还要认真做好群众工作，依靠群众、网民反映情况，提供线索，网络服务提供商、网络运营商配合工作，提供证据。专门机构人员、专门工作方法和人民群众的力量二者不可分离，相互促进。

3. 客观的原则

侦查人员确定侦查思路的时候要实事求是，不能主观臆断。在分析犯罪事实时除了做有罪的推断，还要进行无罪的推定。这些推定都要建立在翔实可靠的证据基础上。

4. 细致的原则

侦查思路应用于整个案件侦查过程中的每一个阶段，既有信息搜集的思路，也有开展工作的模式、询问和审讯的谋略，起到抽丝剥茧提取线索，引导侦查方向的作用。如果工作不细致、谋划不认真，很有可能失之毫厘、谬以千里。起到适得其反的作用。在分析解决问题时，尤其是一些复杂的案件线索，往往会涉及多种因素，要经历多个环节。若想成功破案，必须经过细致和周密的策划。

第二节　网络犯罪案件侦查思路的逻辑

世间事物都是按照一定的规则和因果发展变化的，只有透过事物的杂多表象发现事物本末始终的底层规则，才能认清事物的实质。在犯罪与侦查的领域同样有底层规则可循。以信息诈骗为例，为什么当前骗子们信息诈骗的手法千变万化，每隔一段时间总能设计出一些新的骗局让人上当？因为骗子们同样掌握了事物的底层运转规则。五花八门的诈骗话术遵循了人心运转共同的心理学规则；层出不穷的洗钱方法遵循了头寸调拨共同的资金清算规则；神出鬼没的诈骗信息发送方式遵循了网络通信共同的基础协议规则。为了应对不断变化的犯罪手法，确认并抓获犯罪嫌疑人，侦查人员总结归纳了数量众多的各类侦查技战法。但对这些技战法和侦查思路进行实质分析，可以发现许多技战法的内容实质是重复的。既然骗子们作案无论方式再多样，都要遵循共同规则，侦查人员的侦查思路和方法当然也需要化繁为简、追根溯源，求其思维原理和运行规则。刑事侦查究其本质可以看成从已知的前提通过逻辑推理，最终得到结论的思维过程，所以我们可以从逻辑推理的维度总结一下侦查思路。

对逻辑推理方法的分类有多种标准。比较常见的标准是根据推理由前提到结论的推导进程思维方向不同，分为演绎推理、归纳推理和类比推理。其中演绎推理的思维方向是从一般到特殊，归纳推理的思维方向是从特殊到一般，而类比推理的思维方向是从特殊到特殊。还有一种分类的标准是根据原因和结果推导顺序不同，分为演绎推理、归纳推理和溯因推理。以实用主义考虑，我们在讨论侦查的逻辑推理类型时不一定要追求一种完备的、无重叠的划分，按照具体场合去界定各种推理方式可能更有利于我们的探讨。从这个角度上看，侦查思路中的逻辑推理可以分为演绎推理、归纳推理、类比推理、溯因推理四类。

一、演绎推理的侦查思路

演绎推理是指以事实的一般性知识和原理为前提，通过"演绎"必然性地推导出该类事实某一特殊对象情况的推理方法。所以演绎推理的前提逻辑蕴涵结论，前提是结论的充分条件或者充分必要条件。用符号逻辑的方式表达如下：

$$H \wedge P \to Q$$

在侦查人员眼中，H 就是涉案事实所要遵循的一般性原理或者大的前提条件，例如"每个指纹都是独立存在不相同的"，或者"足迹步伐同身高的关系""资金清算结算规则"等等，而 P 则是侦查人员发现的初始线索和证据，例如现场的 DNA、痕迹，或者涉案账目、证言、电子数据等等。从初始线索 P 出发，根据前面提到的一般性原理或者大的前提条件通过演绎推理得到必然性的侦查结论 Q。举例说明，在过去世界（《血字的研究》小说）中，福尔摩斯勘察了一件谋杀案的现场后，立即推断出凶手的基本特征，"凶手是个男人，六尺高，正当中年，……穿着一双粗皮方头靴子，抽的是印度雪茄烟……"。华生对此表示怀疑，福尔摩斯给出了演绎推理的过程。这里的 H 就是"步伐同身高的关系以及人写字的普遍习惯""不同年龄人足迹的规律""不同种类雪茄烟灰的颜色"，而 P 就是"现场观察到的步伐长度和血字高度""一步跨过水坑的足迹""地板上烟灰的颜色"，福尔摩斯通过演绎推理得到了侦查结论 Q。[1]

如上可见采用演绎推理的侦查思路符合日常思维习惯、流畅清晰，且侦查结论的确信程度等同于前提的确信程度，只要保证前提为真侦查结论自然正确。根据演绎推理的命题逻辑中的不同导出规则，演绎推理对应的侦查思路主要有如下几种。

（一）连锁论证规则思路

$$A \rightarrow B, B \rightarrow C \vdash A \rightarrow C$$

福尔摩斯对这种思路的解释为："一个逻辑学家不需要亲眼见到或者听说过大西洋或者尼亚加拉大瀑布，他能从一滴水上推测出它有可能存在，所以整个生活就是一条巨大的链条，只要见到其中的一环，整个链条的情况就可以推想出来了"。[2] 这是一种正向推理的侦查思路，易于理解。侦查人员根据已知的现场情况进行演绎推理，得出结论并以此结论为前提进行下一步推理，以此顺推直至得到最终的侦查结论。网易新闻上曾有这样一个帖文，题目是"黑客该如何躲避网

---

[1] 参见 [英] 阿瑟·柯南·道尔著，听泉译注：《血字的研究》，东华大学出版社 2012 年版，第 66-75 页。

[2] 参见 [英] 阿瑟·柯南·道尔著，听泉译注：《血字的研究》，东华大学出版社 2012 年版，第 32-35 页。

警的追踪",内容是在网民心中网警如何找到发布违法信息的嫌疑人,全文都是这样的思路。复制部分内容如下:[1]

网民不用代理时网警追踪流程:

网监→服务器 IP→发帖人 IP→发帖人 ISP→办网档案

网民用 2 层公用 VPN 时网警追踪流程:

网监→服务器 IP→VPN2 的 IP→入侵 VPN2 服务器→日志查 VPN1→日志→链接者 IP→链接者 ISP→办网档案

这种思路的好处自然是逻辑清晰,侦查路径最短,直指最终目标,但难处是虽然两点之间直线最短,但现实世界中往往在两点之间的直线处存在障碍无法通过,再走直线容易导致欲速则不达。像上文所说网民心中的网警侦查思路在实际情况中往往很难走通,会遇到种种困难导致难以继续向下推理。

(二)逆分离规则思路

$$P \rightarrow Q, \neg Q \vdash \neg P$$

这是一种证伪查否的思路,侦查人员在假说演绎法中对侦查假说证伪或者在审查证据中对现有证据、口供证伪时应用此思路。当侦查人员无法直接从现场情况演绎推理出侦查结论时,会从初步掌握的情况出发根据归纳、类比、溯因等其他推理方法提出一些侦查假说。由于各种主、客观的条件限制,现场无充足事实证据可以对侦查假说直接验证,侦查人员需要运用演绎推理的方法推出一个可以直接由事实进行检验的结论,并根据检验结果来间接推理侦查假说的真伪。此时 P 为侦查假说,Q 为由假说推理出的可验证的结论,当验证结论 Q 为假时,侦查假说被证伪。例如侦查人员提出某人为作案者的假说,可以演绎推理该人应符合作案时间条件、作案空间条件、作案能力条件、往来行踪条件、个体自然特征等结论,再对这些结论进行一一验证,遇不符合的情况就可将该人的作案嫌疑排除。

同样的当侦查人员遇到无法直接检验的证言时,也会从证言出发推理出一个可以由事实检验的结论并以此来检验证言的真伪。有时候侦查人员甚至不必用事

---

[1] 该内容来自网易新闻转载的帖文,但是该帖文在发布后不久就被删除,目前已无法再找到该帖文的原始内容。

实来检验结论,只需要推理出一个逻辑上自相矛盾的结论(类似于抗日神剧台词"同志们,八年抗战开始了"),即可将证言证伪。

此思路之所以只谈对侦查假说或证言的证伪而不谈确证,是因为对推理来讲证伪和确证是不对称的。例如应用逆分离规则思路的假说证伪是简洁而必然的,而假说的确证还需要其他的推理方法进行论证。当 Q 为真时,有时需要通过枚举若干可验证结论的枚举归纳推理来确证假说,有时需要比较排除不同场合可验证结论的排除归纳推理来确证假说,有时需要通过发现令人惊异的可验证结论溯因推理来确证假说。而无论使用哪种推理方法,假说的确证都是或然性的。因为科学上认为证据是有限的而可能的假说是无限的,即使某种假说与证据相一致,也还会有其他的假说与证据相一致。哪怕面对像相对论这样伟大的理论、引力波带来的空间形变这样令人惊异的事实,也有许多人认为其隐藏的公设是"存在一个客观的物质世界",而这个公设在唯心主义者面前本身就是错的,唯心主义者的世界观里引力波一样有相应解释。

理解证伪的逻辑特别重要,因为科学是可错的。科学通过把一个假说付诸愈益严格的检验而进步,直到假说被证伪,于是可以纠正它,改进它,或使之让位于更好的假说。科学对真理的日趋逼近关键要看证伪检验和科学家对它们的反应。[1] 侦查同科学研究一样,侦查对真相的日趋逼近也要看侦查人员对侦查假说的证伪检验及不断修正。

(三) 析取论证规则思路

$$P \vee Q, \neg P \vdash Q$$

析取论证规则思路是侦查人员用于排查目标人员的常用思路。析取论证规则说明如果一个有许多析取支的复合命题为真,那么它的析取支中至少有一个为真,此时若查明其他的析取支为假,则剩余的析取支为真。这种思路用于侦查就是摸底排队。摸底排队是指侦查人员通过现场情况分析出嫌疑人的特征和作案条件,并以此为条件将符合的人汇总为摸排范围,在范围内逐个调查了解排疑查否,不断缩小侦查范围,最后剩余的即是嫌疑人或其相关线索。其中的摸排范围

---

[1] [美] 亚历克斯·罗森堡:《科学哲学——当代进阶教程》,刘华杰译,上海科技教育出版社 2006 年版,第 146 页。

就是析取论证规则前提条件中的复合命题（P∨Q），一般使用下文提到的归纳推理或多元溯因推理确认，而范围内每个人的摸排情况就是支命题的值，通过析取论证规则最终推理出嫌疑人。

对于网络犯罪侦查来说，网络犯罪多为跨地域性、团伙性犯罪，工作对象又多以虚拟身份的形式出现于网上，使用传统的摸排范围选择方法往往难以确定作案人的居住、活动范围。此时侦查人员对摸排范围的选择增加了网络范围，摸排对象增加了网络虚拟身份及电子数据。摸排范围中的网络范围是指犯罪嫌疑人可能使用的网络服务的范围及因其网上行为所留存的电子数据的范围。比如已知网络犯罪嫌疑人的关系人的网络虚拟身份，则该虚拟身份的网络好友列表可以作为摸排该嫌疑人的网络范围；又如侦查人员通过电子数据勘查获取了被攻击的网络服务器的日志，则该日志数据中的可疑记录集合可以作为摸排网络攻击者的网络范围。侦查人员选好摸排范围后，在网络范围内对涉案的网络虚拟身份及电子数据进行摸排。这种方式将传统的工作对象数字化，通过使用计算机对工作对象的数据进行统计处理，短时间内即可排查海量数据，大大提高案件侦查工作效率。实际工作中在侦查 DDOS 攻击案件时经常使用该思路。实际上由于 DDOS 攻击的溯源极为困难，针对 DDOS 案件的侦查几乎都需要使用在一个网络范围内逐个排查的思路。2016 年影响整个美国的 Mirai 病毒断网案件，侦查人员也是在病毒控制指令跳转的全球多台服务器范围内进行排查，最后发现其中一台服务器存储了大量的日本动漫，符合嫌疑人发布病毒时都使用日本动漫《没有黄段子的无聊世界》中"安娜学姐"头像的宅男气质，并以此为切入点锁定了嫌疑人的真实身份。

以上三种思路对应的三种推理规则是命题逻辑中的基础导出规则，仅仅根据命题逻辑中各连接词的引入和消去规则即可推导出来，贴近自然语言，推理演绎的过程直观。综合运用各种导出规则经过一定步骤的推理可以对系统内其他复杂命题的有效性进行证明。侦查思路的综合运用亦与此类似。

二、归纳推理的侦查思路

归纳推理是指以若干个别事实为前提，通过"归纳"或然性地推导出此类事实的共同规律或因果关系的一种推理方法。与所有规则均用严格形式表述的演绎推理不同，归纳推理既没有普遍性的原则来构建归纳强论证，也没有一致的方法来评判一个推理的归纳强度，所以归纳推理是或然性的，前提不再是逻辑蕴含而是概率蕴含结论。用符号逻辑的方式表达如下：

$$H \xrightarrow{p} G$$

其中 p 是代表概率的变元，表示如果命题 H 为真，则命题 G 以概率 p 的可能程度发生。在侦查人员眼中，此思路代表通过案件的初始线索尚不能得到充分的证据推理出侦查结论，但从这些线索可以归纳得出嫌疑人作案的可能性规律（概率 p），再根据此规律推理出侦查结论。比如侦查人员可以根据许多前科人员会再次作案的情况，归纳推理出有此类前科人员的作案可能性要大于无此类前科人员的规律，并在摸底排队设立摸底范围时以此规律推理将有此类前科的人员划入摸排范围。

从归纳推理的方法和形式来看，归纳推理主要有两种不同的发展方向。一种是概率化方向的归纳，运用概率论和数理统计等作为工具对归纳推理进行形式化、数量化的研究，究其思维本质就是枚举归纳推理。另一种是因果化方向的归纳，寻找从事实推出相应的普遍原理的逻辑途径，对寻求因果联系的方法给出条件化阐释、建立因果模态逻辑，其思维本质是排除归纳推理。这两种归纳推理方法对应的侦查思路主要如下。

(一) 枚举归纳推理思路

$$H_1 \to G, H_2 \to G, H_3 \to G \vdash H \xrightarrow{p} G$$

从以上表达式可知枚举归纳推理是指在经验认识基础上考察发现某一类事实的若干个别事实（H1、H2、H3）都具有某种属性且无反例，从而推理出关于该类事实 H 的一般性结论 G（概率为 p）的推理方法。实际应用时，推理者会以此一般性结论继续推理同类其他事实。枚举归纳推理认为当推理结论能够获得新的肯定事实支持，其一般性结论的可能概率会提高。当肯定事实的数量不断增加时，归纳结论的概率将趋近于 1，此时的归纳推理结论将被确证。枚举归纳是靠增加肯定事实的数量来提高结论的可靠程度。所以对于侦查人员来讲应用枚举归纳推理时应尽可能地增加考察涉案对象的数量，最大化的从不同角度收集占有证据，才能提高侦查结论的可靠性。

以归纳推理的前提主项与结论主项的关系分类，枚举归纳推理对应的侦查思路有如下几种情况：

第一，对象到类的枚举归纳思路。类是具有相同属性的对象的集合，具有此种前提主项与结论主项关系的归纳推理是枚举推理的典型形式。侦查中依据此思路最常使用的就是高危地区人员排查法。高危地区犯罪指某种类型案件的犯罪嫌疑人在同村同乡间互相帮带传授经验，使得该类型犯罪在该区集中高发，形成地域特征明显的地缘性犯罪。例如以近年来网络电信诈骗案件的作案手法和打击处理人员情况作为前提进行归纳推理，可以归纳总结出多个明显的高危地区作案规律：广西壮族自治区宾阳县的 QQ 诈骗、广东省电白县的"猜猜我是谁"电信诈骗、海南省儋州市的机票诈骗、福建省安溪县的淘宝刷单兼职诈骗、湖南省双峰县的 PS 裸照敲诈、江西省余干县的重金求子诈骗等等。如果此类特定案件发生，侦查人员会根据归纳推理出的规律性结论第一时间判断嫌疑人来自何方，并以此为前提制定工作计划及侦查路径。

第二，部分到整体的枚举归纳思路。推理前提考察的对象是整体中的几个部分，从这几个部分有相同属性归纳推理出该对象整体具有此种属性。这是一种采样统计的思路，前提是样本的考察分析而结论是基于样本的概括。侦查中如果某些案件涉及的人财物数量巨大，客观条件限制使得侦查人员无法逐一收集相关证据，法律上规定可以采用此思路侦查取证。例如"办理电信网络诈骗案件，确因被害人人数众多等客观条件的限制，无法逐一收集被害人陈诉的，可以结合已收集的被害人陈诉，以及经查证属实的银行账户交易记录、第三方支付结算账户交易记录、通话记录、电子数据等证据，综合认定被害人人数及诈骗资金数额等犯罪事实"。[1]

第三，自身不同时间的枚举归纳思路。该思路是根据事实在不同时间段的状态归纳推理出该事实在所有时间段的状态规律。侦查人员采用此种侦查思路时经常从嫌疑人每次作案的时间和选择的对象归纳推理出该嫌疑人作案的行动规律，以此推理出嫌疑人下一次作案的大概范围并进行针对性的布网守候。

（二）排除归纳推理思路

排除归纳法是指在归纳事实的因果联系时，通过对事实在不同场合的先行情况进行比较，排除那些不是始终一致的与事实相联系的先行情况，最后剩下的先

---

[1]《最高人民法院、最高人民检察院、公安部关于办理电信网络诈骗等刑事案件适用法律若干问题的意见》第六条第（一）款。

行情况就被归纳推理为事实的原因。运用排除归纳法时对先行情况的数量要求并不像枚举归纳那样多多益善，而是更取决于所考察事实在不同场合的先行情况之间的相似和差别程度。如果只有一个场合，即使先行情况再多也没有比较的对象，更无法进行排除归纳推理。从逻辑学角度来看，排除归纳法可以看作是寻求给定属性的必要条件或充分条件的推理方法，在侦查工作中主要有直接求同、逆向求同、求异排除归纳这几种思路。

1. 直接求同思路

直接求同的思路是确证一个属性与其必要条件之间因果联系的方法，其排除的原则是在给定属性出现的场合没有出现的属性被排除。因此考察场合的数量越大，可认作条件属性就越多，而场合的差异性越大，可排除的属性数量就越多，归纳推理的结论准确度就越高。如果场合多种多样，每当给定属性出现时某一可认作条件属性也出现，就可以归纳推理出该属性是给定属性的必要条件。如所有简单的可认作条件属性均被排除，还可用逻辑关联词引入复合属性进行推理。

有的案件是以不同时间的场合获得的线索进行直接求同。比如在一起查找泄密者的案件中，侦查人员可以比较每次接触泄密情报的人员名单，找出每次都出现的人员作为泄密的嫌疑人。举一个类似的案例。某地侦办的一起网上散布谣言案件中，案发现场网络环境为无安全审计系统的局域网，大厅办公岛内共有 10 台计算机均可能为目标计算机。到达现场的时间为深夜，10 台计算机均设有开机口令，若采取数据检查的工作思路确定嫌疑人，可能会延误办案时机。侦查人员发现大厅内安装有视频监控后马上转变思路，先确定嫌疑人网络身份在线的 6 个时间点，再调取大厅内人员视频确认 6 个时间点的在场人员名单。将 6 个不同时间的场合的名单进行求同排除归纳，发现有一人始终在名单内即为嫌疑人。

有的案件是以不同地点的场合获得的线索进行直接求同。如果有同一人在人员密集的不同地点作案，侦查人员想要确定他的真实身份时可以从获得不同作案地点一定范围内在作案时间内停留的人员名单，对所有名单进行直接求同归纳，即可找出那个每次都在现场的人的身份。

有的案件是以串并出的不同案件的场合获得的线索进行直接求同。例如在一起串并的系列信用卡伪卡诈骗案中，以不同被害人的信用卡账单进行直接求同归纳，可以得到有问题的侧录银行卡的 POS 商户。还有的案件根据不同人员关系、不同侦查路径、不同技术方案等场合的线索进行归纳推理。当然侦查人员得到的线索中也许不包含真正的侦查结论，有可能以排除所有可能性而告终。此时侦查人员就必须回头寻找更多的线索和数据，列出范围更广泛的名单。

2. 逆向求同思路

逆向求同的思路是确证一个属性与其充分条件之间因果联系的方法，其排除的原则是在给定属性没有出现的场合出现的属性被排除。如果一个属性在每个给定属性不出现的场合均不出现，那么其他出现的属性将被排除，而这个属性则被归纳推理为给定属性的充分条件。

对于侦查员来说，侦查实践中大量使用逆向求同思路的方法就是异常行为侦查法。给定属性可以看作某类案件，不出现场合的属性可以看作是未发案时的正常情况。与直接求同不一样的是逆向求同得到的是给定属性不出现的场合均不出现的属性，此时求同得到的属性相对于未发案场合属于异常情况。依照逆向求同的归纳推理，所有未发案时均不出现而一旦发案就会出现的情况就可以看做此类案件的预警信号（充分条件），即出现此类异常情况就可推理此类案件会发生。所以异常行为侦查法即是根据逆向求同的推理得到各类案件的行为特征，再以此特征为条件对出现此特征的异常行为人员进行调查。

在网络犯罪中，各类案件照此思路推理均会有特征明显的异常行为，类似黑客攻击案件中的大量端口扫描行为、网络盗窃案件撞库时大量的登录账户行为、网络水军案件中大量的发帖行为等等。侦查人员不必发现嫌疑人的黑客攻击或网络盗窃行为后才开始侦查，而是只要发现归纳推理得到的异常行为便可认为犯罪行为一定会发生，并以此为切入点开展调查。

再比如在电信网络诈骗案件中，发现赃款资金流的充分条件可以参考央行下发的《涉电信诈骗犯罪可疑特征报送指引》，结合多种可疑特征综合判断。其中关于转账和提现的可疑特征如下：

资金集中转入、分散转出，尤其是资金汇往多个地区且汇款人看似无关联；资金分散转入、集中转出，尤其是资金来源于多个地区，汇款人看似无关联且多为单次交易；账户资金快进快出、过渡性质明显，尤其是资金在极短时间内通过多个账户划转；账户无余额或余额相对于交易额比例较低；账户交易笔数短期内明显增多；存在构造性资金交易，意图规避限额交易；跨行收款并跨行转账；账户在发生小额试探性交易后即出现频繁或大额交易；长期未使用的账户突然发生频繁或大额交易；账户短期内发生频繁或大额交易后突然停止使用；机构账户资金交易与其经营范围、规模明显不符；同一主体在极短时间内在境内不同地区或在境内、境外发生资金业务；不同主体账户使用同一 IP 或 MAC 地址，尤其是 IP

地址涉及境外地区；账户交易多为网银、自助柜员机等非柜面交易方式；银行卡在境外自助设备上按照取现标准限额频繁支取现金；境内同一自助设备在极短时间内集中发生多张银行卡（尤其是异地卡或他行卡）连续按照取现标准限额频繁支取现金的交易。

3. 求异排除归纳思路

求异排除归纳的思路是确证给定属性的某个特定事实与其充分条件之间因果联系的方法，其排除的原则是在给定属性不出现的场合中出现的属性被排除。因此对给定属性的某个特定事实与其他给定属性不出现的场合进行比较，后者场合出现的属性越多，可排除的属性数量就越多，最后剩下的属性就归纳推理为给定属性在这个特定事实的必要条件。

对于侦查人员来讲，此思路与逆向求同思路不同的是，逆向求同思路关注的是一类案件的行为特征，在掌控的阵地中对所有符合异常行为特征的线索进行调查；而求异思路关注的是一类案件中的某个特定案件的发案原因。侦查人员在分析特定案件时会将涉案人事物等线索在未发案时的情况（给定属性不出现的场合）与案发情况进行求异比较，排除涉案人事物在案发当天表现与平日相同的情况，而主要关注其与平日相比异常的情况，推理出该案发案的原因。此思路要求侦查人员要有能力发现个案中的异常情况，并以此作为侦查切入点，例如媒体报道过的乘警发现女乘客用凉水给宝宝冲奶粉的异常情况从而破获贩卖人口案件，或者民警发现抓获的盗窃嫌疑人反应异常强烈从而深挖出命案等新闻都是该思路的成功案例。

以上三种思路是排除归纳推理的基本思路，有的是求给定属性的必要条件，有的是求给定属性的充分条件。遇需求充要条件时，可将上述的方法组合起来。求给定属性的充要条件时，可以使用由直接求同和逆向求同组合起来的双重求同法，求给定属性的一个特定事实的充要条件时，就可以使用由直接求同和求异组合起来的并用法。对侦查人员来讲即是要综合使用求同排除和异常行为侦查。

需要一提的是以上所有的归纳推理思路都是或然性的，无法必然得到结论。在枚举归纳法中由前提的个别事实到结论的普遍规律的过度有一种跳跃导致结论不是必然而是概率性可能。例如侦查人员即使在案发现场周边排查时发现了从此类案件高危地区来的人员，也不能断定此人即是作案者，还需要其他的证据进一步确证。在排除归纳求同时往往无法得到所有与案件相关的属性进行求同，而求异时的比较场合完全相同也是几乎不可能实现的理想状态。所以侦查人员使用归纳推理得到结论还需使用其他方式的推理对结论进行验证。就如在假说演绎的侦查方法中，侦查人员可以从初步掌握的情况出发先归纳推理提出侦查假说（当然提出假说的推理方法不仅仅限于归纳推理），再对假说进行演绎推理进行假说的验证。

三、类比推理的侦查思路

类比是根据某个对象与另一个对象的某些属性相同或相似推理出两者的另外属性也相同或相似的一种推理方法。类比推理的思维方向是从特殊到特殊，即不需要普遍性规律的支持直接就在两个事实之间利用某种相似点建立起推理关系。这种特性不同于从一般到特殊的演绎推理，也不同于从特殊到一般的归纳推理。需要注意的是这两种推理中均有貌似类比推理的推理。一种推理是根据某类对象的某一成员与该类对象在某些属性上相同，推出该类对象的该成员与该类对象在其他属性的相同。这种推理貌似类比推理，实际上不是类比推理而是枚举推理。另一种推理是根据某类对象与该类对象的某一成员在某些属性上的相同，推出该类的该成员与该类对象在其他属性上的相同。这种推理貌似类比推理，实际上不是类比推理而是演绎推理[1]。

与被限定在同类事实范围内的演绎推理和归纳推理相比，类比推理受前提的制约较小，既可在同类对象之间亦可在异类对象之间进行，因此推理的结论与前提相比具有较大的自由度。类比推理中对象所类比的属性是种类多样的，类比所得的结论往往是跳跃式的，跨领域的发散性结论。甚至如果类比的属性是直觉，那么类比推理就是直觉感应。当遇到按照一般性原则不能解决的问题时，用类比推理的方法往往能得到新鲜的有创造性的结论。因此康德曾经这样高度评价类比推理的作用："每当理智缺乏可靠推理的思路时，类比推理这个方法往往能够指引我们前进。"[2]

侦查领域的情况也与此类似，类比推理能够将已知的关于案情事实的认识外推至对未知案情事实的认知上，在经验事实严重不足的情况或者在似乎毫不相干的案件之间进行推理，从而使侦查人员的认知从原有证据和线索的基础上扩展，实现知识的迁移和认识的飞跃，获得新的证据和线索。具体来说使用类比推理思

---

[1] 马前进：《侦查思维中的推理方法》，中国法制出版社2016年版，第97页。
[2] [德]康德：《宇宙发展史概论》，上海外国自然科学哲学著作编译组译，上海人民出版社1972年版，第147页。

路的侦查方法主要有类比扩展法、类比并案、侦查实验。

类比扩展法指侦查人员利用类比推理跳跃发散的特点扩展出那些与已知线索仅有松散相似或相关关系的新线索，绕过直线侦查推理中的障碍。在上文提到的连锁论证的思路中，侦查人员由已知线索演绎推理出扩展线索，再将扩展线索串接下去直至发现最有利于案件侦破的线索。但实际情况里直线的侦查推理过程往往难以建功，经常在推理至某一步时遇到不可控的线索障碍导致推理链条中断。例如在确定网络犯罪案件嫌疑人时经常会遇到落地无根（装机地址错误、无线上网、Wi-Fi 蹭网）、云端无账（运营商日志缺失、境外网站、VPN）等情况，无法直接演绎推理出侦查结论。此时可以使用思维更为发散跳跃的类比扩展法推理出那些与已知线索仅有松散相似或相关关系的新线索，再进一步扩展串接下去绕过前期遇到的不可控的线索障碍得到最终侦查结论。

此时类比推理最大的作用就是帮助人类摆脱知识的诅咒。人一旦掌握了某种知识，就很难想象没有这种知识或者超出这种知识的情形，此时他就被自己所掌握的知识诅咒了。这种诅咒作用在沟通领域，会使表达者难以想象对方并没有他所掌握的经验和阅历，造成沟通困难；而诅咒作用在推理领域，掌握的知识会形成思维定势，造成思维的牢笼。打破定势的前提就是意识到定势的存在，而思维定势形成于人类的潜意识层面，这个层面的思维过程绝大部分对意识而言是不透明的，即人类的大脑往往意识不到自己形成了哪些定势，打破定势自然无从说起。我们的惯性思维，便是把 N 个东西紧密地绑定在一起，而没法拆分开来，每次都是直接跳到结论。如果把思维过程比作一棵树，在每个阶段基于特定的假设走上其中一条分支，有时候我们会觉得已经遍历了所有的情况，还没有解，所以就想放弃了，但是却没有意识到其实早在这棵思维之树的最根部节点我们就走上了一条其中不存在最终解的分支[1]。但从善于类比推理的人眼中来看，定势或惯性思维只不过是推理对象的一个属性，而一个对象还有许多属性，每个属性都可以不需要普遍性规律的支持直接根据属性的某种相似就向外扩散性推理。所以我们一般在类比推理之前就先广度优先地穷举类比对象的所有属性再向外扩展。类比推理的这种穷举同时也有助于推理者观察审视自身的思维过程，这样才会更快地发现思维定势，摆脱知识的诅咒。

摆脱知识的诅咒并不容易，我们在思考时往往是"不识庐山真面目，只缘身

---

［1］ 刘未鹏：《暗时间》，电子工业出版社 2011 年版，第 56 页。

在此山中"，不过好在类比推理是一把不错的开山刀，可以通过对象属性的类比发现新的侦查路径。网络犯罪案件证据对象的线索属性众多，一个网络对象可以有时间、IP 地址、用户名、口令、注册信息、地理区域、行为规律等多个属性进行类比扩展，推理出新的对象，并从每个新证据对象的多个属性继续出发类比扩线。此时推理的证据链条就整合了各个犯罪构成要素所有可能对应的证据对象，形成互补互证、连接一体的证据网，其证明结论比证据链条更加客观准确。

类比并案就是侦查人员根据若干起案件之间的相似性或相关性而将这些案件进行合并侦查的方法。案件的时间空间条件、嫌疑人特征、作案手法规律、现场物证、电子数据证据等一切与案件有关的证据线索就是类比推理中对象的属性，只要这些属性有部分与另一起案件的属性相似或相关，就可以类比推理出这两起案件的作案人属性相同，即为同一（伙）人所为，可以合并侦查。以此类推，可以获得若干起可合并侦查案件。若已知并抓获其中一案的嫌疑人，可以通过类比并案深挖余罪、带破积案。若类比推理所得案件均未破获，则可通过类比并案获取更多线索，拓宽侦查途径。

2016 年招商银行信用卡部报警称该银行办理信用卡被人骗补邮寄至沈阳市某虚假地址，网上开卡激活后非法套现 2 万元。侦查人员经初查发现该案为嫌疑人使用网络改号软件模拟开卡人电话诈骗银行补邮新卡，同时网上招募取款人与快递人员联系取卡套现再在 ATM 转款分赃。由于本案嫌疑人网上开卡时使用代理服务器，且被招募的取款人并不知道上线真实身份，作案时双方均使用 170 电话联系，得手后立即抛弃手机，前期侦查线索极为有限。此案的侦查切入点是从案件的串并开始的。侦查人员根据网络诈骗案件多为串联案件的经验对招商银行的补卡记录进行梳理分析，通过分析相似补卡手法的记录并对进话录音进行甄别，又发现 6 起骗补卡案件进话录音均为同一人。接下来又对所有涉案银行卡套现使用的 POS 机刷卡记录反查，找到更多的涉案银行。经过反复的类比串案并与多家银行信用卡部取得联系，调取进话录音，侦查人员最终确定了招商银行、交通银行、建设银行多起骗补信用卡实施诈骗的案件均为同一犯罪团伙所为，补卡地址主要集中在广东、广西、四川、辽宁等地，涉案金额达 200 万元。侦查人员遂将以上案件并案侦查，与各家银行取得联系并调取了大量的证据与案件线索，并最终由此确定了嫌疑人身份，将犯罪团伙的方某等 5 人抓获。

侦查实验是刑事诉讼法中规定的一种侦查措施，指侦查人员模拟和重演案件发生时的场景，根据实验场景的结果推理案件事实是否发生及发生后的结果。此时类比对象的属性即为实验场景的情况与实际案发现场的情况,当两者情况相似时,就侦查人员可以从实验场景的结果类比推理出一些以前无法确定的发案时情况,从而甄别收集的证据和线索是否可靠,证人证言和嫌疑人口供是否真实。在网络犯罪案件侦查中,关于一些黑客案件的攻击工具与攻击场景的取证、非法信息传播的数量及点击量的认定等取证需求均可以由侦查实验解决。

与归纳推理相比,类比推理的结论是更加或然性的。类比推理不需要演绎或归纳,仅仅根据一种相似性的猜测就可以从一个事实推理出另一个事实。而相似性是一个非常复杂且难以刻画的概念,关于相似性的猜测的主观性和任意性又太强,没有科学可操作的标准,甚至更偏向于玄学。所以当侦查人员运用类比推理的侦查思路判断涉案的人事物之间是否相似、存在多少相似、是本质上的相似还是表面上的相似,都与侦查人员的经验、直觉和背景知识相关,存在更大的或然性。

四、溯因推理

溯因推理是从已知的结果事实出发,根据事实的因果关系规律推理结果的原因。其符号形式如下:

$$H, G \rightarrow H \vdash H \underset{p}{\rightarrow} G$$

当 H 为令人惊异的事实时,概率 p 更靠近于 1,有理由推理出 G 是真实的,而当 H 为总是普遍存在的事实时,概率 p 更靠近于 0,说明 H 并不十分依赖于 G,即 H 对 G 的证明力有限。这种符号表述方式使用了与归纳推理相同的概率蕴涵符号,因为许多观点认为溯因推理的合法性来源于以贝叶斯定理为核心的归纳推理,所以溯因推理并不是一种独立的推理形式而是归纳推理的一种类型。不过从侦查人员视角来看,溯因推理是已知结果和规律求原因,符合侦查思维的回溯性特征,与已知原因和规律求结果的演绎推理、已知因果求规律的归纳推理皆不相同,从因果的推导顺序分类应该将溯因推理单独分为一类。对于侦查人员来说,溯因推理就是侦查人员从犯罪行为所造成的结果出发,以犯罪现场所发现的初始线索和证据入手,去追溯此种线索和证据的形成原因,进而推理出案件事实发生的原因和过程。

运用溯因推理的侦查思路主要有多元溯因侦查思路和多级溯因侦查思路。

（一）多元溯因侦查思路

溯因推理的思维方向是逆向推理，与人们惯常的正向推理的思维方向相反。比如在侦查中运用正向推理时是从某人为作案者推理出某人具有作案动机，而逆向推理则是从作案动机回溯作案者，找出哪些人可能有此动机，此时"作案者有作案动机"就是溯因推理的因果条件关系。案件中各要素的因果条件关系往往复杂多样，除了个别情况一因一果外，多数情况是多因一果，即多种原因皆可导致案件的事实结果。如上文所举情况，具有作案动机的就可能不止一人。此时要求侦查人员的侦查结论应考虑导致案件事实结果发生的各种可能性猜测和解释。这种侦查推理的思路即多元溯因推理。符号表示如下：

$$H, G_1 \to H, G_2 \to H, G_3 \to H \vdash H \underset{p}{\to} G_1 \vee G_2 \vee G_3$$

在摸底排队中设定摸排范围使用的就是此侦查思路。H 是符合某种条件关系的案件情况和线索，溯因的条件包括因果关系条件、具备作案因素条件、具备知情条件、具备作案时间条件、具备作案空间条件、具备作案工具条件、具备现场遗留物条件、具备现场遗留痕迹条件、具备特殊技能条件、具备体貌特征条件、具备接货作案条件、具备赃款赃物条件、具备表现反常条件[1]。而 G1∨G2∨G3 就是侦查人员从案情出发根据该条件关系溯因推理出的所有符合该条件关系的摸排对象，即摸排范围。在网络犯罪案件侦查中，侦查人员可根据以上条件在嫌疑人可能使用的网络服务及网上行为所留存的电子数据范围内设定摸排范围。

（二）多级溯因侦查思路

多级溯因侦查思路是指侦查人员对已知线索或已验证事实进行溯因推理，并逐级向上追溯得到最终侦查结论。在《血字的研究》小说中，福尔摩斯对此侦查思路曾这样说过，"凡是异乎寻常的事物，一般都不是什么阻碍，反而是一种线索。在解决这类问题时，最主要的事情就是能够用推理的方法，一层层地溯因推理。这是一种很有用的本领，而且也是很容易的，不过人们在实践中却不常应用它。在日常生活中，向前推理的用处多些，因此人们也就往往容易忽略溯因推理这一层"。此思路可以看成是连锁论证规则思路的逆向或然性版本，符号表示如下：

---

[1] 马海舰：《侦查措施新论》，法律出版社 2012 年版，第 61 页。

$$H,\ G_3 \to G_2,\ G_2 \to G_1,\ G_1 \to H \vdash H \underset{p}{\to} G_3$$

该思路首先可用来确证假说演绎法中的假说。由于多数假说无法直接进行检验，只能从假说出发连锁论证推理出可以验证的事实，并根据验证结果确证假说的真伪。此时假说的确证程度依据上文所述的溯因推理的确证标准，即"当 H 为令人惊异的事实时，概率 p 更靠近于 1，有理由推理出 G 是真实的"。引力波对广义相对论的确证就应用此思路。广义相对论说物质的质量会造成时空弯曲，但人类却无法观测到这种弯曲，只能把这个理论当作假说并以此演绎推理可观测的结论。从广义相对论出发经连锁论证可推出两个足够大质量的物体碰撞所形成的时空涟漪会以引力波的形式向外辐射。经过长期观测，人类终于发现了宇宙深处两个黑洞碰撞后的引力辐射到达地球时所产生的微弱空间形变。根据溯因推理的确证标准，空间的形变是令人惊异的事实，有理由推理出广义相对论是正确的。

对于侦查人员来说，该思路用来确证的就是侦查假说。此时 G3 即为无法直接验证的侦查假说，而 H 为由假说推理出的已经验证的事实。当 H 为并不是普遍发生的事实，或者与从已掌握其他线索和证据出发演绎推理得到的结论命题相关联，侦查人就可以认为其是令人惊异的事实，并通过多级溯因思路推理确证侦查假说。

著名的暗网丝绸之路案件的侦破，与此案异曲同工。"丝绸之路"是一个自称"恐怖海盗罗布茨"的人建立的毒品电商平台，2011 年 2 月上线以来短时间内就聚集了大量欧美地区的毒贩。由于网站建在暗网上隐藏了具体地址，且平台内所有的交易均使用比特币完成无法追踪，美国的各家执法机构两年来使用各种办法都确定不了海盗的身份。美国国土安全局曾经找到了"丝绸之路"网站的一些商家，美国缉毒局派了两名特工伪装成毒贩与"恐怖海盗罗布茨"在网上周旋了两年，FBI 的一名网警甚至通过技术手段找到了海盗最早登录"丝绸之路"时所用电脑的用户名为 frosty，地点为旧金山的一家咖啡厅，但这些努力均难以确定目标真实身份。案件的突破是由一名税务局官员实现的。他绕过那些技术追踪和卧底周旋，直接使用搜索引擎查找最初在网上宣传"丝绸之路"的信息，结果发现 2011 年年初有个注册名为 altoid 的用户发帖称"有人听说过'丝绸之路'这个网站吗？它有点像匿名的亚马逊"，但当时"丝绸之路"还未正式上线。税务局官员以此为起点根据 altoid 的其他帖文找出他的谷歌邮箱，然后找到邮箱使用者真实身份，最后找到他的住地。这个结论与从其他线索推理得到的结论命题相关联，这个地址离 FBI 之前查出的注册"丝绸之路"的咖啡厅只有几百米。当侦查人员又发现该用户还使用过名为 frosty 的账户在技术论坛上发帖时，一系列巧合形成的令人惊异的事实使侦查人员得出该人即是"恐怖海盗罗布茨"的推理结论。2013 年 10 月海盗在旧金山被捕，最终被判无期徒刑。

多级溯因侦查思路还可以应用于探求案情事实产生的根本条件和深层原因。此时 H 为侦查人员面对的既有案件事实，G1、G2、G3 为侦查人员针对该事实产生条件由浅入深、逐步深化的认识，侦查人员根据侦查工作的实际需要一层层地追溯推理出破案所需的案情深层原因。

同归纳推理、类比推理一样，溯因推理的结论只能是或然性的。从形式上看，溯因推理的形式就是充分条件假言推理的肯定后件式，其形式按演绎推理的标准是无效的，无法得出必然性结论。从侦查人员角度来看，溯因推理所依据的因果关系规律主要取决于侦查人员自身的侦查经验、认知能力、知识结构等背景知识，整个推理过程就是侦查人员根据既有案情去反推能够导致案情事实的可能性原因，推理结论可以说是侦查人员自身对案情的一种解释，自然是或然性的。

五、侦查思路的逻辑小结

至此笔者使用逻辑推理的形式对侦查人员的各种侦查思路做了形式刻画，描述了每种侦查思路所对应的逻辑推理规则，根据逻辑推理的分类方式建立了一个侦查思路的分类体系，不同的侦查思路究其逻辑本质均可在这个体系中找到自己的位置。虽然有的侦查思路的结论是必然性的，有的侦查思路的结论是或然性的，但在这个侦查逻辑体系内其逻辑推理的形式均是有效的。

最后需要说明的是，对侦查人员来说有效的推理形式不一定会得到正确的推理结论，即逻辑上的有效不等于事实上的真实。如果推理的前提事实没有查证属实，例如发生虚假现场、技术鉴定错误、电子数据被篡改等情况，即使推理形式再有效，其侦查结论也是错误的。但这些问题不是由逻辑推理知识来解决，而是由人们对宇宙的认知水平、基础理论科学的研究深度来决定的。回到侦查领域，如果没有 Y 染色体检测理论的发明，白银警方的侦查思路再正确，摸排范围再精准，也无法确认系列杀人案的凶手身份。但这些工作应划入侦查技术研究的范畴，不在侦查思路论述范围之内。

第三节　线索的收集、甄别与扩展的策略

一、网络犯罪线索收集的策略

网络犯罪侦查是不接触的对抗，因此线索信息收集不是简单地通过询问、讯问、勘验等方式来获取信息，应当根据案情，来预判可能会获取的线索信息，尽可能通过各种方法、各种策略来收集案件的线索信息。线索信息收集得越全面，对于侦查的助力作用越大。

（一）报案人、受害人线索信息的收集

通过询问，来获得报案人或者受害人的基本信息，是案件侦查的起点。以便于了解案情，判断侦查方向。基本信息包括身份证号码、姓名、性别、年龄、民族、籍贯、职业、单位、职务、专业、从事本工作时间、与他人有无过节等信息。电子信息包括即时通信号码和昵称、论坛用户名、邮箱名、通用密码、博客和微博账户、宽带号码、手机号码等。

注意：不要以为报案人就一定和案件毫无关联。网络犯罪中很多是内部人所为，根据传统侦查工作经验，按照对现场的熟悉程度来判断，报案人就是第一嫌疑人，需要首先判断是否排除嫌疑。所以收集报案人和所谓受害人的资料是必不可少的。

（二）案情线索信息的收集

案件基本情况包括以下部分：

（1）发案时间。网络案件大多跨区域甚至跨国，同时计算机设备有可能有时间不准的情况。因此发案时间要求尽量精确到秒，并确定有无时间误差。

（2）物理信息。现场所在地址、位置，网络拓扑、连接方式。网络案件无论加害还是被害，都会有物理现场存在。

（3）虚拟信息。可以通过询问和勘验获取，例如服务器配置、管理员信息、域名、IP 地址、DNS 等信息。如网络遭受入侵，应收集的信息包括：系统登录文件、应用登录文件、网络日志、防火墙登录、磁盘驱动器、文件备份、电话记录等。

（4）加害人情况。很多被害人只在网络上和嫌疑人有过接触，嫌疑人的相貌、年龄，甚至性别可能与真实情况都大相径庭。但是仍然要被害人仔细回忆，

详细记录。

（5）案件后果。网络违法犯罪案件要么是针对计算机设备的数据和功能，要记录设备的损失情况。要么是针对财和物，所以要记录财产和物品损失情况。一般通过受害人、事主或者当事人描述和证明材料来体现。

（6）作案手法。主要包括网络案件的实施方式、作案特点、选择时机、侵害对象、工具特点等。主要通过受害人描述、初查、勘验、侦查实验等方式获取。

（三）收集策略

网络线索信息收集的策略是网络犯罪侦查基础工作中重要的一环。侦查人员必须通过做好网络线索的发现、涉案信息的收集工作，才能更好地支持侦查。在以上各类线索信息收集过程中不但要应用传统的各种侦查措施及网络搜索引擎等网络侦查技术，还要应用各种收集策略主动出击，经营线索。

网络犯罪案件的嫌疑人往往警惕性较高、反侦查意识强。对于此类通过伪装方法故意逃避侦查打击的网络犯罪案件线索的收集工作，可以通过主动经营贴靠的方法来开展。实际上无论是在网上交易违禁品、网上侵犯著作权、网络传播淫秽物品，还是从事网络传销、网络赌博等违法犯罪活动，犯罪嫌疑人还是需要在网上特定的圈子里寻找"顾客"或者下线的。办案人员可以通过工作中积累的违法犯罪暗语和行话主动与寻找"顾客"或者下线的犯罪嫌疑人联系，混入其特定的网上圈子中。通过潜伏、贴靠的收集谋略长期经营，深入侦查获得嫌疑人的信任，选择符合工作需要的网络群组加入其中。加入群组后，既要注意适当表现，向群组中的创建者、管理员、活跃人员贴靠，又要注意不要过度活跃，避免暴露身份被踢出群组。在线索信息收集过程中，应注意收集和固定网络群组内的违法犯罪证据，同时分析研判组织人员的层级结构、角色分工、联络体系等组织信息，进而摸清犯罪规律等线索情报信息，支撑案件侦查打击工作。

二、网络犯罪线索甄别的策略

"人过留痕、雁过留声"。网络犯罪案件发生后，侦查人员会获得大量信息，尤其是当今大数据时代，对获取的信息进行甄别，去伪存真，留下可以作为侦查线索和法庭证据的，去除不实的、有误的、不可靠的信息，并对其进行分类，以提高线索检索的效率。这个过程称为线索的甄别。

一般网络犯罪案件线索可以分为以下几类：

（1）人的线索。包括嫌疑人的物理身份和虚拟身份，目的是利用线索勾勒嫌疑人的画像。

（2）行为的线索。包括犯罪的时间、方法和习惯方式，利用这些线索判断犯罪动机、目的。

（3）物的线索。包括涉案工具的线索，赃款、赃物受益方和流通渠道的线索等。

（4）串、并案件的线索。通过嫌疑人的多起案件进行串、并分析，总结作案时间、方法等方面的规律，判断其下一步作案趋势，寻找嫌疑人。

在侦查工作中，由无数的线索、事实、细节和准确的数据构成了"侦查链条""证据链条"。这就要求所使用的事实与数据一定要准确无误，特别是关键部位的支撑材料，更要慎之又慎，如果存在一个矛盾项，哪怕只是"拿不准"，也绝不能放过，因为在案件侦查中，尤其是网络犯罪侦查中，尽管只是一个不准确的数据，也有可能造成判断的失误，"差之毫厘，谬以千里"，由量变到质变，就会走向分析结论的反面。在案件分析中，关键证据链中犯罪事实的不准导致的"硬伤"往往是致命的，甚至会颠覆侦查人员殚精竭虑所得出的分析结论。

甄别内容主要包括人、事（案）、物三种。人员线索核查是线索甄别的重点。主要甄别嫌疑人的真实身份。网络案件会对应网络世界，会涉及虚拟身份。而网络世界并不是真的世外桃源，必然会有现实中人的操控。网络与现实是对应的。而虚拟身份也不是真的虚无缥缈，只是真实生活中人的网络表现形式而已。所以网络案件中的人、事（案）、物都是对应现实世界的，也只有对应到了自然人、事（案）、价值才能具备破案的条件。

三、网络犯罪线索扩展的策略

网络犯罪案件线索的特点是电子数据线索类型多样，结构复杂，线索扩展溯源与普通案件不同。针对网络犯罪案件的此种特点，侦查工作中要有发散思维，注意按线索扩展的策略开展相关侦查扩线工作，可以获得更多的信息，为划定侦查范围、确定侦查方向提供更多的帮助。

侦查人员可以通过对个人物理身份的梳理，获得身份证号码、姓名、昵称、手机号码等。利用其注册的用户名和昵称进行扩线侦查，发现其在其他网站、论坛、即时通信工具、邮箱上的蛛丝马迹。通过搜索引擎检索用户名，是网络犯罪案件侦查扩展一个必不可少的环节。充分利用信息技术，通过公开搜索，可以更多地获得与案件相关的信息。进而发现与犯罪嫌疑人个人信息或者用户名相同的许多虚拟身份，例如论坛、博客、空间等。有的网站、微博、即时通讯群组不支持外部搜索引擎检索，但是提供内部信息搜索。如果有必要，就需要到这些社交网站注册用户，进一步进行检索。还可以通过用户名、昵称、邮箱发现是否注册有支付宝等网上支付账户。

在搜索引擎中输入关键词时往往遇到查询结果太多、包含无用信息的情况，这时可以利用搜索引擎的一些技巧减少无用的查询结果。例如给关键词加上双引号，可以实现精确的查询。在关键词的前面使用加号，可以实现多个关键词同时查询等。

如果网站或者应用中同名的较多，如何判断哪个才是犯罪嫌疑人所使用？一般网站或者论坛注册用户名时，如果有同名的，则会提示在用户名后面加上数字，为了方便记忆，注册人往往会加上和自己相关的数字，例如生日、身份证号、电话号码尾数或者纪念日。侦查人员可以利用此特点，依据已经掌握的信息来判断哪个是犯罪嫌疑人所使用的。

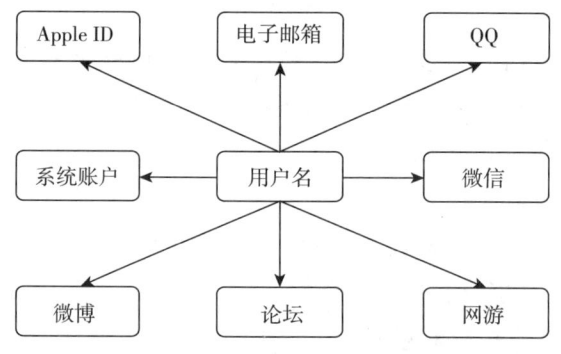

图 3.1　利用用户名扩线

侦查人员还可以通过目标经常联系的社会关系进行扩线侦查。例如通过社交软件中的好友关系，发现其经常联系的群组、个人关系等。通过手机通话、短信清单发现经常联系的个人等进行扩线侦查。通过家庭成员关系发现其可能冒用的其他身份和通讯工具。例如在追逃工作中，一项重要任务就是梳理逃犯的亲属关系，尤其是年纪相仿的同性亲属的身份证件、虚拟身份是否被犯罪嫌疑人冒用，进而逃避打击。通过对其亲属的盯控，起到事半功倍的作用。人是社会型群居高级动物，始终脱离不开亲情、友情和爱情的制约。有情就必然有联系，围绕"情"做工作是侦查扩线很好的途径。另外，可以通过经济往来发现其合作伙伴或者同伙。通过对网上和网下资金账户的交易往来，能够发现与其资金频繁往来的账户，从而达到扩线侦查的目的。

第四节 侦查路径的选择

侦查途径是指在侦查过程中查明事实收集证据，认定捕获嫌疑人时所遵循的路径。按照侦查途径的不同，传统刑事案件侦查途径可以分为"从案到人"和"从人到案"两种侦查路径模式。其中"从案到人"是指从犯罪事实开始侦查，认定捕获嫌疑人并证明犯罪事实；而"从人到案"是从有关嫌疑人为侦查起点，通过查证线索收集证据，进而证明嫌疑人是否有罪。在网络犯罪侦查中，由于网络犯罪的网络虚拟性，又可以引申出"从现实到虚拟"和"从虚拟到现实"这两种侦查路径。任何一起刑事案件都存在若干侦查途径，而受案件客观条件制约不可能每条侦查途径都能达到侦查终结的终点，甚至一些侦查途径无法行得通。所以选择侦查途径是解决从哪个方面开展侦查工作的问题。侦查途径选择是否得当直接关系到案件侦查的速度与成败。

一、由案到人的侦查路径

从案到人的侦查路径指犯罪案件发生后，侦查员以案件现场为起点，在现场搜集痕迹物证与案件线索，运用各种措施和手段查证犯罪嫌疑人的侦查路径。该路径的分析策略主要从案件的基本情况出发，沿着犯罪动机、时空轨迹、行为分析等方向进行推理，最终获得嫌疑人真实身份。由案到人侦查路径的优点是能够获得嫌疑人的完整犯罪过程，可以形成完整的证据链，也符合传统分析习惯。缺点是由案到人往往不能适应网络犯罪的高节奏性，线索容易中断。

（一）作案动机的路径方向

犯罪动机就是指刺激、促使犯罪人实施犯罪行为的内心起因或思想活动，它回答犯罪人基于何种心理原因实施犯罪行为，故动机的作用是发动犯罪行为；说明实施犯罪行为对行为人的心理愿望具有什么意义。

（二）时空轨迹分析的路径方向

时空关系对于案件的侦破有很大帮助。或者说时空关系是破获案件的重要依据之一。犯罪嫌疑人作为物理人，必然要有行为轨迹，例如视频监控、交通信息。GPS一般能够记录通过导航过的轨迹信息，例如百度地图。监控卡口可以记录车辆通过时的相关影像，其中包括车辆信息，例如车辆照片、牌照、车辆颜色、车身细节特征。有了空间的信息，加上时间信息，可以判断嫌疑人的活动范围甚至具体位置。

（三）行为分析的路径方向

人的习惯往往体现在行为中，网络犯罪也不例外。犯罪嫌疑人习惯于利用熟悉的工具，利用熟悉的入侵方式来进行犯罪活动。通过对嫌疑人的习惯进行分析，可以判断嫌疑人的基本情况和特征。

（四）转换思路的路径方向

如果整个案件中，没有任何蛛丝马迹。无论是传统物证，还是电子数据，无论监控、卡口，还是指纹、DNA，都没有获取任何有价值线索，电子设备中也没有任何痕迹，那么内部人作案可能性就会上升。反侦查意识如此强，技术水平如此高，因此保卫人员具有更高的概率。这就是对于分析的分析。

二、由人到案的侦查路径

从人到案的侦查路径是指对犯罪嫌疑人展开侦查，查证犯罪嫌疑人是否实施或查明犯罪嫌疑人还实施了除此之外的哪些犯罪行为的侦查路径。该路径是将已知目标的基本情况和反常表现整理综合出来，进而确定犯罪嫌疑人予以侦控查明与之有关的而侦查部门尚未侦破的案情。如果说由案到人是事后进行侦查的被动策略，那么从人到案的侦查路径则体现了侦查人员主动进攻的策略。由人到案需要提前对网络违法犯罪相关人进行信息的收集、碰撞，并根据这些信息进行分析。

（一）重点人

网络犯罪重点人包括有犯罪预谋、准备的人员、平时案件查获的违法犯罪嫌疑人、群众举报的违法犯罪嫌疑人。有犯罪前科人员再次犯罪可能性更大，对重点人的基本特征收集整理后，可以梳理出相关人员的网络特征。这些信息在以后发生网络违法犯罪案件后，与利用已有线索进行比对，可以迅速判断嫌疑人。

（二）高危人群

某些网络犯罪现在具有明显的地域性，以网络诈骗犯罪代表。比如福建安溪的"冒充公检法"、湖南双峰的"PS诈骗"以及广东电白的"猜猜我是谁"等。从各地公安机关侦破的案件来看，高位地区的犯罪嫌疑人占据了相当一部分比例。以这些案件高发地区，尤其是对来自犯罪输入地的、无正当职业的有作案能力的人员作为侦查起点，可能会获得较好的效果。

（三）犯罪同伙

一般团伙作案联系规律为：事前联系、事中作案、事后散伙（或者事后一起逃逸）。按照此种思路分析，符合作案前频繁联系，作案中不联系或者很少联系，案发后销声匿迹这样的行为特征的很可能是团伙。

三、由虚拟到现实的侦查路径

网络的匿名性是网络最重要的特点之一，但是网络的匿名性却给网络犯罪侦查带来了诸多不便。在现实的网络案件侦查中，更多的时候需要将网络中的虚拟身份对应到现实中的真实身份。

网络虚拟身份作为客体特征与 IP 地址一样特定性程度不高，仅以其为依据所作出的同一认定结论确定性程度较低。因为网络虚拟身份可以同使用者分离或不是一一对应，即一个网络虚拟身份可能多人使用或者一人使用多个虚拟身份。比如在网络赌博案件中，一个赌博网站的代理账号可能被多人登录使用，既可能是为赌博网站担任代理接受投注的人员，也可能是赌博网站的技术维护人员，甚至可能是侵入赌博网站修改投注数据的黑客。在抓捕嫌疑人时，一个 QQ 号码被多人使用，既可能是嫌疑人本人使用，也有可能是嫌疑人的关系人受人委托网上"挂号"，还有可能是盗号者在网上"洗号"。在办理邪教组织犯罪案件时也经常会遇到邪教组织内成员多人共用一个电子邮箱传递信息的情况。侦查人员依据网络虚拟身份进行同一认定时应尽可能的获取更多的客体特征，结合案情综合分析才可做出同一认定的结论。

在司法实践中类似上述客体网络特征导致同一认定结论不确定的情况很多，如网络拨号账号与承载电话不绑定，Wi-Fi 蹭网，盗接上网线路，服务器同一漏洞被多人利用侵入等情况。虽然客体的网络特征特定性程度不高，单个特征一致无法认定客体同一，但从两个客体之间的网络特征相同可以判断两个客体相似。同一认定也可以看作是一个由相似到同一的渐进过程。在比较特征的过程中，每增加一个特征，就等于增加了对象间的相似程度；当特征增加到一定程度时，量变就引起了质变，相似就转化为同一。[1]

四、由现实到虚拟的侦查路径

由现实到虚拟的侦查路径指当无法查证嫌疑人的真实身份时，以其现实活动的时空条件、行为特点为侦查起点，查找符合相关情况的虚拟身份的侦查路径。

---

[1] 何家弘：《从相似到同一——犯罪侦查研究》，中国法制出版社 2008 年版，第 192 页。

在大数据时代，一个人的网上活动往往会有网上的虚拟身份数据相对应，通过由现实到虚拟的侦查路径可以为许多网下摸排情况不好的案件找到新的侦查突破点。

第五节　询问和讯问的谋略

一、询问的谋略

网络犯罪侦查询问，是侦查人员为了了解被害情况、查明犯罪后果，依法对被害人或者相关人员进行查询的一种侦查活动。网络犯罪的媒介依托网络，加害人与被害人不谋面。询问时，不会像传统案件，被害人对加害人有直观的印象。同时网络犯罪案件类型多样，讯问的方式方法也不尽相同。主要从犯罪后果、被害人的行为和知情人信息三方面进行询问：

（1）犯罪后果。犯罪后果的严重程度，决定了案件的性质。以网络为目的的犯罪活动，重点围绕"数据流"，包括网站的受损情况、数据的丢失情况和功能被破坏情况。以网络为媒介的犯罪活动，重点围绕"资金流"，即资金的损失情况。

（2）被害人的行为。网络犯罪往往是利用被害人的行为漏洞进行犯罪活动的。例如网络防护不强、弱口令、漏洞，或者未安装杀毒软件。应当围绕被害人的行为，查找有无反常之处，例如下载执行不明的文件。

（3）知情人信息。网络犯罪活动并不意味着是秘密进行，往往还有知情人，例如第三方支付平台、ICP、嫌疑人的合作伙伴。这些人对于犯罪行为不一定知情，但是是犯罪行为的涉及者。所作所为直接关联到案件，对案件的定性和侦破有着重要作用。对于知情人，应当围绕与嫌疑人或被害人的接触情况，例如转账情况、服务器租用情况进行询问。

二、讯问的谋略

网络犯罪侦查讯问是侦查人员为了证实网络犯罪、查明犯罪人，依法对犯罪嫌疑人进行审讯和诘问的一种侦查活动，是案件调查和收集证据的重要途径。讯问往往对于案情的了解、线索的获取有着重要作用。网络犯罪的特殊性使得讯问不是简单的一问一答，而是具有相当的技巧性和谋略性。

(一) 做好预案

网络犯罪活动主要在网上进行，没有传统犯罪的物理现场。嫌疑人利用虚拟身份从事犯罪活动，隐蔽性强、证据关联程度低。切忌迷信自己的讯问技巧，直接盲目地进行讯问。讯问前应当配备了解案情和技术专长的侦查人员，根据被讯问人的计算机水平，制定讯问预案。

(二) 重视第一次讯问

犯罪嫌疑人在抓获初期，往往不知所措，处于恐慌的状态。利用犯罪嫌疑人尚未构筑心理防御体系的良好时机，及时开展第一次讯问，争取突破心理防线。第一次讯问要及时、有目的性。一般 12 小时内为讯问的"黄金时间"。讯问人员在讯问预案的基础上，通过与犯罪嫌疑人的交谈，及时发现线索、固定证据，抓捕同案犯，发现新的侦查线索和犯罪事实。

(三) 重视勘验取证

对于现场获取的书证、物证和电子数据等相关证据，要迅速组织人力进行梳理。网络犯罪嫌疑人的无畏心理主要建立在计算机技术自信的基础上，往往认为侦查人员的计算机水平没有他高。这也是侦查讯问的重点也是难点。在了解前期情况的基础上，讯问前侦查人员应对嫌疑人计算机设备、服务器、手机通信、网络即时通信、网上银行和第三方支付平台资金往来等情况进行勘验分析，尽可能多地掌握嫌疑人与案件相关的线索情况。

可以在审讯同时，编制取证组和审讯组，根据前期情况，同步开展勘验、分析，与审讯组保持信息互通、相互策应，以审讯促取证，以取证促审讯，达到事实查清、证据取足的目的。

(四) 选准讯问突破口

在做到"知己知彼"的基础上，根据掌握的网络犯罪的时间、地点、人物、情节、手段、工具、目的、动机、后果等基本要素，选择案件中关键人物进行突破。讯问过程中，应有意识让嫌疑人尽量具体、详细、明确地陈述，从中注意发现嫌疑人口供与物证、口供与电子证据的矛盾之处，适当时机进行点破，以达到打破犯罪嫌疑人心理上技术优势的作用。

注意，讯问过程中不要让嫌疑人掌握主动，侦查人员不掌握的内容不要主动发问，对于复杂的网络犯罪行为，可以让嫌疑人进行顺序供述，了解其犯罪手段和过程，查找矛盾之处，证明其犯罪事实。

（五）善于利用矛盾

全面分析案情，研究同案犯直接的联系，获取和制造矛盾，从而分化瓦解、各个击破。

在已掌握部分事实的基础上，对同案犯讯问时，巧用模糊、双关语，点出案件相关细节，让嫌疑人感觉其他同案人已交代，进而选择坦白从宽道路、表现主动承认态度，促使嫌疑人争相供述。在此基础上，再对已供述的嫌疑人进行二次讯问，以确定事实和获取新的线索。

（六）注意及时固定证据

网络犯罪的电子数据证据是证明犯罪行为的最重要的证据，但是也具有易灭失的特点。为防止证据灭失，在审讯的同时，取证人员应根据交代线索立即提取、固定证据，可以采取搜查扣押、现场勘验、远程勘验、照相摄像等方式固定证据。

由于网络犯罪行为的虚拟性，在侦查讯问质量不高的时候，一旦错过讯问的黄金时间，网络犯罪嫌疑人往往容易翻供。这是因为侦查员的侦查策略不符合实际情况、侦查技术技巧落后，没有在讯问中有效地突破嫌疑人的心理防线，更没有及时地固定证据、提供新的线索，这时候的心理天平已经倾向于嫌疑人。因此，网络犯罪侦查讯问中应当做到针对性地固定证据。

本章小结

本章深入探讨了网络犯罪案件的侦查思路及其逻辑，重点讨论了侦查人员在面对网络犯罪时所需的策略与方法。首先章节概述了侦查思路的定义及其重要性，强调了侦查思路不仅是侦查措施和技术的结合，更是决定案件侦查方向和效果的关键因素。通过对网络犯罪案件的案例分析，我们发现，网络犯罪的隐蔽性和多样性使得传统侦查方法面临诸多挑战，这就要求侦查人员灵活运用各种侦查思路，以适应新形势下的网络犯罪侦查需求。

本章突出了网络犯罪案件侦查中的几个关键问题与挑战。首先，网络犯罪的快速变化与技术进步，使得侦查人员必须时刻保持对最新技术和犯罪手法的敏感性和适应能力。其次，网络犯罪往往涉及多个地域和辖区，如何有效协调各个执法单位和侦查力量，成为侦查工作中的一大难题。此外，网络犯罪的证据多以电子数据形式存在，这要求侦查人员具备一定的技术背景，以便能够准确提取和分析相关证据。

在处理网络犯罪案件时，侦查人员需要具备一系列专业技能和素质。这包括对网络技术的基本理解，能够掌握信息收集和数据分析的工具；良好的逻辑推理能力，以便能够从复杂的数据中提取有价值的信息；以及一定的法律知识，以确保侦查措施的合法性和有效性。此外，良好的沟通能力和团队协作精神也是不可或缺的，尤其在跨部门和跨地区的合作中，能够有效推动案件的侦破进程。

未来研究和实践中，网络犯罪侦查领域应聚焦于几个发展方向。首先，随着网络技术的持续演变，侦查人员需要不断更新和提升自身的技术能力，适应新兴的犯罪手段。其次，建议建立跨部门的协作机制，推动信息共享，以提高对网络犯罪的整体打击效率。同时，针对网络犯罪的复杂性，未来的研究可以更多地关注数据分析和人工智能技术在侦查中的应用，以实现智能化、自动化的侦查手段。

思考题

1. 侦查思路的定义？
2. 侦查思路的原则？
3. 案情线索信息的收集谋略？
4. 网络犯罪案件线索可以分哪几类？
5. 嫌疑人线索信息如何收集？
6. 简述利用用户名扩线的方法？
7. 简述由案到人的侦查途径？
8. 简述由虚拟到现实的侦查途径？
9. 讯问的谋略？
10. 2016 年 4 月 1 日，某政府网站被黑客入侵，数据被篡改，根据管理员所称，系统防护等级较高，请以思维导图的形式，阐述侦查思路。

第四章 电子数据取证

第一节 电子数据取证概述

网络犯罪行为的信息性，决定了电子数据在网络犯罪案件侦查中的重要作用。它不仅是查明犯罪事实、缉捕犯罪嫌疑人的重要线索，同时也是诉讼阶段证明案件事实的关键证据。因此，电子数据取证贯穿于整个网络犯罪案件侦查活动的始末，是网络犯罪案件侦查的核心工作之一。

一、电子数据概述

（一）电子数据的含义

从词语的本源和原始语义来看，"电子数据"是来自计算机科学的词汇，而并非法学或侦查学的术语。数据（Data）是事实或观察的结果，是对客观事物的逻辑归纳，是用于表示客观事物的未经加工的原始素材。数据既可以是模拟形式，也可以是数字形式。模拟形式的数据是连续的值，比如图像、声音、物质或痕迹的形态等；数字形式的数据则是离散的，如符号、文字等。在计算机科学中，数据是所有能输入计算机并被计算机程序处理的符号的介质的总称，是用于输入电子计算机进行处理，具有一定意义的数字、字母、符号和模拟量等的通称。计算机存储和处理的对象十分广泛，表示这些对象的数据也随之变得越来越复杂。而在现有的计算机系统中，数据都是以二进制信息单元"0"和"1"的形式表示，属于典型的数字形式。一般认为，电子数据（Electronic Data）指的就是借助计算机等电子通信设备以及电子通信线路进行存储、处理和传输的数据。然而，在刑事司法的语境下，对"电子数据"这一称谓的含义又有了更加具体的限定。

我国《刑事诉讼法》第五十条规定："可以用于证明案件事实的材料，都是证据。证据包括：……（八）视听资料、电子数据……"最高人民法院、最高人民检察院、公安部 2016 年 9 月印发的《关于办理刑事案件收集提取和审查判断电子数据若干问题的规定》第一条第一款规定："电子数据是案件发生过程中形成的，以数字化形式存储、处理、传输的，能够证明案件事实的数据。"从以上法律和司法解释可以看出，在我国当前刑事司法的语境下，"电子数据"这一称谓实际上指代的是"电子数据证据"，即以电子数据为表现形式的一种证据类型，并且这里的电子数据也被限定为以数据化形式存储、处理、传输的数据。

在相关学术研究和立法发展的过程中，对于此类证据曾经还出现过许多称谓，如电子证据、计算机证据、数字证据、电子物证等。尽管在当年这些称谓初次被提出时，对它们的概念表述或多或少会有所差异。但是自 2012 年《刑事诉讼法》修改时首次将"电子数据"正式列入证据种类以来，"电子数据"或"电子数据证据"的称谓已经为多数人所接受。虽然在公安系统内部以及司法鉴定行业领域中，仍有许多场景下继续使用"电子物证""电子证据"等称谓，但其含义已经与"电子数据"并无差异。

（二）电子数据在网络犯罪案件侦查中的作用

电子数据在网络犯罪案件侦查中发挥着至关重要的作用，已成为侦查活动中不可或缺的组成部分。随着互联网的迅猛发展和网上活动的日益增加，电子数据不仅是追踪和识别犯罪嫌疑人的重要线索，还是重现犯罪现场和犯罪过程的有力工具，更是证明案件事实的关键证据。

在信息化时代，电子数据相较于传统侦查手段，具备能够提供大量信息的显著优点。例如，通过分析电子邮件、即时通讯记录、社交媒体帖子、网站访问历史等电子数据，可以精确确定犯罪的时间、地点和方式，从而为侦查人员提供重要的线索，以建立犯罪嫌疑人与犯罪事实之间的关联性。这种关联性对于侦查工作至关重要，能够直接影响案件的破获进程。此外，电子数据还可以追踪犯罪嫌疑人的活动路径。例如，如果某名嫌疑人在网络上与其他犯罪分子频繁交流或策划犯罪活动，这些数据可以揭示其行为模式，从而为执法部门提供立案的依据。同时，电子数据还具有识别此前未被侦查部门注意的犯罪嫌疑人的潜力。例如，嫌疑人可能使用假名或匿名的电子邮件地址来掩盖身份，而通过对这些电子数据的深入分析，侦查人员可以揭示其真实身份，从而挖掘出隐藏在背后的犯罪团伙或个人。

电子数据在信息化时代的侦查工作中,已成为最主要的情报来源。所谓侦查情报,是指通过各种合法及有效的手段和方法获取的,供侦查部门及其他部门打击犯罪和预防犯罪使用,具有侦查价值的线索和情况。[1] 合理有效地利用这些侦查情报,不仅能够帮助收集犯罪信息,为案件的侦破提供关键线索和证据,还可以在犯罪尚处于预谋和准备阶段时,及时发现并制止其进一步发展。与案件事实具有关联性的情报,既可以成为引导侦查破案的重要线索,也可以在诉讼过程中转化为有力的证据;即使是那些最终无法直接作为证据使用的情报,也可以在侦查过程中指引侦查人员找到更加有价值的证据,或者为明确侦查思路、缉捕犯罪嫌疑人提供方向,这些都是极为宝贵的线索。

随着互联网应用的日益普及,社会生活的方方面面都在不断地产生信息并以电子数据的形式记录下来,并且这些信息在各类信息系统之间频繁传递和共享。由于电子数据具有存储和传输的高度便捷性,侦查机关可以借助各种信息化工具,广泛地收集、整理、清洗和分析这些数据,最终形成庞大的侦查情报数据库。因此,在网络时代,尤其是在大数据时代,电子数据已经成为侦查机关最重要的情报形式和主要情报来源。在网络犯罪案件中,由于大量犯罪行为是通过网络信息通信方式实现的,与案件事实相关的海量信息都会以电子数据的形式被记录和保存下来。同时,犯罪嫌疑人在网络空间中的频繁活动,也使得与其身份、位置、经济往来和社交关系等相关的大量信息以电子数据的形式呈现。因此,对于网络犯罪案件的侦查来说,电子数据无疑已经成为极其重要的破案线索和诉讼证据,其重要性和不可替代性也将随着技术的进步和网络犯罪的不断发展而进一步增强。

(三) 电子数据的特点

电子数据作为网络犯罪案件侦查中的核心证据,具有一系列独特的特点,这些特点不仅影响电子数据的取证方式,也对其在法律程序中的使用提出了特殊要求。以下是电子数据的主要特点:

1. 客观性

电子数据通常是通过计算机系统和信息通信网络自动生成和存储的。因此,其所反映的信息具有客观性,能够真实地反映事件的发生情况。这一客观性使得

---

[1] 任惠华主编:《侦查学原理》,法律出版社2012年版,第59页。

电子数据在网络犯罪侦查中成为重要的证据来源，可以用来证明犯罪行为的存在及其性质。

2. 二进制特性

电子数据以二进制形式存在，这意味着它们是以 0 和 1 的组合进行存储和处理的。这种特性使得电子数据在存储和传输过程中具有高度的灵活性和易变性，同时也要求取证人员必须具备一定的技术知识，以便正确解读和处理这些数据。

3. 语义性

电子数据不仅是数据的集合，其背后往往还蕴含着丰富的语义信息。不同的电子数据形式（如文本、图像、视频等）能够传达不同的信息内容。因此，在取证和分析电子数据时，必须对其进行准确的解读，以确保提取的信息能够支持案件的逻辑推理和证据链的完整性。

4. 分散性

电子数据通常分散存储在多个设备和系统中，包括个人计算机、服务器、云存储等。这种分散性意味着在进行电子数据取证时，侦查人员需要跨越不同的存储介质和网络环境，以确保能够全面收集与案件相关的所有数据。

5. 多样性和感知性

电子数据的表现形式多种多样，包括文本、图像、音频、视频等，这些数据不仅可以通过计算机直接读取，也能通过特定的软件工具进行分析。此外，电子数据可以被动态地修改、删除或转移，这使得对其取证和保全的工作变得更加复杂。

6. 易变性和易失性

电子数据在存储和处理过程中，尤其是在计算机关闭、网络断开或系统崩溃的情况下，可能会发生丢失或损坏。特别是易失性数据（如内存数据）在电源中断后会立即消失，因此在取证过程中，必须采取迅速有效的措施以保护这些数据的完整性。

7. 技术性

电子数据的取证和分析需要使用专门的技术工具和软件。取证人员必须掌握相关的技术规范和标准，以确保取证过程的合法性和有效性。这种技术性不仅体现在数据的提取和存储上，也体现在数据分析和解读的过程中。

8. 与载体的可分离性

电子数据与其存储载体之间具有可分离性。与传统物证（如实物证据）不同，电子数据可以在不依赖于其物理载体的情况下进行存取和传输。这一特点使得电子数据的获取和分析变得更加灵活。例如，数据可以通过网络传输而不必实际接触到存储设备，从而减少了对物理空间的依赖和对设备的破坏风险。在网络犯罪案件中，这种可分离性使得侦查人员可以更容易地访问和提取存储在不同设备上的数据，无论是通过直接的物理访问还是通过远程操作。这一特性极大地提高了取证的效率和灵活性，侦查人员可以在多种场景下迅速获取相关证据，有助于在犯罪活动持续进行时及时固定证据。然而，这种可分离性也带来了挑战。由于电子数据和其载体可以独立存在，取证人员在提取电子数据时必须确保数据的完整性和真实性，以防止数据在提取过程中被篡改或丢失。例如，电子数据在从一台设备转移到另一台设备时，必须进行完整性校验，确保数据未被更改。此外，电子数据的可分离性可能导致在法律程序中，对数据的来源和持有者的证明变得复杂，侦查人员必须建立清晰的证据链，以确保数据在法庭上的有效性和可接受性。

二、电子数据取证的发展状况

（一）电子数据取证的概念

狭义的电子数据取证，就是指电子数据的收集和提取。

广义的电子数据取证，则不只是电子数据的收集和提取，还包括电子数据检验或鉴定。

在电子数据取证发展的初期，电子数据的语义逻辑并不复杂，很容易解读，而难点在于如何将这种"虚无缥缈"的信息完整地提取下来。因此，在这个时期，电子数据取证的主要任务是研究如何提取电子数据。

随着信息系统的复杂度日益提升，电子数据的语义逻辑也日趋复杂，电子数据呈碎片化的存在，证明案件事实往往需要大量的数据形成证据链条，而在链条上的每个环节的电子数据，都需要有精确的解释，否则证据链将会被引向歧途。在数据爆炸的时代，每个案件都可能面对海量的电子数据，如何在其中找到最适合的电子数据组成证据链，这也是对电子数据取证工作的必然要求。因此，时代的发展对电子数据取证的含义进行了拓展，取证已经不仅仅是将数据从设备中或存储介质中提取出来这么简单，而是一项集提取、分析和检验、鉴定为一体的综合性侦查活动。甚至有学者还提出：电子数据本身就是现场，电子数据取证就是一项现场勘查和现场分析活动。

所以，电子数据取证的含义也必须有相应的拓展，已经不再单纯地是将电子数据从设备或存储介质中提取出来，而是包括数据的收集、提取、分析、检验和鉴定，是一项综合性的侦查活动，涵盖了从数据的获取到形成证据链条的全过程。

（二）电子数据取证的任务

电子数据取证在网络犯罪案件侦查中扮演着至关重要的角色，其任务不仅包括收集和提取电子数据，还涵盖了对数据的保护、分析与验证等多个方面。以下是电子数据取证的主要任务：

1. 识别和确定电子数据的来源

在进行电子数据取证之前，侦查人员首先需要识别与案件相关的电子数据来源。这包括确定存储电子数据的设备（如计算机、移动存储介质、服务器等）以及网络环境（如云存储、社交媒体平台等）。识别的准确性直接影响到后续取证工作的效率和有效性。

2. 现场勘查与电子证据的固定

侦查人员需要进行现场勘查，以发现、固定和提取与案件相关的电子证据。在现场勘查过程中，取证人员应制定详细的勘查计划，确保所有可能的电子数据都被收集和记录。同时，侦查人员还需要采取措施保护现场，防止电子数据被篡改或损坏。例如，在保护现场的过程中，取证人员可能会切断电源或网络连接，以防止数据的远程删除或修改。

3. 电子数据的提取与保存

一旦确定了电子数据的来源并完成现场勘查，侦查人员将进行数据的提取与保存。这包括对原始存储介质的扣押、封存，或者采用直接提取电子数据的方法。提取过程中，需要遵循相关的技术标准和法律规定，确保电子数据在提取过程中的完整性和真实性。

4. 电子数据的分析与验证

在提取完成后，侦查人员需对电子数据进行分析，以发现与案件相关的重要信息。数据分析不仅要关注数据本身的内容，还要考虑数据的上下文，例如数据的生成时间、发送者和接收者等信息。此外，侦查人员还需对提取的数据进行完整性校验，确保其未被篡改，这通常涉及哈希值的计算和比较。

5. 电子数据的记录与报告

取证工作结束后，侦查人员需对整个取证过程进行详细的记录，包括取证的时间、地点、方法及过程等信息。同时，还应制作电子数据清单，注明数据的类别、文件格式、完整性校验值等。这些记录不仅有助于案件的后续处理，也为法庭提供了清晰的证据链。

6. 证据的移交与展示

在案件进入审判阶段，侦查人员需将提取的电子数据及其相关记录移交给检察机关或法院。在移交过程中，需要保证电子证据的完整性，并遵循法律规定的移交程序。此外，侦查人员还需准备相关的展示材料，以便在法庭上对电子数据进行有效的说明和展示。

三、电子数据取证的基本原则

（一）客观原则

客观原则是电子数据取证过程中最基本和最重要的原则之一。在网络犯罪案件的侦查中，客观原则要求取证人员在收集、提取和分析电子数据时，必须以真实、准确、完整的态度反映案件事实，确保所有的取证活动都遵循客观标准。这一原则的核心在于保证所收集的数据能够真实地反映与案件相关的情况，确保电子数据的法律效力和可信度。

在网络犯罪案件中，电子数据往往是唯一的证据来源。由于网络环境的特殊性，许多犯罪行为的证据仅以电子数据的形式存在。因此，确保电子数据的客观性对于案件的侦破和审判至关重要。客观数据不仅能够帮助侦查人员还原犯罪事实，还能够为法庭提供支持和依据，使得审判过程更加公正和透明。

为了确保客观原则的实施，取证人员必须在取证过程中保持中立，避免个人情感、主观偏见或先入为主的判断对证据的影响。取证人员在开展取证活动时，应遵循科学的方法和技术，确保所有的取证过程都具有可重复性和可验证性。这包括使用适当的工具和技术进行数据提取和分析，确保数据的完整性和真实性。

在电子数据取证的具体操作中，客观原则有如下要求：

（1）准确记录。取证人员在进行数据采集时，需详细记录每一步的操作，包括取证的时间、地点、方法等信息。这些记录将成为后续审查和验证的重要依据。

（2）数据来源的确认。取证人员应确认电子数据的来源，确保所提取的数据与案件相关，并能够有效支持案件的关键事实。这涉及对数据生成过程的理解和对数据存储位置的确认。

（3）避免数据篡改。在取证过程中，取证人员需采取必要的措施，确保数据在提取和存储过程中不受损害或篡改。例如，可以使用写保护设备来保护存储介质，防止对数据的无意修改。

总之，客观原则是电子数据取证的基石，它确保了取证过程的公正性和数据的真实性。在网络犯罪案件中，遵循客观原则不仅有助于提高取证工作的效率和质量，还能够为法律程序提供坚实的证据基础，确保案件的公正审判。因此，取证人员在执行其职责时，必须始终将客观性作为首要考虑，确保所有取证活动都符合这一原则的要求。

（二）科学原则

科学原则是电子数据取证过程中不可或缺的基本原则之一，它强调在取证的各个环节中，必须依托科学的方法和技术，以确保数据的准确性、可靠性和可重复性。科学原则不仅适用于数据的提取和分析，也涵盖了数据的记录、存储和验证等多个方面。

电子数据取证的科学性直接影响到案件的侦查质量和证据的法律效力。在网络犯罪案件中，电子数据往往具有复杂性和动态性，取证人员必须运用科学的方法来处理这些数据，以避免因人为因素导致的数据失真或证据无效。科学原则的实施可以有效保证电子数据在法庭上的可信性，使其不仅具备证据属性，还能被法官和陪审团接受。

为了遵循科学原则，取证人员需要具备相关的专业知识和技能。他们不仅应了解电子数据的存储和处理方式，还需掌握现代取证技术和方法，能够熟练使用各种取证工具和软件。这些知识和技能的掌握能够帮助取证人员在复杂的网络环境中有效提取和分析电子数据，确保取证过程的科学性。

在电子数据取证过程中，科学原则要求取证人员采用以下科学方法：

（1）标准化程序。取证活动应遵循标准化的操作程序，包括数据提取、保存和分析的步骤。这些程序应经过验证并具备可操作性，以确保在不同的案件中能够保持一致性和可靠性。

（2）有效的技术工具。取证人员应使用经过验证的技术工具和软件进行数据处理。这些工具不仅要具备高效性和准确性，还需符合相关的技术标准和法律规定，以确保电子数据的完整性和真实性。

（3）数据的完整性校验。在提取和存储电子数据时，取证人员应进行完整性校验，例如使用哈希算法计算数据的哈希值，以确保数据在取证过程中未被篡改。这一过程是科学原则的重要体现，能够有效保护电子数据的真实性。

科学原则在电子数据取证中的贯彻实施，对于提升取证工作的科学性和有效性至关重要。遵循这一原则不仅能够确保电子数据的取证过程符合科学标准，还能为后续的法律程序提供可靠的证据支持。因此，取证人员在执行其职责时，必须充分理解和重视科学原则，确保所有取证活动都依托于科学的方法和技术进行。

（三）完整性原则

完整性原则在电子数据取证过程中至关重要，它要求在整个取证活动中，所收集和提取的电子数据必须保持其原始状态，任何对数据的修改、删除或损坏都必须得到有效控制。该原则确保电子数据的真实性和可靠性，使其在司法程序中能够作为有效证据使用。

电子数据的完整性直接关系到证据的可接受性和法律效力。在网络犯罪案件中，电子数据常常是唯一的证据来源，其任何形式的损坏或篡改都可能导致证据失效，从而影响案件的审判和结果。因此，确保电子数据在提取、存储和分析过程中的完整性，是取证人员的首要任务之一。

为确保电子数据的完整性，取证人员在执行取证任务时应采取以下措施：

（1）原始数据的保护。在提取电子数据时，取证人员应尽可能保留原始存储介质，避免直接对其进行操作。对于原始存储介质的扣押、封存和备份，必须遵循相应的法律规定和技术标准，以确保数据的原始性不受影响。

（2）完整性校验。取证人员在提取电子数据后，应进行完整性校验，如使用哈希算法计算数据的哈希值，并在后续的存储和传输过程中进行比对。这一过程能够有效验证数据在提取和存储过程中是否遭到篡改，从而确保数据的完整性和真实性。

（3）详细记录取证过程。在整个取证过程中，取证人员应详细记录每一个操作步骤，包括取证的时间、地点、方法、使用的工具等信息。这些记录不仅有助于后续的审查和验证，也为在法庭上证明数据的完整性提供了依据。

在电子数据的存储和传输过程中，完整性原则同样适用。取证人员应确保：

（1）安全的存储环境。电子数据应存储在安全、受保护的环境中，以防止未经授权的访问或损坏。对于存储介质，必须采取防静电、防水、抗震等措施，以确保电子数据在存储过程中的安全性。

（2）数据的安全传输。在传输电子数据时，应使用加密和安全的通信渠道，以防止数据在传输过程中被截获或篡改。传输后的数据同样需要进行完整性校验，以确保其未被修改。

完整性原则在电子数据取证中起着关键作用，它确保了所收集的电子数据在整个取证过程中保持真实和可靠。遵循这一原则，不仅有助于提升取证工作的质量和效率，还能够为法律程序提供坚实的证据基础。因此，取证人员在实施取证活动时，必须始终关注数据的完整性，确保所收集和处理的电子数据能够在法庭上得到有效的承认和使用。

（四）正当程序原则

正当程序原则是电子数据取证过程中至关重要的基本原则之一。该原则强调在进行电子数据取证时，必须遵循法律规定的程序和步骤，以确保取证活动的合法性和公正性。正当程序原则的实施不仅有助于保护当事人的合法权益，还能增强取证过程的透明度和可信度。

在网络犯罪案件中，电子数据的取证往往涉及侵犯个人隐私和数据保护等敏感问题。因此，遵循正当程序原则至关重要。正当程序的实施能够有效防止滥用权力和不当取证，确保所有取证活动都在法律的框架内进行。这不仅是对法律的尊重，也是对被调查者权利的保护。

正当程序原则要求取证人员在进行电子数据取证前，必须获得相应的法律授权。在实施取证措施时，必须严格按照法律规定的程序进行。这包括对取证方式的选择、取证工具的使用、证据链的建立等，确保每一步都符合法律要求，避免因程序不当而影响证据的有效性和可靠性。

正当程序原则在电子数据取证中发挥着重要的指导作用。通过遵循这一原则，取证人员能够确保取证活动的合法性和公正性，保护当事人的合法权益，并增强取证过程的透明度和可信度。因此，在实施电子数据取证时，取证人员必须始终将正当程序原则作为首要考虑，确保所有取证活动都符合法律规定和程序要求。

（五）安全性原则

安全性原则在电子数据取证中具有重要的意义，它强调在取证过程中，必须采取有效的措施确保数据的安全性和保密性。这一原则不仅涉及对电子数据本身的保护，也包括对取证设备和相关信息的安全管理，确保在取证活动中不发生数据泄露、篡改或损坏等问题。

在网络犯罪案件中，电子数据通常包含大量敏感信息，如个人隐私、商业机密和国家安全信息等。因此，确保数据的安全性至关重要。任何形式的数据泄露或篡改都可能导致严重的法律后果，不仅影响案件的审理，还可能对相关人员的合法权益造成损害。

为确保电子数据的安全性，取证人员在执行取证任务时应采取以下安全措施：

（1）物理安全。在现场勘查和取证过程中，取证人员应确保现场的物理安全，防止未经授权的人员进入取证区域。可以通过设置警戒线、限制进入区域、并在必要情况下请求警方协助等方式来保障现场安全。

（2）数据保护措施。取证人员在提取电子数据时，应使用写保护设备或其他技术手段，防止对原始数据的修改或损坏。同时，在提取后的数据存储中，应采用加密技术，确保数据在存储过程中的安全性，防止未授权访问。

（3）信息传输的安全。在数据传输过程中，取证人员应使用安全、加密的通信渠道，确保数据在传输过程中不被截获或篡改。这一措施是保护电子数据安全的重要环节，尤其是在涉及敏感信息的案件中尤为重要。

除了对电子数据本身的保护，取证人员还需确保所使用的取证设备和工具的安全性。这包括：

（1）设备安全检查。在使用取证设备之前，取证人员应对其进行安全检查，确保设备能够正常工作且未被篡改或感染恶意软件。这一过程有助于防止由于设备问题导致的数据损坏或证据无效。

（2）防止信息泄露。取证人员在使用电子设备进行数据提取和分析时，应采取措施防止敏感信息的泄露。例如，在不必要的情况下，不应将取证设备连接到公共网络，以降低数据泄露的风险。

安全性原则在电子数据取证中至关重要，它确保了数据的安全性和保密性。在网络犯罪案件的侦查过程中，遵循安全性原则不仅有助于保护取证人员的合法权益，还有助于提升取证工作的效率和可靠性。因此，取证人员在实施电子数据取证时，必须始终关注数据和设备的安全性，采取必要的保护措施，以确保取证过程的顺利进行。

（六）可审查性原则

可审查性原则是电子数据取证过程中不可或缺的重要原则之一。该原则强调在整个取证过程中，所有的操作、步骤和结果都必须能够被审查和验证，以确保取证活动的合法性和透明性。可审查性原则的实施能够有效提高取证的可信度，为后续的法律程序提供坚实的证据基础。

在网络犯罪案件中，电子数据往往是关键的证据来源。为了确保这些证据在法庭上的有效性，取证过程必须具备可审查性。这意味着取证人员在进行电子数据的收集、提取、分析和存储时，所采取的每一步都应详细记录，并能够在需要时提供相关的证据和文件。这一原则不仅有助于维护法律的公正性，还能增强公众对司法程序的信任。

可审查性原则要求取证人员在取证过程中保持详尽的记录，包括但不限于以下内容：

（1）操作步骤。记录每一个取证步骤，包括取证的时间、地点、所用工具、操作方法等。这些记录为后续审查提供了必要的信息，确保取证过程的透明性和可追溯性。

（2）数据来源。详细记录电子数据的来源，包括设备的类型、存储介质的状态、数据的生成时间等信息。这能够帮助审查人员判断数据的真实性和有效性。

（3）完整性校验。在数据提取和存储过程中，取证人员应进行完整性校验，并记录校验的结果。这一过程提供了对数据未被篡改的证据，增强了电子数据的可信度。

可审查性原则还要求取证人员建立清晰的证据链，以证明所收集的电子数据在整个取证过程中的完整性和真实性。这包括：

（1）证据的转移与存储记录。在电子数据的转移和存储过程中，应详细记录每一次转移的时间、地点、参与人员及其签名等信息。这些记录有助于追溯数据的来源和路径，确保数据在法律程序中的有效性。

（2）审查与验证机制。在取证完成后，相关的审查和验证机制应及时实施，以便对取证过程的合规性进行检查。这可以包括对取证记录的内部审查、外部评估或专家验证等环节，以确保整个取证过程符合可审查性原则的要求。

可审查性原则在电子数据取证中具有重要的指导性意义。通过确保取证过程的可审查性，取证人员能够提高取证工作的透明度和可信度，为后续的法律程序提供坚实的证据支持。因此，在实施电子数据取证时，取证人员必须始终关注可审查性原则，确保所有取证活动都能够被有效审查和验证。

第二节　我国电子数据取证法律规制的发展历程

我国电子数据取证的法律规制共经历了四个历史发展阶段：

第一个阶段是 2005 年以前。在此阶段，我国并没有单独针对电子数据（或者电子证据、计算机证据）出台相关规范，但是在一些规范性文件中会有所提及。例如，最高人民检察院在 1996 年出台的《关于检察机关侦查工作贯彻刑诉法若干问题的意见》中规定，将电子数据纳入视听资料并按照视听资料的相关规定对电子数据的收集进行规范等。这些散见于各规范性文件中的各项规范和要求对电子数据取证工作能够起到一定的指导和规范作用；此外，对于一些关于物证、书证、视听资料等其他类型证据的取证规范，电子数据取证工作也可以参照适用。

第二个阶段是 2005 年至 2012 年《刑事诉讼法》修改之前。在这一阶段，电子数据在办理刑事案件的过程中所发挥的作用日益受到重视，开始陆续出台一系列针对电子数据取证的专门性规范。例如，公安部于 2005 年发布的《计算机犯罪现场勘验与电子证据检查规则》，对电子数据的固定和封存、现场勘验检查、远程勘验、电子数据检查等措施的内容、程序步骤、注意事项做出规定；同年，公安部又发布了《公安机关电子数据鉴定规则》，对鉴定的受理、鉴定的操作步骤、鉴定结果形式等做出了详细规范；2005 年起，公安部、最高人民检察院先后发布了《公安机关鉴定机构登记管理办法》《公安机关鉴定人登记管理办法》《人民检察院鉴定机构登记管理办法》《人民检察院鉴定人登记管理办法》和《人民检察院鉴定规则（试行）》，规定了各级公安机关和检察机关鉴定机构和鉴定人的权利、义务及业务范围；2009 年，最高人民检察院出台相继出台《人民检察院电子证据鉴定程序规则（试行）》和《人民检察院电子证据勘验程序规则（试行）》，对检察机关电子数据鉴定工作和勘验程序做了更加具体的规范；2010 年，最高人民法院、最高人民检察院、公安部、国家安全部、司法部联合发布了《关于办理死刑案件审查判断证据若干问题的规定》，其中对部分电子数据的审查判断问题做出了规定；同年，最高人民法院、最高人民检察院、公安部联合发布了《关于办理网络赌博犯罪案件适用法律若干问题的意见》，对于电子数据收集、保全以及对电子数据复制件的收集问题等进行了规定。

第三个阶段是从 2012 年《刑事诉讼法》修改到 2016 年《关于办理刑事案件收集提取和审查判断电子数据若干问题的规定》（以下简称《电子数据规定》）出台之前。2012 年《刑事诉讼法》修改，正式将电子数据纳入法定的证据种类，首次赋予电子数据证据独立的法律地位，这也标志着对电子数据取证的规制开始进入正式轨道。然而，2012 年修改的《刑事诉讼法》中，除了将电子数据列入证据种类之外，并没有进一步针对电子数据的取证、质证和认证做出其他专门性规定。此后，在最高人民检察院 2012 年出台的《人民检察院刑事诉讼规则（试行）》、最高人民法院于同年出台的《刑事诉讼法解释》中，对电子数据的取证、审查、认定均做出了一系列规范，但这些规范大多比较原则化，对具体的取证工作很难形成直接的指导作用。2014 年，最高人民法院、最高人民检察院和公安部联合发布了《关于办理网络犯罪案件适用刑事诉讼程序若干问题的意见》，其中也针对电子数据的取证主体、取证方式以及电子数据的移送、专门性问题的认定等问题作出了明确规定；2016 年公安部出台的《公安机关执法细则》中，也针对计算机犯罪的现场勘验以及电子数据的封存、固定、远程勘验、检查等进行了细致的要求。总体而言，为了适应《刑事诉讼法》的修改，这一阶段出台的大量关于电子数据的规范在一定程度上填补了空白，但仍比较零散化，尚未形成完整的电子数据取证规则体系。

第四个阶段是 2016 年最高人民法院、最高人民检察院和公安部联合发布《电子数据规定》之后。该规定通过总结电子数据取证和审查工作的实践经验，从电子数据的收集提取、固定保管、移送展示以及审查判断等几个方面，首次对刑事诉讼程序中电子数据的取证和适用规则做出了系统、全面的规范，对指导和规范电子数据取证工作具有非常重要的意义。随后，公安部又在 2019 年单独出台了《公安机关办理刑事案件电子数据取证规则》（以下简称《电子数据取证规则》），在之前的《电子数据规定》基础上，对公安机关在实际办案过程中涉及的电子数据取证措施及相应的程序规范又做出了进一步的明确和细化，其中大部分是从公安机关自身业务角度出发对《电子数据规定》的补全。《电子数据规定》和《电子数据取证规则》的出台，使电子数据取证程序有了较为全面的规范体系，使取证工作真正做到有法可依。尽管如此，《电子数据规定》和《电子数据取证规则》中依然有许多模糊不清之处，备受学界和实务界的诟病。例如，针对电子数据取证措施何时属于强制性侦查措施未给出明确的界定标准；首次设置的电子数据冻结措施也因为缺少可行的操作规范而很难再付诸实践；电子数据调取也还需要进一步考虑如何平衡公民企业协助义务的边界。因此，自这一阶段开始，我国电子数据取证规则正式进入了体系化规范时代，需要更加紧密地结合取证工作的实践，不断加以完善。

第三节　电子数据取证的主要措施、方法及规则

一、扣押、封存原始存储介质

扣押，即扣押物证、书证，是指侦查机关对发现的能够证明犯罪嫌疑人有罪或者无罪的物品、文件依法强制扣押的一项具有强制性的侦查措施。封存，则是对扣押的物证、书证的存管措施，以保证其不被使用、调换或者损毁。《刑事诉讼法》第一百四十一条规定："在侦查活动中发现的可用以证明犯罪嫌疑人有罪或者无罪的各种财物、文件，应当查封、扣押；与案件无关的财物、文件，不得查封、扣押。对查封、扣押的财物、文件，要妥善保管或者封存，不得使用、调换或者损毁。"

尽管电子数据是数字化形式存在的数据而并非物质性信息，具有与物理载体的可分离性，但是在网络犯罪案件中，绝大部分涉案电子数据是处于静态存储状态，且需要存储在相应的存储介质，例如硬盘、光盘、优盘、各种存储芯片以及各类利用电、磁、光等物理信号存储电子数据的设备或材料。因此，将原始存储介质作为物证进行扣押，可以实现收集、提取电子数据的目的。然而，与扣押传统物证不同的是，对电子数据原始存储介质的扣押、封存不仅要保证存储介质的物理实体不被使用、调换或者损毁，还要确保其中存储的电子数据在扣押后也不会再发生任何的改变。《电子数据规定》第八条规定："收集、提取电子数据，能够扣押电子数据原始存储介质的，应当扣押、封存原始存储介质，并制作笔录，记录原始存储介质的封存状态。封存电子数据原始存储介质，应当保证在不解除封存状态的情况下，无法增加、删除、修改电子数据。封存前后应当拍摄被封存原始存储介质的照片，清晰反映封口或者张贴封条处的状况。封存手机等具有无线通信功能的存储介质，应当采取信号屏蔽、信号阻断或者切断电源等措施。"《电子数据取证规则》第十条至第十五条又对扣押、封存原始存储介质以及相应的封存要求、扣押清单、扣押笔录以及应同步收集的其他相关证据等问题做出了详细的规定。其中，需要重点关注以下内容：

第一，收集、提取电子数据应当以扣押、封存原始存储介质为原则，以直接提取电子数据等其他措施和方法为补充和例外。

第二，对原始存储介质的封存时，应保证在不解除封存状态的情况下，存储介质内的电子数据无法被增加、修改、删除，即电子数据的完整性未受到任何破坏。例如，对于硬盘、电脑主机等设备而言，应当封存其主要数据传输接口、电源及输入设备等；对于手机等带有无线通信功能的设备，还应当额外保证其无线信号处于屏蔽状态，以防止通过该信道的通信行为造成设备中存储的数据发生改变。

第三，在侦查过程中，应注意收集原始存储介质同相关人之间具有关联性的证据，例如相关的证人证言、犯罪嫌疑人口供、指认材料、辨认笔录、生物检材、痕迹物证等，这些证据可以证明原始存储介质为何人所有、管理和使用。

二、直接提取电子数据

直接提取电子数据，是指通过与计算机设备、存储介质、网络设备等之间建立数据通信并提取其中存储或传输的电子数据的取证方法。直接提取电子数据是扣押、封存原始存储介质的例外和补充，在电子数据的原始存储介质无法或者不便采取扣押、封存措施进行取证时，侦查人员可以采用直接提取电子数据的方法完成取证。《电子数据规定》第九条规定："具有下列情形之一，无法扣押原始存储介质的，可以提取电子数据，但应当在笔录中注明不能扣押原始存储介质的原因、原始存储介质的存放地点或者电子数据的来源等情况，并计算电子数据的完整性校验值：（一）原始存储介质不便封存的；（二）提取计算机内存数据、网络传输数据等不是存储在存储介质上的电子数据的；（三）原始存储介质位于境外的；（四）其他无法扣押原始存储介质的情形。对于原始存储介质位于境外或者远程计算机信息系统上的电子数据，可以通过网络在线提取……"

直接提取电子数据，又可以具体分为现场提取电子数据和网络在线提取电子数据两种情形，二者最主要的区别在于获取电子数据时，取证主体与数据源之间的连接和通信方式不同。

现场提取电子数据多指在搜查、现场勘查时，对现场可直接接触到的各类设备，通过有线或者无线的方式进行连接并建立通信，进而通过该连接信道将目标电子数据传输至取证存储介质上。例如，通过总线或蓝牙模块连接车载电脑并对其中的电子数据进行取证；通过 USB 接口连接正在运行中的电脑对其内存中存储的易失数据进行取证等。通常在实施现场提取电子数据时，取证主体和取证对象处在相同或相近的物理空间。《电子数据取证规则》第十六条规定："具有下列无法扣押原始存储介质情形之一的,可以现场提取电子数据:(一)原始存储介质不便封存的;(二)提取计算机内存数据、网络传输数据等不是存储在存储介质上的电子数据的;(三)案件情况紧急,不立即提取电子数据可能会造成电子数据灭失或者其他严重后果的;(四)关闭电子设备会导致重要信息系统停止服务的;(五)需通过现场提取电子数据排查可疑存储介质的;(六)正在运行的计算机信息系统功能或者应用程序关闭后,没有密码无法提取的;(七)其他无法扣押原始存储介质的情形。无法扣押原始存储介质的情形消失后,应当及时扣押、封存原始存储介质。"

网络在线提取电子数据,则是通过互联网通信,甚至借助一些特定的网络服务或网络应用,将目标电子数据下载至本地的取证存储介质中。例如,对存储在网盘中的电子数据进行取证、对云服务器上架设的网站后台访问记录进行取证、在网页上对散布谣言的微博进行取证等。通常情况下,需要用到网络在线提取电子数据的场景,多是取证者无法在近距离通过直接连接的方式与电子数据源设备建立数据通信,只能借助互联网才能实现对电子数据的远程取证;除此之外,对于已经在网络上公开发布的电子数据,通过在线下载的方式可以十分方便地进行取证,因此也可以通过网络在线提取的方式来完成。《电子数据取证规则》第二十三条规定:"对公开发布的电子数据、境内远程计算机信息系统上的电子数据,可以通过网络在线提取。"

需要注意的是,直接提取电子数据指的是一种取证方法,而非侦查措施。侦查措施需要运用到取证方法,并且在一项侦查措施的实施过程中,可以使用多种取证方法;取证方法并不是只能用在某种特定的侦查措施之中,而是可以在不同的侦查措施中使用。在侦查活动中,侦查措施分为强制性侦查措施和任意性侦查措施,其中前者因为对公民权利带有较强的危害性,需要有更严格的程序控制。而取证方法并没有这样的区分,取证方法是否需要受到更严格的程序规范约束,取决于采取该取证方法的侦查措施的性质。因此,与扣押、封存原始存储介质不同,无论是现场提取电子数据,还是网络在线提取电子数据,单纯探讨直接提取电子数据是否具有强制性是没有意义的,需要进一步考察直接提取电子数据的侦查措施。例如,在对嫌疑人随身物品进行搜查时,对其电子设备进行现场提取电子数据即属于搜查,理应遵循《刑事诉讼法》对搜查程序的规范要求。

在《电子数据规定》和《电子数据取证规则》中,还对网络在线提取在适用中的两类特殊情形进行了规定,即网络远程勘验和技术侦查。《电子数据规定》第九条规定:"……为进一步查明有关情况,必要时,可以对远程计算机信息系统进行网络远程勘验。进行网络远程勘验,需要采取技术侦查措施的,应当依法经过严格的批准手续。"

网络远程勘验,是指通过网络对目标系统实施勘验,以提取、固定远程目标系统的状态和存留的电子数据。虽然都是借助互联网实现对电子数据的远程取证,但是网络远程勘验和网络在线提取电子数据是有区别的。网络远程勘验并不是简单地通过网络下载电子数据即可,而是需要通过对数据源系统进行筛选、分析、检查等勘验活动之后,才能找到与犯罪事实相关的电子数据。因此,从性质上看,网络远程勘验属于现场勘验活动,只是其勘验的对象并非传统的物理现场,而是信息化的"虚拟现场";而网络在线提取电子数据则是在勘验过程中使用的取证方法,类似于在现场勘验过程中对痕迹物证的提取。2005 年《计算机犯罪现场勘验与电子证据检查规则》首次对远程勘验做出了规定;2016 年的《电子数据规定》中,又对其进行重申;2019 年的《电子数据取证规则》中,又专门对网络远程勘验的适用条件以及相关的程序规范做出了具体规定,其中第二十七条规定:"网络在线提取时需要进一步查明下列情形之一的,应当对远程计算机信息系统进行网络远程勘验:(一)需要分析、判断提取的电子数据范围的;(二)需要展示或者描述电子数据内容或者状态的;(三)需要在远程计算机信息系统中安装新的应用程序的;(四)需要通过勘验行为让远程计算机信息系统生成新的除正常运行数据外电子数据的;(五)需要收集远程计算机信息系统状态信息、系统架构、内部系统关系、文件目录结构、系统工作方式等电子数据相关信息的;(六)其他网络在线提取时需要进一步查明有关情况的情形。"

技术侦查,是指为了侦查某些特定犯罪,侦查机关秘密采取的特殊侦查措施或侦查手段,包括电子监听、电话监听、电子监控、密录密拍、秘密邮件检查等专门技术手段。其基本种类可以分为记录监控、行踪监控、通信监控和场所监控等。[1] 在进行网络远程勘验时,如果对特定电子数据的访问、提取以及对特定网络应用服务或网络空间的使用,已经符合了技术侦查措施的特征,那么该措施的实施就应当符合《刑事诉讼法》对技术侦查措施设定的严格的程序要求,包括适用条件要求和批准手续要求。需要注意的是,技术侦查是一种侦查措施,网

---

[1] 王传道主编:《刑事侦查学》,中国政法大学出版社 2017 年版,第 122 页。

络在线提取电子数据是实施该措施时可能用到的取证方法，这并不意味着所有的网络在线提取电子数据都属于技术侦查，也不意味着技术侦查就一定要通过网络来实施。《刑事诉讼法》第一百五十条规定："公安机关在立案后，对于危害国家安全犯罪、恐怖活动犯罪、黑社会性质的组织犯罪、重大毒品犯罪或者其他严重危害社会的犯罪案件，根据侦查犯罪的需要，经过严格的批准手续，可以采取技术侦查措施。人民检察院在立案后，对于利用职权实施的严重侵犯公民人身权利的重大犯罪案件，根据侦查犯罪的需要，经过严格的批准手续，可以采取技术侦查措施，按照规定交有关机关执行。追捕被通缉或者批准、决定逮捕的在逃的犯罪嫌疑人、被告人，经过批准，可以采取追捕所必需的技术侦查措施。"最高人民法院 2021 年发布的《刑事诉讼法解释》第一百一十六条规定："依法采取技术调查、侦查措施收集的材料在刑事诉讼中可以作为证据使用。采取技术调查、侦查措施收集的材料，作为证据使用的，应当随案移送。"《公安机关办理刑事案件电子数据取证规则》第三十三条第二款规定："采用技术侦查措施收集电子数据的，应当严格依照有关规定办理批准手续。收集的电子数据在诉讼中作为证据使用时，应当依照刑事诉讼法第一百五十四条规定执行。"

三、冻结电子数据

冻结电子数据是 2016 年《关于办理刑事案件收集提取和审查判断电子数据若干问题的规定》全新设立的侦查措施。《电子数据规定》第十一条规定："具有下列情形之一的，经县级以上公安机关负责人或者检察长批准，可以对电子数据进行冻结：（一）数据量大，无法或者不便提取的；（二）提取时间长，可能造成电子数据被篡改或者灭失的；（三）通过网络应用可以更为直观地展示电子数据的；（四）其他需要冻结的情形。"《电子数据取证规则》第三十六条又再次重申了上述适用情形。

关于冻结电子数据如何实施，《电子数据规定》第十二条和《公安机关办理刑事案件电子数据取证规则》第三十七条到第四十条均作出规定，具体包括以下几方面的要求：

第一，冻结电子数据，应当经县级以上公安机关负责人批准。

第二，冻结电子数据，应当制作《协助冻结电子数据通知书》，注明冻结电子数据的网络应用账号等信息，送交电子数据持有人、网络服务提供者或者有关部门协助办理。

第三，当不需要继续冻结电子数据时，应当经县级以上公安机关负责人批准，对已冻结的电子数据解除冻结。解除冻结的，在三日以内制作《解除冻结电子数据通知书》，通知电子数据持有人、网络服务提供者或者有关部门执行。

第四，冻结电子数据的期限为六个月。有特殊原因需要延长期限的，公安机关应当在冻结期限届满前办理继续冻结手续。每次续冻期限最长不得超过六个月。继续冻结的，应当按照首次冻结时的要求重新办理冻结手续。逾期不办理继续冻结手续的，视为自动解除。

第五，冻结电子数据，应当采取以下一种或者几种方法：①计算电子数据的完整性校验值；②锁定网络应用账号；③采取写保护措施；④其他防止增加、删除、修改电子数据的措施。

尽管同样使用了"冻结"的称谓，但是显然，冻结电子数据与之前已经存在的"查询、冻结"的侦查措施存在十分明显的差异，是一种新的侦查措施。查询、冻结是指侦查机关根据侦查犯罪的需要，依据有关规定，向银行或者其他金融机构、邮电部门查询犯罪嫌疑人的存款、汇款、债券、股票、基金份额等财产，以及通知上述机构、部门冻结犯罪嫌疑人的存款、汇款、债券、股票、基金份额等财产的侦查措施。冻结和扣押、查封以及冻结电子数据一样，都是针对物的强制性侦查措施。这些措施之间最大的区别是它们的对象不同，相应的具体实施方式也会随之不同。扣押、查封针对的多为实体、有形的物证，可以采取物理上的提取和保全方式。查询、冻结针对的是存款、汇款、债券、股票、基金份额等金融性的财产，只是提取、保全实务凭据无法达到保全相应财产的目的，需要通知银行等相应机构配合暂停嫌疑人对相应权益的行使，使这些财产丧失流通性。从侦查措施的对象角度来看，冻结电子数据的对象是不宜通过扣押、封存原始存储介质或者直接提取电子数据的方法进行获取的电子数据，与查询、冻结财产的对象类型完全不同，冻结电子数据实际上更类似于对电子数据采取的"查封"措施。而从侦查措施的实施方式来看，冻结电子数据和查询、冻结财产都需要网络服务提供者、银行等具有管理职责的单位予以协助方可完成，并且都有限制账号访问使用权限等具体措施，冻结电子数据的实施程序和冻结期限等规范也都是参照冻结财产的相关规定作出的，在这些方面二者具有一定的相似之处。

四、调取电子数据

调取，是指在侦查过程中，侦查机关在发现有关的单位和个人持有与案件事实有关的证据材料时，按照刑事诉讼法的相关程序，向持有证据材料的主体调取证据的侦查措施。在我国当前刑事诉讼法的框架下，侦查机关获取证据材料的方式主要有两类：一是侦查机关自行收集，二是向他人调取。《刑事诉讼法》第五十四条第一款规定："人民法院、人民检察院和公安机关有权向有关单位和个人收集、调取证据。有关单位和个人应当如实提供证据。"其中，侦查机关自行收集，通常会涉及侦查机关与侦查相对人的直接接触，而向其他人调取证据，则大多以证据材料由第三方占有或控制为前提，需要通过第三方的配合间接获取相关证据材料。相比之下，向第三人调取证据通常表现为与侦查相对人之间不存在直接冲突，因此，调取这种措施往往被视为任意性侦查措施，在正式立案之前的初查过程中，公安机关也可以对证据材料进行调取。

2016年《电子数据规定》第十三条和2019年《电子数据取证规则》第四十一条和第四十二条对调取电子数据均作出了专门性规定，具体包括以下几方面的要求：

第一，公安机关向有关单位和个人调取电子数据，应当经办案部门负责人批准。

第二，调取电子数据，应当制作《调取证据通知书》，注明需要调取电子数据的相关信息，通知电子数据持有人、网络服务提供者或者有关部门执行。

第三，被调取单位、个人应当在通知书回执上签名或者盖章，并附完整性校验值等保护电子数据完整性方法的说明，被调取单位、个人拒绝盖章、签名或者附说明的，公安机关应当注明。必要时，应当采用录音或者录像等方式固定证据内容及取证过程。公安机关应当协助因客观条件限制无法保护电子数据完整性的被调取单位、个人进行电子数据完整性的保护。

第四，公安机关跨地域调查取证的，可以将《办案协作函》和相关法律文书及凭证传真或者通过公安机关信息化系统传输至协作地公安机关。协作地办案部门经审查确认后，在传来的法律文书上加盖本地办案部门印章后，代为调查取证。

随着《电子数据规定》和《电子数据取证规则》相继颁布实施，调取电子数据有了较为完善和细化的程序规范，出于对取证便利等因素的考虑，向互联网公司等网络信息业者调取用户数据开始逐渐成为公安机关办理网络犯罪案件的常态化取证手段。"警企协作""警企联动"也成为预防和打击网络犯罪的重要模式。然而，随着我国个人信息保护制度的不断完善，学界和实务界都开始对调取电子数据措施的实施限度进行反思。公安机关向网络信息业者调取涉及个人信息的用户数据，势必会造成对公民个人权利的干预；对于协助侦查的网络信息业者而言，在履行其侦查协助义务的同时，也面临着因违反个人信息保护义务而承担法律责任的风险。显然，在个人信息充斥于网络空间的时代，调取电子数据已经不再是单纯的任意性侦查措施，需要确保该措施的适用处于刑事诉讼制度保障公民基本权利的底线之上。针对如何有效规制调取电子数据的措施，有学者提出了以下观点：其一，向网络信息业者调取用户信息的措施强度需要与信息所承载的权益；其二，在用户信息存在多个控制者的情况下，优先向信息主体调取涉案信息；其三，区分不同的侦查措施相对人，针对被指控人以外的诉讼参与人的信息调取，应当回归一般个人信息保护的框架之下；其四，用户个人信息的保障以知情为前提，为确保侦查的顺利进行，可以对知情权进行分级递减，但不应当在原则上一概免除；其五，针对用户信息的调取措施需要兼顾信息的特殊属性，在确保证据质量的前提下，明确调取路径，尽可能提高取证效率，并降低网络信息业者协助执法的成本。[1]

五、电子数据检查

电子数据的检查，是指对已扣押、封存、固定的电子数据进行检查，以发现和提取与案件相关的线索和证据。有关电子数据检查的规定，最早出现在2005年颁布实施的《计算机犯罪现场勘验与电子证据检查规则》，其中第二十七条规定："电子证据检查包括：（一）检查、分析电子证据中包含的电子数据，提取与案件相关的电子证据。（二）检查、分析电子证据中包含的电子数据，制作《电子证据检查笔录》描述检查结论。"

需要特别注意的是：虽然都叫"检查"，但是对电子数据的检查与《刑事诉讼法》"勘验、检查"中的"检查"是两个完全不同的概念。在《刑事诉讼法》关于侦查行为的术语体系中，勘验、检查是指侦查人员对犯罪有关的场所、物品、人身、尸体进行勘查、检验或检查，以发现和收集犯罪活动所遗留的各种痕迹和物品的一种侦查活动。其中，检查的对象是活人的身体，而勘验的对象是现场、物品和实体，二者性质一样但对象不同。[2] 对电子数据的"检查"，其对象并非活人的身体，而是电子数据，因此，这个所谓的"检查"实际上类似于对物证的检验行为，或者是对电子数据构成的虚拟现场的勘验行为。

---

〔1〕 参见裴炜：《论个人信息的刑事调取——以网络信息业者协助刑事侦查为视角》，载《法律科学（西北政法大学学报）》2021年第3期。

〔2〕 参见陈光中主编：《刑事诉讼法》，北京大学出版社、高等教育出版社2016年版。

2016 年《电子数据规定》第十六条和 2019 年《电子数据取证规则》第四十三条至第四十九条对电子数据检查作出了细致的规定，具体包括以下几方面内容：

第一，对扣押的原始存储介质或者提取的电子数据，需要通过数据恢复、破解、搜索、仿真、关联、统计、比对等方式，以进一步发现和提取与案件相关的线索和证据时，可以进行电子数据检查。

第二，电子数据检查，应当由两名以上具有专业技术的侦查人员进行。必要时，可以指派或者聘请有专门知识的人参加。

第三，电子数据检查应当符合相关技术标准。

第四，电子数据检查应当保护在公安机关内部移交过程中电子数据的完整性。移交时，应当办理移交手续，并按照以下方式核对电子数据：①核对其完整性校验值是否正确；②核对封存的照片与当前封存的状态是否一致。对于移交时电子数据完整性校验值不正确、原始存储介质封存状态不一致或者未封存可能影响证据真实性、完整性的，检查人员应当在有关笔录中注明。

第五，检查电子数据应当遵循以下原则：①通过写保护设备接入到检查设备进行检查，或者制作电子数据备份、对备份进行检查；②无法使用写保护设备且无法制作备份的，应当注明原因，并全程录像；③检查前解除封存、检查后重新封存前应当拍摄被封存原始存储介质的照片，清晰反映封口或者张贴封条处的状况；④检查具有无线通信功能的原始存储介质，应当采取信号屏蔽、信号阻断或者切断电源等措施保护电子数据的完整性。

第六，检查电子数据，应当制作《电子数据检查笔录》，记录以下内容：①基本情况。包括检查的起止时间，指挥人员、检查人员的姓名、职务，检查的对象，检查的目的等；②检查过程。包括检查过程使用的工具，检查的方法与步骤等；③检查结果。包括通过检查发现的案件线索、电子数据等相关信息。④其他需要记录的内容。

第七，电子数据检查时需要提取电子数据的，应当制作《电子数据提取固定清单》，记录该电子数据的来源、提取方法和完整性校验值。

六、电子数据侦查实验

侦查实验，是指侦查人员为查明案情，验证案件中的某些事实或现象在某种条件下是否存在或可能发生，而模拟案件发生当时的条件，将该事实或现象重新加以演示或者进行试验的一项侦查措施。《刑事诉讼法》第一百三十五条第一款规定："为了查明案情，在必要的时候，经公安机关负责人批准，可以进行侦查实验。"侦查实验是对案件某一情节客观可能性的一种验证，是侦查中的一项检查性措施，是实施其他侦查措施（如勘验、检查、询问证人、讯问犯罪嫌疑人等）的继续和发展。侦查实验的运用范围很广泛，既可以在现场勘查中进行，也可以用于案件侦查的其他阶段。在侦查过程中，侦查实验可以帮助审查案件发生的可能性；可以审查其他证据的可靠程度；可以验证侦查推断是否符合实际；可以发现新情况，推动侦查的进行。

侦查实验的主要任务包括：确定在一定条件下能否听到某种声音或看到某种现象；确定在一定时间内能否完成某一行为；确定在什么条件下能够发生某种现象；确定在某种条件下某种行为和某种痕迹是否吻合一致；确定在某种条件下使用某种工具能否留下某种痕迹；确定某种痕迹在什么条件下会发生变异；确定某种事实是怎样发生的。为了完成侦查实验的任务，保证侦查实验结果的科学性、可靠性、合法性，发挥其在侦查中的作用，实施侦查实验必须严格遵守相应的规则：侦查实验必须严格依照法定程序进行；侦查实验的条件力求与原始条件相同或接近；侦查实验所使用的工具、器材应尽量与案件所使用的工具、器材相一致；侦查实验应坚持对同一情况进行反复实验；侦查实验应当严格保守秘密；侦查实验禁止一切足以造成危险、侮辱人格或者有伤风化的行为。

电子数据侦查实验是以电子数据为实验对象和实验内容的侦查实验类型。2016年《电子数据规定》第十六条对电子数据侦查实验作出了规定："对扣押的原始存储介质或者提取的电子数据，可以通过恢复、破解、统计、关联、比对等方式进行检查。必要时，可以进行侦查实验……进行侦查实验的，应当制作侦查实验笔录，注明侦查实验的条件、经过和结果，由参加实验的人员签名或者盖章。"2019年《电子数据取证规则》第五十一条和第五十二条又对电子数据侦查实验的任务和要求作出了具体的规定。

电子数据侦查实验的任务包括：①验证一定条件下电子设备发生的某种异常或者电子数据发生的某种变化；②验证在一定时间内能否完成对电子数据的某种操作行为；③验证在某种条件下使用特定软件、硬件能否完成某种特定行为、造成特定后果；④确定一定条件下某种计算机信息系统应用或者网络行为能否修改、删除特定的电子数据；⑤其他需要验证的情况。

电子数据侦查实验应当符合以下要求：①应当采取技术措施保护原始存储介质数据的完整性；②有条件的，电子数据侦查实验应当进行二次以上；③侦查实验使用的电子设备、网络环境等应当与发案现场一致或者基本一致；必要时，可以采用相关技术方法对相关环境进行模拟或者进行对照实验；④禁止可能泄露公民信息或者影响非实验环境计算机信息系统正常运行的行为。

需要特别注意的是：与其他电子数据取证措施不同，电子数据侦查实验取得的数据是为了验证、试验等目的在实验条件下获得的，即这些数据并不是由案件事实发生而产生的。因此，这些数据与案件事实之间没有关联性，不能直接作为认定案件事实的证据。诚然，侦查实验笔录是可以作为证据的，但是其证明的事项是发生某种变化、在某种条件下完成某种操作或形成某种数据的可能性和关联性，而并非犯罪事实本身。

七、电子数据鉴定

司法鉴定是指在诉讼活动中鉴定人运用科学技术或者专门知识对诉讼涉及的专门性问题进行鉴别和判断并提供鉴定意见的活动。电子数据鉴定是一种相对比较新型的司法鉴定，其鉴定的对象是以数字化形式存储、处理和传输的数据。2016年《电子数据规定》第十七条规定："对电子数据涉及的专门性问题难以确定的，由司法鉴定机构出具鉴定意见，或者由公安部指定的机构出具报告。对于人民检察院直接受理的案件，也可以由最高人民检察院指定的机构出具报告。"2019年《电子数据取证规则》第五十五条第一款则规定："为了查明案情，解决案件中某些专门性问题，应当指派、聘请有专门知识的人进行鉴定，或者委托公安部指定的机构出具报告。"

值得注意的是：在我国目前刑事诉讼法律框架下，由有资质的司法鉴定机构出具鉴定意见，这并非对电子数据所涉专门性问题的唯一解决途径，由公安部或者最高人民检察院指定的机构出具的检验报告，同样也具有和鉴定意见相同的证明作用。不仅如此，2021年最高人民法院颁布实施的《刑事诉讼法解释》第一百条还规定了"因无鉴定机构，或者根据法律、司法解释的规定，指派、聘请有专门知识的人就案件的专门性问题出具的报告，可以作为证据使用"，即所谓的"专家报告"制度。因此，本书所称的电子数据鉴定，实际上是囊括了上述几种形式的、针对涉电子数据专门性问题的证明方式和证据形式。

关于电子数据鉴定的委托检验与鉴定，2019年《电子数据取证规则》第五十五条至第六十条提出了具体的要求：

第一，需要聘请有专门知识的人进行鉴定，或者委托公安部指定的机构出具报告的，应当经县级以上公安机关负责人批准。

第二，侦查人员送检时，应当封存原始存储介质、采取相应措施保护电子数据完整性，并提供必要的案件相关信息。

第三，公安部指定的机构及其承担检验工作的人员应当独立开展业务并承担相应责任，不受其他机构和个人影响。

第四，公安部指定的机构应当按照法律规定和司法审判机关要求承担回避、保密、出庭作证等义务，并对报告的真实性、合法性负责。公安部指定的机构应当运用科学方法进行检验、检测，并出具报告。

第五，公安部指定的机构应当具备必需的仪器、设备并且依法通过资质认定或者实验室认可。

第六，委托公安部指定的机构出具报告的其他事宜，参照《公安机关鉴定规则》等有关规定执行。

第四节　网络犯罪案件侦查中电子数据取证的要领

在网络犯罪侦查中，电子数据取证对象主要有单机、服务器、网络数据等，所在的环境有单机和网络之分，因此不同场景下，电子数据取证的要领也有所不同。

一、现场勘验取证的要领

1. 做好勘验准备

取证人员应当提前与侦查人员沟通，了解案（事）件类型和基本情况、设备所有人及使用人情况、网络环境（物理服务器或云服务器）、取证的目标数据等。

在此基础上，制定勘验策略，确定取证人员，选择并配备相应的取证设备。收集、提取电子数据，应当由两名以上侦查人员进行，取证方法应当符合相关技术标准。

2. 保护现场，确保现场数据的完整性

（1）通过对知情人的询问、讯问、走访和调查，确定网络犯罪的现场。犯罪现场的确定对于确定电子数据勘验的范围有着非常重要的作用，直接决定了电子数据获取的完整性和有效性。网络犯罪具有其特殊性，犯罪现场一般是由其犯罪结果显现的计算机或者被侵害的对象所决定的，不仅存在于物理空间内，还存在于网络虚拟空间。

（2）确定现场后，取证人员应当迅速进入现场，并对现场进行保护，防止犯罪嫌疑人、不具备专门知识的侦查人员、与勘验目标有利害关系的人员故意或者无意破坏现场的证据，划定保护区域，封锁整个计算机区域，包括通信线路和供电区域，迅速确定现场网络环境（路由器、服务器的位置、是否有无线网络），除因侦查需要保持网络通讯进一步获取线索外，应当迅速切断现场设备的网络，禁止犯罪嫌疑人与外界联系，防止远程破坏证据。保护电源，防止人为断电，笔记本、手机等在低电量时须连接外接电源维持其正常运行。

（3）如果电子设备（包括计算机、手机、打印机、传真设备等）已经关闭，不要打开该电子设备；如果电子设备已经打开，不要关闭该电子设备。

（4）如果操作系统正在实施整理硬盘、格式化硬盘、批量复制信息、批量下载信息、杀毒等可能大量访问存储介质的操作，数码摄像机正在摄像，数码录音设备正在录音，要立即终止这些操作，防止破坏存储介质中的数据；如果打印机正在执行打印任务，不要停止该打印任务，让打印机将打印任务执行完毕；

（5）如果计算机上应用程序正在运行，一般情况下暂时不要关闭，但禁止重新运行计算机上原有的任何应用程序；如果计算机正在编辑电子文档，不要直接保存该电子文档，应将该电子文档另存到取证人员自带的取证备用存储介质；

（6）如果发现非接触式智能卡，要避免将智能卡放置在智能卡读写器附近；

（7）如果发现无法识别的设备，要与相关的专家联系取得技术支持，不得尝试对未知设备进行任何操作；如果嫌疑人可能在系统上安装专门的自动清除相关证据的程序，要立即切断计算机电源。

3. 划定勘验重点

遵循现场勘验由远及近、由外而内的顺序，先对整个犯罪现场全貌进行拍照和录像，然后是现场局部和细部的记录，局部和细部记录需要注意计算机的开关机状态、屏幕显示的重要内容、外接设备情况、设备与网络连接情况、一些特殊性序列号和标志。在拍摄过程中应该保持系统各种电缆的连接，在某些情况下可以断开电源再进行拍摄，并记录下当时设备的状态（开关状态、屏幕状态等）。绘制犯罪现场图、网络拓扑图，为后期检验鉴定工作中模拟、还原犯罪现场提供依据。勘验中要注意通过网线、电缆、无线信号等确定是否还有尚不掌握的计算机及其相关电子设备。

4. 尽量全面地搜集证物

（1）发现所有可能与案（事）件相关的设备。除电子设备，例如计算机外，还包括各种存储设备、日记、访问记录、监控录像、书证（包括证人证言）；

（2）在搜查证物时要向系统管理人员询问各个存储介质是否有相应的备份系统，案发前后是否更新过系统中的硬件（比如更换硬盘）。

（3）搜查电子数据存储设备，一般包括（不限于）计算机，移动存储介质（包括 U 盘、移动硬盘、ZIP 盘、软盘、光盘、存储卡，如 SD 卡、CF 卡、记忆棒等）、手机、备份磁带、数码相机、数码摄像机、数码录音笔、GPS、智能卡、磁卡等，并留意笔记本计算机、手机等自带电源设备电池的电量，如果电量过低，应当及时充电或更换电池；搜查连接线、适配器以及外置光驱、PCMCIA 卡等外接设备等附属设备，例如发现特殊的存储介质（如特殊的存储卡），要注意搜查该存储介质的读写设备。反之，如果发现存储介质的读写设备（比如存储卡或智能卡读写器等），要注意搜查与该读写设备相关的存储设备；搜查输出设备耗材，例如针式打印机使用过色带可能存留有最近打印的信息；

（4）现场存在无法识别的设备，要搜查与该设备相关的说明书、软件、配套硬件（如电源等）和配套光盘；如果发现计算机上运行专用软件，要搜查与该软件相关的说明书、软件狗、配套光盘、配套硬件等外部设备。除上述电子设备及其相关物品外，还要注意搜查嫌疑人使用的纸质笔记本、纸张等上面记录的信息。

5. 提取和固定数据的要领

电子设备可能被用作犯罪工具、作为犯罪目标或是赃物，或者是电子设备内含有大量与案件相关的信息，就需要提取数据作为检材。如果在案件中电子数据可能是用于证明犯罪的证据，或者电子数据是非法占有或使用的，提取的焦点将是电子设备内的电子数据，而不是硬件本身。连接网络的计算机中存储的电子数据可以快速传递、分布存储和远程操作删改。在网络违法犯罪中，电子数据通常分布在多个网络节点中，应当尽可能提取所有硬件或网络中的电子数据。提取网络计算机内的电子数据需要更多的电子数据取证技术和案件调查经验，不适当的提取操作很可能造成电子数据丢失或提取不完整的严重后果。根据案（事）件情况和侦查需要，提取电子数据一般有两种方法：一种是复制全盘，另一种是仅仅复制需要的电子数据。

现场勘验时可以提取的电子数据分为动态数据和静态数据两种，动态数据又称为易失性数据，是指当前计算机系统中正在运行的或者驻留在内存中，一旦关闭电源就会丢失的数据，易失性数据包含了大量对案件侦破有帮助的信息，应当在保证不破坏硬盘原有数据完整性的前提下提取，易失性数据往往包括计算机系统运行期间，与系统运行及登录用户相关的当前系统状态信息，常见的易失性数据包括：系统时间、当前登录用户、网络连接状态、系统运行进程、系统服务及驱动信息和共享信息等。静态数据是指在电源关闭时保存在存储介质上的数据，通常这类数据包含有各种信息，通常采取位对位复制的方式来镜像保存，以防止数据被修改。如果计算机处于开机状态，计算机开机时的屏幕显示的内容、正在运行的程序、正在编辑的文档、内存中的数据（包括进程、已加载的服务和驱动等）、缓存中的数据、登录信息、网络信息（包括网络连接状态、正在浏览的网页、网络共享、即时聊天等社交软件的内容和状态）、系统时间、日期和时区信息等这些都是非常有价值的数据，其中包含大量易失性数据，应当先提取易失性数据，可见数据一般采用拍照或者录像方式提取，不可见数据使用在线提取工具提取，易失性数据的提取将在对单机进行电子数据取证的部分进行阐述。

目前，无线网络普及应用，现场勘验时除了提取、固定计算机设备的电子数据，还应当及时获取无线网络设备数据，包括无线路由器运行日志、流量统计、当前连接设备状态等数据。

6. 固定证物的要领

在现场勘验过程中获取的可能作为证据的计算机、电子设备、易失性数据、电子数据都应进行固定。如何保存犯罪证据直接关系到证据的法律效力，只有证据保存符合法律规定，其真实性和可靠性才有保证，如果不符合法定的手续和要求，则可能存在伪造、变造、调换或由于自然因素发生变化的可能性。在实际操作中，一般固定电子数据的方式有三种：

（1）固定设备。对于现场的台式计算机系统、笔记本计算机、手机、路由器、交换机等，以及其他完整的电子设备，可以整机封存固定，台式计算机中，主板 BIOS 内存储有系统时间信息，硬盘内留存有系统及用户的软件、数据等信息，在现场勘验时来不及进行全面分析，可以整机固定提取，待后续通过检查或鉴定和检验进行深入分析。

（2）固定存储介质。对于现场发现的台式计算机，发现计算机数量较多，整机提取有困难，或有其他不便于提取整机设备的情况，可以封存固定计算机内的硬盘等存储介质，包括封存源盘和制作镜像盘，现场勘验发现的可以作为证据的移动硬盘、U 盘、光盘、SD 卡、TF 卡等存储介质，可以单独提取或封存。

（3）固定电子数据。现场发现的设备和存储介质中部分电子数据可以作为证据材料提取，设备或介质不需要提取，或不便于提取的情况下，可以提取和固定相应的电子数据。如提取的易失性数据和在线分析发现的相关数据。

固定证物时注意以下事项：

第一，在提取易失性数据或在线分析结束之后，必须立即关闭电子设备的电源，对于桌面操作系统，一般情况下采取断电方式关机，如台式机直接拔除电源插头，笔记本计算机持续按下电源开关 10 秒左右或拔除电源插头、拆除电池；对于服务器操作系统，须与相关的专家和系统管理人员咨询后确定关机方法。

第二，详细记录现场设备连接状态。首先记录设备的基本类型、型号、序列号、操作系统，对设备、电缆、网线等设备的连接处进行编号，拍照并绘制连接拓扑图，获得的照片和拓扑图必须能够保证重新完整地复原设备的连接状态，并且能够反映该设备在现场所处的位置。在封存前，记录下该计算机信息系统和相关设备的连接状态，拆卸设备时，每一对连接点分别编号并粘上相应的标签，确保根据标签和编号可以还原现场设备的连接状态。为每个设备编号，记录设备型号等参数。用一次性封条将机箱和各接口封起来，注明提取时间、地点、设备编号等信息。

第三，镜像存储介质。现场勘验中，一般情况下需要提取嫌疑人使用的设备或者存储介质，如果由于特定的原因无法带走用户的存储设备，必须采用逐比特复制的软件或者专用的复制设备对存储介质进行逐比特复制（镜像），使用哈希算法计算所镜像的存储介质的哈希值，记录镜像的时间、存储介质的型号和哈希值，并由见证人、嫌疑人、存储介质所有人或使用人签字确认。

第四，证物封存。作为证据材料使用的电子数据存储介质保存应符合相关法律法规的规定。固定和封存电子数据的目的是保护电子数据的完整性、真实性和原始性。作为证据使用的存储媒介、电子设备和电子数据应该在现场固定或封存。封存电子设备和存储介质的注意事项：

一是采用的封存方法应该保证在不解除封存状态的情况下，无法使用被封存的存储媒体和启动被封存的电子设备。

二是封存前后应该拍摄被封存电子设备和存储介质的照片并制作相应清单，照片应从各个角度反映设备封存前后的状况，清晰反映封口或张贴封条处的状况。

7. 笔录材料制作要领

收集、提取电子数据，应当制作笔录，记录案由、对象、内容、收集、提取电子数据的时间、地点、方法、过程，并附电子数据清单，注明类别、文件格式、完整性校验值等，由侦查人员、电子数据持有人（提供人）签名或者盖章；电子数据持有人（提供人）无法签名或者拒绝签名的，应当在笔录中注明，由见证人签名或者盖章。有条件的，应当对相关活动进行录像。

收集、提取电子数据，应当根据刑事诉讼法的规定，由符合条件的人员担任见证人。由于客观原因无法由符合条件的人员担任见证人的，应当在笔录中注明情况，并对相关活动进行录像。

8. 证据的传递和移交

对于存储介质，应当在存储介质温度降低到室温后，使用防静电、防水的包装介质封装，并贴上封条或者胶带进行密封，贴上标签并注明获取的时间、取证人员姓名以及设备的型号。

存储介质应存储在正常室温的环境下，避免遭受磁、水、电、油的影响，对于软盘、磁带、光盘等存储介质必须封装在坚固的存储箱中，避免这些存储介质弯曲折断；手机等具有通讯功能的设备应该放置在屏蔽箱内，避免接收新的数据而覆盖之前的数据。

在传递证物过程中必须防止对电子设备造成撞击或因过度振荡而损坏，对于电量不足的证物，应该准备好持续供电设备，或者更换电池。

提取的证物，移交时双方应检查电子证据封存情况，履行必要的移交手续。手续不全或者封存不符合规定，可能会导致证据灭失。

二、单机电子数据取证

单机主要是指能够独立运行或独立存在的单独的计算机设备或电子数据存储介质，主要指计算机（如个人计算机、笔记本计算机等）、移动智能终端（如手机、平板电脑、可穿戴智能设备等）、移动存储介质（如移动硬盘、U盘、存储卡等）等，单机是传统刑事犯罪和网络犯罪案件中遇到最多的电子设备和存储介质，往往保存有与案件和持有者、使用者密切相关的电子数据。可分类分析其取证要领。

（一）正在运行的计算机的取证要领

勘验正在运行的计算机的核心工作就是提取、固定易失性数据，总体取证思路：判断可能影响勘验正在运行的计算机内数据安全的因素，采取技术保护措施，最大限度地提取、固定正在运行的计算机中易失性数据，保护、固定、获取硬盘内的完整数据。提取、固定易失性数据要求快速准确，防止操作时间过长造成数据发生改变，并应注意避免误操作导致证据损坏，应当提前准备好工具，确定提取顺序。应该注意：

（1）确定计算机状态，防止误操作。计算机在长期不使用的情况下，显示器可能处在节电模式（黑屏状态），或者用户可能临时关闭显示器，而计算机却正在运行之中，在现场勘验时，需要确认计算机是否正处于运行状态。首先观察显示器电源是否打开，如果没有打开，打开显示器电源；如果屏幕处在黑屏状态，移动鼠标或者点击"Ctrl"键以激活计算机显示器；如果还没有响应，要确认机箱中风扇是否转动、是否还有其他的按钮等。

（2）注意提取时间信息。时间是取证的基准。在任何情况下，对于任何有内置时钟的设备，都必须记录该设备当前时间、时区设置以及系统时间与北京时间的误差，在进入现场和退出现场时两次提取时间信息，以防止整个勘验过程影响时间信息。提取时间信息的方法有：

第一，查看系统 BIOS 时间。进入 BIOS 的方法根据不同的 BIOS 类型而不同，一般根据开机时按提示操作即可。

第二，查看 Windows 系统运行状态下的时间。屏幕右下角双击"时间"。其中"时间和日期"就是当前的时间，"时区"就是系统设置的所在国家地区，"internet 时间"就是网络时间，可以与网络时间同步。

第三，通过命令行下查看时间。在 Windows 和 Linux 系统中，可以利用"DATE [/T | date]"和"TIME [/T | time]"命令行查看时间。

（3）及时提取屏幕信息。为防止破坏原有信息，原则上不允许使用截图工具和屏幕录像工具对屏幕信息进行获取，应当使用数码或光学照相机逐项拍摄屏幕上显示的内容，拍摄的照片必须能够清晰显示重要的证据信息，比如用户正在使用的聊天软件上显示的账号和聊天窗口、用户正在浏览的页面以及该页面上显示的账号信息等。如果应用程序的当前配置信息在关闭计算机后丢失，则应当打开相应的配置页面，拍摄显示的配置信息。

（4）注重重要信息的提取。系统或者应用程序在当前内存中可能保留有重要的证据，比如 IE 使用的内存中可能保存有用户刚访问过的页面、账号和口令，即时通信软件占用的内存中可能保存有用户使用的账号、刚刚聊天的内容，打印程序中可能包含有用户刚打印的信息等，而在关闭计算机后，这些信息将会丢失。因此，在不影响数据完整性的前提下，应当提取此类易失性数据。易失性数据一般通过命令行方式提取，减小对其他易失性数据的破坏，常用易失性数据提取命令如表 4.1 和表 4.2 所示。

表 4.1 Windows 操作系统常用的易失性信息提取命令

提取信息	命令	工具来源
系统日期	date	系统内置
系统时间	time	
用户账户	net user	
系统共享	net share	
当前会话网络连接	net use	
网络配置信息	ipconfig /all	
当前网络连接状态及端口	netstat -na	
本地 NetBIOS 名称表	nbtstat -n	
本地 NetBIOS 名称缓存内容	nbtstat -c	
系统信息	PsInfo	sysinternals
用户登录信息	PsLoggedOn	
系统进程列表	PsList	
系统服务信息	PsService	
进程句柄	handle	
被网络用户打开的会话或文件	PsFile	
最后登录信息	ntlast	McAfee foundstone
进程开放端口	fport	

表 4.2 Unix/Linux 操作系统常用的易失性信息提取命令

提取信息	命令
用户注册和注销系统的基本信息	last

续表

提取信息	命令
系统中活动用户的基本信息	w
系统中正登录的用户基本信息	who
系统中最近执行的 shell 命令	lastcomm 或 history
系统的文件、目录信息	ls
最近被系统打开的文件	lsof
系统中当前运行的进程	ps

（5）网络数据提取。设备一般通过基于 GPRS、3G、4G 等的无线上网卡、基于 Wi-Fi 的无线网卡、基于蓝牙的短距离通信设备进行无线数据传输，勘验正在运行的计算机时，应当注意以下几方面：

第一，确定计算机是否通过无线方式连接互联网络，如果通过无线方式连接互联网络，则需确定接入方式。

第二，获取无线网络客户端数据。如果通过无线上网卡连接无线网络，则应提取当前正在运行的无线上网卡应用程序中存储的手机号码、连接时长、短信息等数据；如果通过无线网卡连接无线网络，则应提取无线网卡类型、型号、配置、接入网络用户名、密钥等数据，比如在 Windows XP 中，通过注册表 HKEY_LOCAL_MACHINE \ SOFTWARE \ Microsoft \ WZCSVC \ Parameters \ Interfaces \{GUID\} 获取无线网卡信息，如图 4.1 和图 4.2 所示，接入无线网络名称为 jdzd。

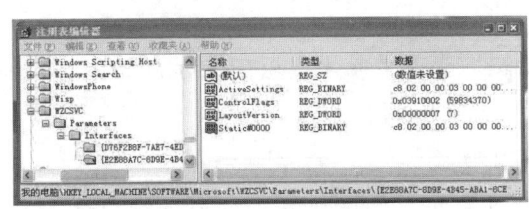

图 4.1　注册表数据

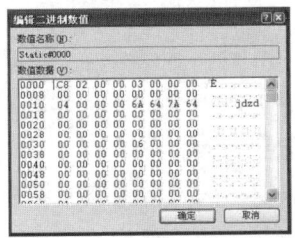

图 4.2　注册表键值数据

同时，还可以通过 WirelessKeyView 等软件工具提取计算机无线网卡曾经连接过的 Wi-Fi 无线网络的网络名称、加密类型、十六进制密钥值等信息，如图 4.3 所示。

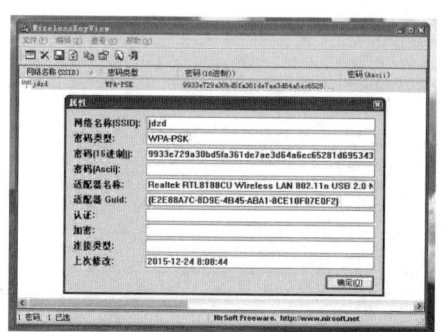

图 4.3　WirelessKeyView 查看无线网络信息

在计算机通过无线设备接入互联网络时，有些网络，如车站、机场的公共免费 Wi-Fi 等，接入认证是通过浏览器以表单形式提交的，因此可以通过提取浏览器的表单数据获取计算机接入无线网络的网络名称、认证地址、账号、口令等信息，一般是通过 SpotAudito、Internet Explorer Password、Protected Storage PassView 等浏览器表单信息提取工具获取。

对于网络犯罪案件，例如计算机系统入侵或破坏案的攻击方来说，一般需要提取的系统状态信息包括（不限于）：①当前运行的进程；②每个进程当前打开的文件；③每个进程内存中的内容；④每个进程提供的网络服务端口；⑤每个进程所依赖的模块列表；⑥当前网络连接状态和网卡当前运行模式（是否存在侦听）；⑦当前网络共享列表；⑧MAC 地址；⑨ARP 缓存表；⑩当前登录用户以及登录的时间。

对于 Unix/Linux 系统，还需要提取当前登录用户正在执行的命令、以前执行的命令列表等。

提取易失性数据应当注意以下事项：

第一，搜查证物时应密切注意计算机系统的状态，如果计算机处于开机状态，很有可能在搜查证物时屏幕锁定，一旦屏幕锁定，就无法提取易失性数据。

第二，不得使用目标系统上程序实施提取：在勘验系统入侵案件时，取证人员必须意识到目标系统上的程序有可能被攻击者替换（比如安装 Rootkit），因此并不能准确提取所需信息，因此取证人员必须使用自带的软件实施提取。

第三，不得使用消耗大量资源的软件实施提取：一般情况下，在提取系统状态信息时，不得使用需要消耗大量资源（内存、硬盘空间）的软件实施提取，防止这些软件对系统上的证据造成破坏。

第四，不得将提取的信息存储在目标系统原有的存储介质中，提取得到的数据必须存储在取证人员自带的存储介质中，以避免对原有的存储介质造成破坏。

第五，记录操作过程，保证易失性数据的完整性和真实性。在提取易失性数据的过程中，必须详细记录提取过程（照相或录像），必须使用哈希算法（MD5、SHA128、SHA256 等）计算提取到的文件或数据的哈希值，打印哈希值并由见证人、嫌疑人、计算机所有人，或使用人签名。

在电子数据现场勘验中，有时候因情况紧急，在现场不实施在线分析可能会造成严重后果（比如需要立即从计算机中获取重要的案件线索），或者因情况特殊，不允许关闭电子设备或扣押电子设备（比如关闭系统将可能造成重大损失），此时就需要通过在线分析进行取证。在线分析是指在现场不关闭电子设备的情况下直接分析和提取电子系统中的数据。在线分析必须遵循以下原则：

第一，制定分析策略，缩短在线分析的时间，将影响范围控制在最低限度。

第二，使用照相或者摄像设备记录在线分析的过程，在法律文书或者操作日志上全程记录在线分析的过程，完整记录操作人员执行的操作，并由见证人对操作记录签字确认。

第三，不得使用对存储介质上的数据造成严重破坏的软件实施勘验分析，不得在目标系统上安装任何新的软件，如果需要运行取证人员自带的软件，必须从光盘或者软盘直接启动软件。

第四，在现场在线分析过程中，提取的重要数据或文件可以保存到取证人员自带的存储介质上，使用哈希算法（MD5、SHA128、SHA256 等）计算这些数据或文件的哈希值，打印哈希值并由见证人、嫌疑人、计算机所有人或使用人签名，并在法律文书或者操作日志上注明保存操作。

（二）移动智能终端

移动智能终端指内嵌操作系统，具备运算、通讯、存储等功能的体积小巧、可以便携的数字智能化设备。移动智能终端主要包括智能手机、功能手机、平板电脑、GPS、可穿戴设备、智能家居设备等。移动智能终端的生产厂商众多，产品纷繁复杂，无法简单以厂商或者产品加以区分，除功能手机使用各厂商专门开发的嵌入式系统之外，智能手机、平板电脑等都内置有完整功能的操作系统，但是移动智能终端的运行机制不同于传统计算机设备。

1. 移动智能终端具有如下三个特点

（1）数据的动态性。移动智能终端的存储是动态的（哈希校验值实时改变），而且各厂商产品的存储方式也不尽相同，相对于计算机设备而言，移动智能终端及其存储的电子数据，更容易被污染和篡改，导致证据丢失、线索中断。例如在手机取证的过程中，呼入电话可能会导致之前的通话记录被自动覆盖。目前尚无可靠的写保护设备来保证获取移动智能终端存储芯片时数据不会被修改。

（2）系统的封闭性。移动智能终端的存储芯片一般固化在主板上，集成度要高于计算机的存储介质，而且除了 Android、Ubuntu 等少数移动智能终端操作系统是开源的之外，其他的操作系统都是厂商私有系统，其系统运行方式和数据存储方式不公开。

（3）存储方式的不统一。一方面移动智能终端的更新换代速度快，新旧设备并存于市场之中，这些设备的存储方式都不尽相同，数据通讯方式也各有规则，即使同一厂商的不同产品，甚至同型号的产品，存储方式可能也有所不同；另一方面不同智能终端系统版本的软件在数据存储上也可能会有较大的变化。此外，模仿品牌手机的山寨机在外形、重量、操作界面等方面与真机差别甚微，但是内部主板、操作系统却截然不同。

2. 移动智能终端的关键数据

移动智能终端内的电子数据能够反映出使用者的人际关系以及所做的各种历史行为，其中包含了电话簿、通话记录、短信记录、第三方应用程序用户数据以及被删除的各种数据。

3. 移动智能终端取证要点

目前没有一种取证设备能够完美地支持所有的移动智能终端的取证，移动智能终端取证时需要了解设备的类型、型号、数据存储的物理方式（存储介质）、逻辑方式（文件系统）以及文件结构，并且能够将非结构化数据解码为可视化数据。由于没有移动智能终端取证写保护设备，无法对动态存储进行镜像并校验，因此目前在能够保证证据链真实性的前提下，允许对移动智能终端系统功能进行必要的修改，接受不污染关键证据数据、不影响证据效力的有限修改，或者排除受到修改的数据，并将取证过程记录在案。

在勘验阶段，应当注意：

第一，确认获取的目标设备是否会危及取证人员及现场的安全，比如某些案件中，手机是炸弹的引爆器。

第二，待检移动智能终端在进行取证之前应放置在电磁信号屏蔽箱中或者关机，取证过程中应当将移动智能终端的通讯媒介（如 SIM 卡等）移除或开启飞行模式，最大限度地保持移动智能终端的初始状态不发生改变和原始数据不被污染、删除，比如 iOS 系统智能终端具有远程清除数据的功能。

第三，通过物证、书证形式来证明移动智能终端使用者与移动智能终端之间的关联关系，防止移动智能终端中提取的虚拟身份信息与使用者的现实身份缺乏有效的关联依据，影响移动智能终端内数据的采信。

第四，在对移动智能终端进行电子数据取证之前，应当先提取指纹、DNA 等传统物证。

第五，向移动智能终端使用者询问解锁口令、PIN 码、PUK 码、应用程序的功能等相关信息，取消移动智能终端的"自动锁定"和"密码"（或"图形锁"）等安全防护措施，打开"调试模式"，操作中要记录每步的操作步骤，包括设备的状态描述、操作的目的和结果等。

第六，在提取移动智能终端时，要同时提取与其配套的适配器、充电器、与计算机的连接设备、配套的光盘等，并注意搜寻与之相关的 SIM 卡、存储卡等存储介质，以及与移动智能终端电子数据相关的传统物证，例如写在纸片上的密码等。

第七，确保移动智能终端的持续电力供应，防止因断电而造成时间、通话记录等信息的丢失。

第八，提取与移动智能终端同步数据的计算机设备，通过计算机中的同步数据，获取通讯录、短信等重要信息。

第九，封存和运输时应注意防震、防水、防静电、信号屏蔽和持续供电。

检验鉴定阶段，应当注意：

第一，确认设备是否关机，是否处于待机状态或恢复模式，防止处理不当导致数据丢失。

第二，保证设备电量能够满足取证需要，最好为设备持续充电。

第三，取证移动智能终端的全部过程，除特殊情况，都应该采取技术措施屏蔽隔离移动智能终端的通讯信号，例如使用信号屏蔽盒、开启主动屏蔽设备或将移动智能终端设置为"飞行模式"，防止数据被覆盖或被删除。

第四，解除移动智能终端的安全机制，比如开机密码、图形锁。

第五，全面获取移动终端的数据并进行分析，如系统信息、使用记录、通讯信息（通话记录和短信）、社交信息（QQ、微信等）、交通地理信息（GPS、基站）等，排除被人为修改的数据，比如即时通信软件记录的时间信息可能会以智能终端设备时间作为时间戳。

三、服务器电子数据取证

在网络犯罪中，服务器既会被用作作案工具，又会成为遭受攻击入侵的"受害者"。服务器英文名称为"Server"，指的是在网络环境中为客户机（Client）提供各种服务的、特殊的专用计算机。服务器取证中在现场服务器处理、磁盘数据获取、分析方面的要点会不同于个人计算机取证。

1. 勘验阶段要点

（1）了解并记录案情、嫌疑人和使用人相关情况、服务器所处的网络环境、网络拓扑、服务器对外提供的服务类型、服务器操作系统类型、服务器系统权限分配等信息，根据取证目的制定勘验方案，确定勘验方式（远程勘验或现场勘验）、勘验人员和设备。

（2）制作内存镜像，提取、固定现场服务器中正在运行的应用程序、进程、打开或编辑中的文档，连接服务器或登录服务器的用户信息、网络信息、共享信息等易失性数据，记录下服务器磁盘的 RAID 设置信息，运行有数据库的服务器还应确定数据库的状态、数据库账户状态、关键数据库和表的状态，获取数据库版本、存储位置等信息。由于有的服务器所使用的操作系统比较特殊，取证人员不熟悉服务器的操作，可以邀请相关专家或者服务器的运维管理人员协助提取、固定易失性数据，并进行全程录像，在勘验笔录中详细记录操作过程。

（3）根据服务器情况确定是否关闭服务器或者切断服务器的网络连接，以及服务器关机方式（断电关机或正常关机）。有些服务器是个人或某个单位所使用的，允许断网或关机，由于当前大部分服务器磁盘都会使用 RAID（Redundant Arrays of Independent Disks，磁盘阵列）技术，如果盲目拆除磁盘，会使后期分析、检验/鉴定中增加 RAID 重组的工作量和工作难度，因此一般会采取不拆机复制的取证方式，使用特殊的取证光盘引导服务器，使用取证工具制作 RAID 逻辑磁盘的磁盘镜像，然后再关闭服务器，将服务器下架，记录好硬盘顺序和位置后拆除硬盘并封存。而网络犯罪中大部分服务器是对外提供各种网络服务的，服务器断网或关机将会造成重大社会影响，此类服务器不能断网或关机，只能通过取证工具，制作某个磁盘区域或文件的逻辑镜像、复制相关文件或导出数据库备份文件，并记录与取证目标相关的应用或服务的配置信息，为在实验室分析、检验/鉴定中重构服务器或网络服务提供必要的参考。

（4）有些服务器，特别是服务器集群对外提供服务时，服务的应用程序存储在服务器本地磁盘，而数据库、实体文件等数据存储在外接独立的磁盘阵列柜内，有的甚至是使用其他服务器的磁盘，勘验中要弄清需要从哪些服务器或磁盘阵列柜中提取、固定哪些数据，防止出现遗漏。

（5）计算提取、固定、封存的电子数据或存储介质的哈希校验值，将勘验过程、提取、封存的电子数据或存储介质等记录到相应笔录中，制作勘验笔录，并由见证人、嫌疑人、所有者或使用人签字。

2. 分析、检验/鉴定阶段

与单机取证中已扣押的计算机的取证相似，利用专业工具，通过标准化方法，根据取证目标进行分析、检验/鉴定，这里就不再重复。但是在对服务器的分析、检验/鉴定中，还进行一些与个人计算机取证不同的工作，主要有：

（1）RAID 恢复。如果服务器磁盘阵列的 RAID 信息丢失或没有制作 RAID 逻辑磁盘镜像，为了有效分析磁盘内的数据，需要进行 RAID 恢复。首先在采取写保护技术措施下，逐盘制作磁盘的镜像文件，然后使用 RAID 恢复软件或者根据起始扇区、条带大小、盘序、校验方向、同步异步等信息进行 RAID 重组。

（2）日志分析。在网络犯罪案件中，服务器一般是被侵害的对象，通过对服务器操作系统日志（如 Windows 系统安全日志）、网络服务日志（如 Apache、IIS 日志）、数据库日志等分析，可以为网络入侵案件提供线索和证据，比如通过日志中的 HTTP、FTP 服务返回状态编码，可以发现被侵害的线索，确定被入侵的时间、方式、入侵者 IP 地址等，找到入侵者安装的木马或后门，调查入侵者在被侵害服务器上的活动情况，还可以通过 Web 日志中的客户端浏览器标示，获取入侵者所使用的浏览器的引擎、兼容性、版本等信息，为分析、刻画入侵者提供依据。

（3）数据库取证。在网络犯罪案件中，违法犯罪嫌疑人不仅会以获取、篡改计算机信息系统的数据为目的，盗取或修改数据库内的数据，而且有些网络犯罪，如网络赌博、网络传销等还会利用数据库管理会员信息、交易流水等数据，这些都需要通过数据库取证来提取、固定其违法犯罪证据。对数据进行取证时不仅要遵循电子数据取证的基本流程和规范，而且针对数据库自身数据动态性和操作复杂性的特点，还要依靠相应的工具和数据库技术获取特有的数据信息。在数据库分析、检验/鉴定中，需要重点分析数据库运行时直接管理的内存区域和操作系统为数据库系统管理提供的内存区域、数据库的跟踪记录（例如通过 SQL Server Profile 工具分析 MS SQL Server 数据库的跟踪记录，跟踪记录保存在 MS SQL Server 安装目录的 log 目录下，以"log_ ##.trc"文件形式存在）、数据库文件、数据库备份文件、数据库日志、数据库临时表等关键数据。在分析数据库时往往需要重构数据库运行环境，将备份的数据库还原到重构环境中，通过数据库查询工具或命令（如 SQL 语句等）查询、调取、过滤数据库中的数据，进而重构与数据库相关联的应用程序运行环境，如果数据库内的数据被故意删除，可以尝试通过数据库的跟踪记录、数据库日志等信息进行恢复，达到还原数据库数据以及相关网络应用的目的。

四、网络电子数据取证

在网络飞速发展的大环境下，电子数据不仅存储在电子设备上，而且还会存储在网络中，网络电子数据始终是网络犯罪侦查中一个重要的取证目标。网络电子数据既包括网络设备中存储的"静态"电子数据，又包括网络线路中传输的"动态"电子数据。

网络设备中存储的电子数据一般是指网络服务器（包括虚拟服务器）、交换机、路由器、防火墙、云存储等物理设备和虚拟设备中存储的电子数据。网络色情、网络赌博、网络传销、网络侵权、网络诈骗、网络入侵等网络违法犯罪活动，不仅会利用网络服务器、云存储等存储与违法犯罪相关的电子数据，而且还会借助或侵害交换机、路由器、防火墙等网络设备，留下作案痕迹，这些电子数据将是定罪量刑的重要证据。

网络设备中存储的电子数据一般通过远程勘验的方式进行取证。远程勘验，是指通过网络对远程目标系统实施勘验，以提取、固定远程目标系统的状态和存储的电子数据。在案件侦查中，由于受侦查工作条件所限，无法直接接触到境外的服务器等取证目标，可以采取网络在线提取的方式进行，网络在线提取要求及时、全面、细致，客观全面地提取、固定相关电子数据证据。网络在线提取的要点如下：

（1）了解并获取取证目标的网络环境、网络管理情况、登录途径及入口、登录账户及口令、数据存储情况、设备使用期限、网络带宽等情况。

（2）选择能够连接和接入勘验对象网络的接入环境和工作环境，配备远程勘验专用的工作站、堡垒机、存储设备和屏幕录像软件、截屏软件、照相机、摄像机、远程登录工具、远程访问客户端、文件上传下载工具、哈希校验工具、刻录光盘等。在远程勘验工作站上安装病毒防护和入侵防护等保护措施，并与北京标准时间进行同步。配置具备相关专门知识的勘验人员或聘请相关技术专家。

（3）登录取证目标，获取网站源代码、数据库备份、日志数据、各类文档、服务器内存镜像、网络设备（如交换机、路由器、防火墙等）的配置信息、当前连接设备信息及日志、云存储中的音视频、光盘镜像、文档等与案件相关的电子数据。另外，对于无线网络设备除对上述数据进行取证外，还应关注 SSID、MAC 地址、连接密钥等配置信息，这些配置信息对于分析、检验/鉴定设备之间的网络连接情况提供关键性信息，同时对于带有存储功能的无线路由、无线存储等电子设备，应当对存储介质一并进行取证，通常能够获取到无线网络设备的访问、连接、下载等日志信息。

（4）提取的电子数据通过文件备份和计算校验值的方式进行固定。

（5）要采取照相、录像、截屏等方式记录提取、生成电子数据等关键步骤，对提取的基本情况、过程、结果等进行记录，并制作相关笔录。

近年来，随着云存储技术的快速发展和普及应用，网络云盘中存储的数据量动辄几 TB 甚至几十、上百 TB，如此大的数据量给公安机关在打击网络犯罪中提取、固定云盘中的涉案数据提出了巨大挑战，比如一些传播淫秽色情案件、侵权案件中，嫌疑人使用云盘存储了上百 TB 的视频文件，如果依然通过传统的远程勘验方式备份这些涉案文件，不仅下载这些文件需要数月的时间，而且还要使用上百 TB 的存储设备保存这些证据，给公安机关造成人力、物力、财力的巨大负担。面对这种情况，经县级以上公安机关负责人或者检察长批准，可以对电子数据进行冻结，具体采取法律手续通知云盘服务提供商关停涉案云盘账号、将云盘数据属性修改为只读状态、云盘提供商提供云盘数据哈希校验值的方式保护涉案电子数据证据，防止其被修改或删除，云盘服务提供商为司法部门开设专门的取证账号，相关取证、鉴定人员通过取证账号鉴定云盘内的数据是否属淫秽物品或侵犯知识产权，这种取证方式目前尚在完善阶段。

第五节 电子数据取证的技术规范

长期以来，由于电子数据在我国不属于法定证据。其标准化工作无法可依，处于停滞状态。2013 年电子数据由国家法律确定为证据类型之一后，国内对于电子数据取证标准的研究和制定逐步走上正轨。

目前，国内的取证标准体系主要分为三个层级：国家标准（GB/T）、行业标准（由司法鉴定主管部门、司法鉴定行业组织或者相关行业主管部门制定的行业标准和技术规范），以及各相关取证机构自制的标准。电子数据取证的标准主要以行业标准为主。

目前，电子数据取证国家标准仅有三个：《GB/T 29360-2023 电子数据恢复检验规程》、《GB/T 29361-2023 电子数据文件一致性检验规程》、《GB/T 29362-2023 电子数据搜索检验规程》。而相比之下，行业标准在电子数据取证领域占据主导地位，涵盖了数据采集、恢复、分析、验证等多个方面。以下是部分主要的行业标准：

- GA/T 754-2008《电子数据存储介质复制工具要求及检测方法》
- GA/T 755-2008《电子数据存储介质写保护设备要求及检测方法》
- GA/T 756-2021《法庭科学电子数据收集提取技术规范》
- GA/T 757-2008《程序功能检验方法》
- GA/T 826-2009《电子物证数据恢复检验技术规范》
- GA/T 827-2009《电子物证文件一致性检验技术规范》
- GA/T 828-2009《电子物证软件功能检验技术规范》
- GA/T 829-2009《电子物证软件一致性检验技术规范》
- GA/T 976-2012《电子数据法庭科学鉴定通用方法》
- GA/T 977-2012《取证与鉴定文书电子签名》
- GA/T 978-2012《网络游戏私服检验技术方法》
- GA/T 1071-2013《法庭科学电子物证 Windows 操作系统日志检验技术规范》
- GA/T 1170-2014《移动终端取证检验方法》
- GA/T 1171-2014《芯片相似性比对检验方法》

- GA/T 1172-2014《电子邮件检验技术方法》
- GA/T 1173-2014《即时通信记录检验技术方法》
- GA/T 1174-2014《电子证据数据现场获取通用方法》
- GA/T 1175-2014《软件相似性检验技术方法》
- GA/T 1176-2014《网页浏览器历史数据检验技术方法》

司法行政管理部门也发布了司法鉴定技术规范,例如 SF/Z JD0400001-2014《电子数据司法鉴定通用实施规范》、SF/Z JD0401001-2014《电子数据复制设备鉴定实施规范》、SF/Z JD0402001-2014《电子邮件鉴定实施规范》、SF/Z JD0403001-2014《软件相似性检验实施规范》等 10 个规范,并在不断增加中。

但是与网络犯罪侦查的需要相比,这些标准无论从质量上还是数量上都不能满足需要。同时标准也随着现实出现了不适用的场景。应当借鉴国外的先进经验,采取用灵活度更高的操作指南弥补标准变更较慢的缺点,逐步建立宏观的标准与微观的指南并行的方法体系。

本章小结

电子数据取证贯穿于整个网络犯罪案件侦查活动的始末,是网络犯罪案件侦查的核心工作之一。本章系统阐述了电子数据取证的基础知识、法律规制的发展历程、主要措施方法、规则要领以及技术规范等内容,可以概括为以下几个要点:

1. 电子数据在网络犯罪案件侦查中发挥着不可或缺的作用,既可以成为引导侦查破案的线索,也可以转化为诉讼中证明犯罪事实的证据。电子数据具有客观性、二进制特性、语义性、分散性、多样性、易变性、技术性等特点,这些特点影响电子数据的取证方式,也对其在法律程序中的使用提出了特殊要求。

2. 我国电子数据取证的法律规制共经历了四个历史发展阶段,自 2016 年《电子数据规定》颁布以来,我国电子数据取证规则正式进入了体系化规范时代。然而,这一规范体系仍然存在模糊不清之处,需要更加紧密地结合取证工作实践,不断加以完善。

3. 电子数据取证的主要措施包括扣押封存原始存储介质、直接提取电子数据、冻结电子数据、调取电子数据、电子数据检查、侦查实验、鉴定等。各项措施的适用条件、操作要求均有具体的法律规范，但在实践中如何平衡电子数据取证与个人信息保护等仍需进一步探索完善。

4. 电子数据取证需遵循客观性、科学性、完整性、正当程序、安全性、可审查性等基本原则。不同场景下如现场勘验、单机取证、服务器取证、网络电子数据取证，其取证的具体要领和注意事项也各有不同。随着云存储等新技术的发展应用，电子数据取证也面临新的挑战。

5. 电子数据取证应当遵循相关的技术标准和规范。目前我国已制定了一系列电子数据取证国家标准和行业标准，但与网络犯罪侦查的实际需求相比，无论从质量上还是数量上都有待进一步完善，未来应当借鉴国外经验，建立宏观标准与微观操作指南并行的方法体系。

通过本章的学习，可以系统掌握电子数据取证的基本原理和实务要领，深刻认识到电子数据取证在网络犯罪侦查中的重要作用和现实挑战，为今后从事相关工作打下坚实基础。网络犯罪案件侦查离不开扎实有效的电子数据取证，这就要求侦查人员不断学习新知识、熟悉新技术，在掌握法律规范的基础上灵活运用各种取证方法和手段，最大限度地收集固定电子证据，严格依法办案、确保案件质量，为惩治网络犯罪提供有力的司法保障。

思考题

1. 如何确保电子数据的客观性在法律程序中的有效性和可信度？
2. 二进制特性在电子数据存储和传输中的作用，以及取证人员如何应对这些特点。
3. 在网络犯罪案件中，电子数据取证的主要挑战是什么？
4. 电子数据完整性原则的具体要求。
5. 在取证过程中如何确保电子数据的完整性不被破坏？
6. 结合实际操作，分析移动智能终端取证的步骤和注意事项。
7. 在移动智能终端取证过程中可能遇到的困难及其解决方法。
8. 回顾电子数据取证的历史发展，分析其对网络犯罪案件侦查的影响。
9. 思考未来电子数据取证技术的发展方向及其对侦查工作的潜在影响。
10. 电子数据取证中科学原则的实施有哪些具体要求？

11. 如何通过科学原则的实施来提高取证工作的准确性和有效性？
12. 在进行网络远程勘验时，取证人员需要注意哪些关键点？
13. 调取电子数据与直接提取电子数据的区别是什么？
14. 电子数据冻结措施的适用条件和实施方法是什么？
15. 如何确保电子数据取证中的正当程序原则得到贯彻？
16. 如何应对电子数据的易变性和易失性？
17. 电子数据与其载体的可分离性在取证中的具体表现。
18. 电子数据与其载体的可分离性在实际取证工作中的优势和挑战。
19. 电子数据取证中的安全性原则具体包括哪些内容？
20. 网络远程勘验与现场勘验在取证方法上的异同？
21. 电子数据侦查实验的实施步骤和注意事项有哪些？
22. 如何在电子数据取证中贯彻可审查性原则？

第五章 危害计算机信息系统安全案件侦查

第一节 非法侵入计算机信息系统案件侦查

近年来，根据不完全统计，互联网上平均每 10 台计算机中有 8 台曾受到黑客侵入和控制，公安机关受理的黑客侵入控制相关案件平均每年增长 110%。对于国家安全和经济运行造成巨大的威胁。

一、非法侵入计算机信息系统的概念

计算机信息系统，根据 2011 年 1 月 8 日国务院修订的《计算机信息系统安全保护条例》第二条规定，是指"由计算机及其相关的和配套的设备、设施（含网络）构成的，按照一定的应用目标和规则对信息进行采集、加工、存储、传输、检索等处理的人机系统。"

《最高人民法院、最高人民检察院关于办理危害计算机信息系统安全刑事案件应用法律若干问题的解释》（以下简称《危害计算机信息系统安全犯罪解释》）第十一条第一款规定："本解释所称'计算机信息系统'和'计算机系统'，是指具备自动处理数据功能的系统，包括计算机、网络设备、通信设备、自动化控制设备等。"一般认为，计算机信息系统和计算机系统没有区别，属于一个概念。

非法侵入计算机信息系统是指"违反国家规定、侵入国家事务、国防建设、尖端科学技术领域的计算机信息系统的行为"。此类犯罪侵犯的客体是国家事务、国防建设、尖端科学领域的计算机信息系统，故意采用突破或者超越权限的方法，违反相关计算机保护条例、规定，获取计算机管理权限。

由于"国家事务、国防建设、尖端科学技术领域"是国家安全和国民经济的命脉，所以这类案件对于国家安全和社会稳定危害极大，是非常典型的黑客侵入案件。

但是对于"国家事务、国防建设、尖端科学技术领域"，业界一直有争论，司法实践中也暂时无法将其严格定义，在这种情况下，法学界进行模糊处理，按照《危害计算机信息系统安全犯罪解释》的规定，是否属于国家事务、国防建设、尖端科学技术领域的计算机信息系统，由省级以上负责计算机信息系统安全保护管理工作的部门检验。司法机关根据检验结论，并结合案件具体情况认定。

二、非法侵入计算机信息系统的犯罪构成

（一）犯罪主体

非法侵入计算机信息系统罪的主体，指达到法定责任年龄，具有刑事责任能力，实施非法侵入特定的计算机信息系统罪行为的人或单位。

非法侵入计算机信息系统罪的主体，一般是具有较高的计算机专业知识和操作技能水平的人员或者由这些人员组成的组织。这些人，主要为黑客和脚本小子。其中黑客分为白帽子黑客和灰帽子黑客。白帽子黑客一般侵入后采取警告、留言等动作提醒信息系统所有人，以达到弥补网站漏洞，加强安全性的目的。灰帽子黑客和脚本小子相比仅仅是技术水平的不同，脚本小子一般奉行拿来主义，利用现成的工具来实施侵入，灰帽子黑客则是利用自身技术来实施侵入。在侵入的主观故意上，二者并无不同，都是为了自身利益出发，目的就是窃取、非法持有、非法散布各类秘密等，其危害性更为严重。

网络犯罪的演变，使得有组织的侵入行为逐渐出现并形成规模，因此犯罪主体不仅可以是个人，也可以是单位，具体来说，单位的犯罪主体是其直接负责的主管人员和其他直接责任人员。

（二）犯罪客体

犯罪客体在犯罪构成要件中是说明某种犯罪危害了什么样利益的要件。非法侵入计算机信息系统罪列入《刑法》妨害社会管理秩序罪一章，但其侵害的客体不仅仅局限国家事务、国防建设、尖端科学技术领域的计算机信息系统的安全，还包括社会管理秩序，同时也涉及公共安全、公私财产所有权等。因此，非法侵入计算机信息系统罪侵犯的是复杂客体。在非法侵入计算机信息系统犯罪中，一方面侵犯了计算机系统所有人的排他性权益，如国家、企业的所有权、使用权和处置权；另一方面又扰乱、侵害甚至破坏了国家计算机信息管理秩序，同

时还有可能对受害的计算机系统当中数据所涉及的第三人权益造成危害。实施非法侵入计算机信息系统罪，必然要违反国家的管理，从而破坏这种管理秩序。这是非法侵入计算机信息系统罪在犯罪客体方面的显著特征。

（三）犯罪的主观要件

犯罪的主观要件是说明犯罪主体实施犯罪时主观心理状态的要件。非法侵入计算机信息系统罪的主观方面是故意，即行为人明知是国家事务、国防建设、尖端科学技术领域的计算机信息系统，仍然违反国家规定故意实施非法侵入行为，产生的结果是行为人希望发生的。

非法侵入计算机信息系统的安全防护体系可能是因为好奇、炫耀、消遣、泄愤，还可能是为了牟利。但是本罪无论是哪种目的，即使是由于过失，因为国家事务、国防建设、尖端科学的重要地位，一旦实施了这种行为，就意味着其具备主观故意。

（四）犯罪的客观要件

犯罪的客观要件说明犯罪是在什么样的客观条件下，用什么样的行为，使客体受到什么样危害的要件。非法侵入计算机信息系统的客观要件，首先必须具备违反国家规定的事实。《刑法》第九十六条对此作了明确规定："本法所称违反国家规定，是指违反全国人民代表大会及其常务委员会制定的法律和决定，国务院制定的行政法规、规定的行政措施、发布的决定和命令。"其次，具有"侵入"行为。所谓"侵入"，就是通过计算机非法或越权"访问"计算机信息系统，而且非法侵入的是国家事务、国防建设和尖端技术领域的计算机信息系统。

三、非法侵入计算机信息系统案件的法律约束

非法侵入计算机信息系统的法律规定主要有《刑法》第二百八十五条第一款，以及《危害计算机信息系统安全犯罪解释》第十条。具体的实施细则由《网络犯罪刑事诉讼程序意见》规定。

《刑法》第二百八十五条规定，"违反国家规定，侵入国家事务、国防建设、尖端科学技术领域的计算机信息系统的，处三年以下有期徒刑或者拘役"。

《危害计算机信息系统安全犯罪解释》对非法侵入计算机信息系统的犯罪的危害程度进行了具体规定：对于是否属于《刑法》第二百八十五条、第二百八十六条规定的"国家事务、国防建设、尖端科学技术领域的计算机信息系统""专门用于侵入、非法控制计算机信息系统的程序、工具""计算机病毒等破坏性程序"难以确定的，应当委托省级以上负责计算机信息系统安全保护管理工作的部门检验。司法机关根据检验结论，并结合案件具体情况认定。

四、非法侵入计算机信息系统案件的侦查要点[1]

（一）案件管辖

非法侵入计算机信息系统的侦查根据是《刑法》第六条第三款，即"犯罪的行为或者结果有一项发生在中华人民共和国领域内的，就认为是在中华人民共和国领域内犯罪"。因此只要非法控制计算机信息系统的行为是在中国境内实施或在中国境内引起相关后果，就可以立案管辖。因此，即使非法侵入者并不在我国境内，但是只要是针对中国境内的目标，实施了犯罪行为或者达到犯罪结果，仍然属于我国法律的案件管辖范围。

具体的案件关系，则依据《网络犯罪刑事诉讼程序意见》第二条、第三条的规定，信息网络犯罪案件由犯罪地公安机关立案侦查。必要时，可以由犯罪嫌疑人居住地公安机关立案侦查。信息网络犯罪案件的犯罪地包括用于实施犯罪行为的网站服务使用的服务器所在地，网络服务提供者所在地，被侵害的信息网络系统及其管理者所在地，犯罪过程中犯罪嫌疑人、被害人或者其他涉案人员使用的信息网络系统所在地，被害人被侵害时所在地，以及被害人财产遭受损失地等。涉及多个环节的网络犯罪案件，犯罪嫌疑人为信息网络犯罪提供帮助的，其犯罪地、居住地或者被帮助对象的犯罪地公安机关可以立案侦查。有多个犯罪地的网络犯罪案件，由最初受理的公安机关或者主要犯罪地公安机关立案侦查。有争议的，按照有利于查清犯罪事实、有利于诉讼的原则，协商解决；经协商无法达成一致的由共同上级公安机关指定有关公安机关立案侦查。需要提请批准逮捕、移送审查起诉、提起公诉的，由该公安机关所在地的人民检察院、人民法院受理。

（二）立案审查

立案是指公安、司法机关对于报案、控告、举报、自首以及自诉人起诉等材料，按照各自的管辖范围进行审查后，认为有犯罪事实发生并需要追究刑事责任时，决定将其作为刑事案件进行侦查或者审判的一种诉讼活动。

刑事诉讼法规定，任何单位和个人发现有犯罪事实或者犯罪嫌疑人，有权利也有义务向公安机关、人民检察院或者人民法院报案或者举报。被害人对侵犯其人身、财产权利的犯罪事实或者犯罪嫌疑人，有权向公安机关、人民检察院或者

---

[1] 刘浩阳等编：《电子数据取证》，清华大学出版社2015年版，第579-587页。

人民法院报案或者控告。公安机关、人民检察院或者人民法院对于报案、控告、举报，都应当接受。对于不属于自己管辖的，应当移送主管机关处理，并且通知报案人、控告人、举报人；对于不属于自己管辖而又必须采取紧急措施的，应当先采取紧急措施，然后移送主管机关。

公安机关办理刑事案件程序规定关于立案的要求是：公安机关接受案件后，经审查，认为有犯罪事实需要追究刑事责任，且属于自己管辖的，经县级以上公安机关负责人批准，予以立案；认为没有犯罪事实，或者犯罪事实显著轻微不需要追究刑事责任，或者具有其他依法不追究刑事责任情形的，经县级以上公安机关负责人批准，不予立案。

非法侵入计算机信息系统的报案途径，大多是国家事务、国防建设、尖端科学技术领域的计算机信息系统的所有者发现报案，少数是执法部门网上巡查、群众举报获得的信息。无论哪种报案形式，由于非法侵入计算机信息系统属于"行为犯"，都应该立案进行侦查。

非法侵入计算机信息系统的立案审查，首先要确定侵入的对象是否属于国家事务、国防建设、尖端科学技术领域的计算机信息系统。对于是否属于"国家事务、国防建设、尖端科学技术领域的计算机信息系统"，在省级以上负责计算机信息系统安全保护管理工作的部门检验结论的基础上判定。其中，"国防建设、尖端科学技术领域"这两类计算机信息系统是比较容易判断和识别的。但是国家事务的范围过于宽泛，例如某些行业协会，域名也是 gov.cn 结尾，还有某些政府事务是否属于国家事务的范畴，也存在争议，判定计算机信息系统是否属于国家事务，还是主要依赖检验结论。期待未来能够出台一个清晰的判定标准，以利于打击非法侵入计算机信息系统案件。其次是否实施了侵入行为，获得系统权限，达到了侵入目的，其行为为未授权，则可以确定为侵入计算机信息系统。这种行为，可以通过权限账号是否正常，系统运行是否正常进行判断，也可以在网站所有者的技术人员或者侦查部门的技术人员支持下判定。

（三）侦查措施和流程

非法侵入计算机信息系统和非法获取计算机信息系统数据、控制计算机信息系统根据《刑法》的定义，是两种不同的罪名，二者是以犯罪的对象，不是以犯罪的手段为标准而划分的犯罪类型。二者使用的技术相似，但是本质不同。非法侵入计算机信息系统往往是突然发生的，后果却可能不会被实时发现。例如入侵活动一般在深夜，网站信息被篡改往往在第二天上班才能发现。为了掩盖自己的踪迹，侵入者往往采取删除日志甚至破坏系统的方式来隐藏踪迹，因此任何的线索和证据都不能被忽略。

1. 入侵现场的侦查

在非法侵入计算机信息系统案件中，案发现场往往在计算机设备上，以虚拟的状态存在。对于计算机设备的勘验检查是关键，例如网站服务器的瘫痪状态、时间，通过日志信息推导可能的侵入方法，打开的异常端口、非法账户，可疑的文件等。通过勘验，可以判断侵入的时间、方法。

具体来说，非法侵入计算机系统的侦查重点是时间和文件，应当围绕这二者开展工作：

（1）确定受到攻击、侵入的时间范围，以此为线索，查找这个时间范围内可疑的日志，进一步排查，如图5.1所示。

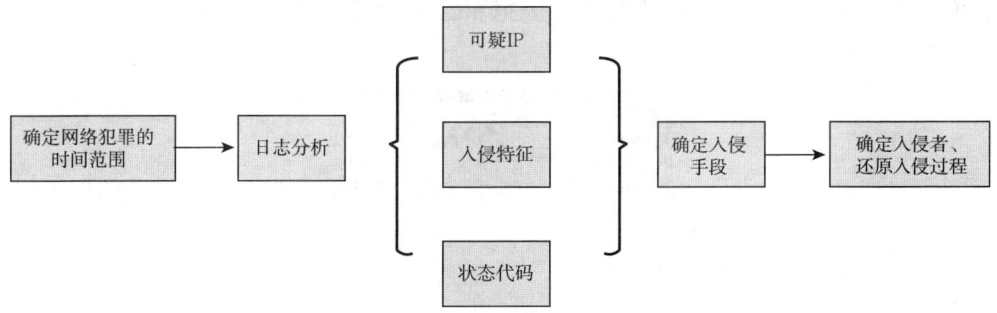

图 5.1 利用时间分析网络犯罪过程

（2）一般攻击者在侵入网站后，通常会上传一个后门文件，以方便自己以后访问，侦查人员也可以以该文件为线索来展开分析，如图5.2所示。

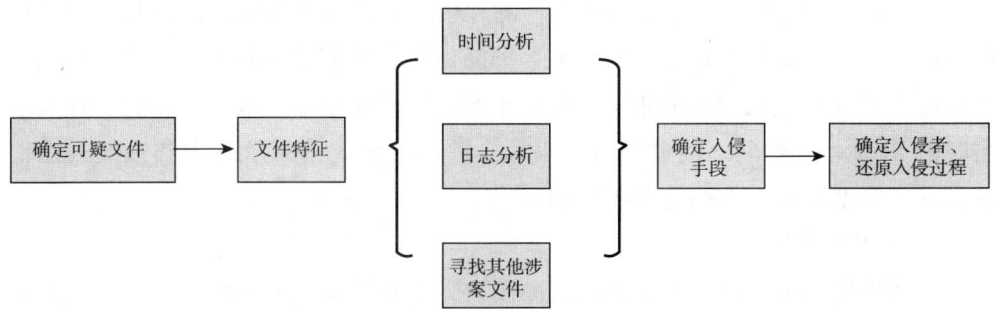

图 5.2 利用文件分析网络犯罪过程

2. 确定动机

在获得一定的线索后，要确定嫌疑人犯罪动机，有助于判断嫌疑人的大概信息，理清侦查方向。一般非法侵入计算机信息系统犯罪有以下几种动机：一种是不清楚法律法规、不明知对象是否属于"国家事务、国防建设、尖端科学技术领域的计算机信息系统"情况下，利用各种黑客技术实施渗透，主要是为了炫耀技术（如图5.3）或者获取网站控制权进行牟利，牟利的途径一般是敲诈勒索、推广非法网站或关键词、提权后提供网络流量、非法获取网站考生信息、买家信息、房地产信息等数据、利用被控制网站"验证"各类虚假证书等；另一种是明知对象是"国家事务、国防建设、尖端科学技术领域的计算机信息系统"，成功侵入计算机信息系统后篡改首页，损坏党和国家的形象；还有一种是为了盗窃国防建设和尖端科学技术领域数据，从事间谍等活动。初步了解非法侵入计算机信息系统犯罪的动机后，能够判断违法犯罪嫌疑人的基本情况和技术水平。

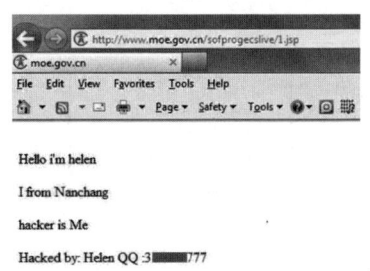

图5.3 黑客侵入教育部网站，炫耀性地留下QQ

3. 涉网线索扩线侦查

非法侵入计算机信息系统犯罪案件的动机不同，涉网线索的来源和数量都有所不同。对于明知对象是"国家事务、国防建设、尖端科学技术领域的计算机信息系统"而实施侵入行为的犯罪，线索来源主要可能是通过现场获取的嫌疑人攻击时的IP地址、时间、网页后门密码等，被侵入系统的系统日志和嫌疑人遗留的文件、数据是侦查扩线的重要基础。

4. 排查和抓捕

通过现场勘验、网络扩线获取关键线索，判断嫌疑人的虚拟身份后，还需要关联出嫌疑人的真实身份和具体位置，也就是虚拟与现实的对应，一般称为"落地"。主要有几种方式：一是基于公开信息的关联。互联网是一个开放的平台，大型网站、论坛、微博、QQ空间、微信朋友圈等场所往往留存有真实身份、照片、联系方式等信息，这是落地的一种常用方法。二是基于运营商（ISP）、服务商（ICP）等单位留存信息的查询。侦查中发现的IP地址、虚拟身份、网银和第三方支付账号等网络线索，可以通过法律授权，要求运营商（ISP）、服务商（ICP）落地查证。

在充分固定嫌疑人非法侵入计算机信息系统有关证据、基本摸清嫌疑人真实身份和活动轨迹后，可以对嫌疑人实施抓捕。在抓捕的同时，要围绕证据进行搜查和扣押，为案件后期进一步固定证据、形成证据链打下基础。

5. 询问和讯问

于非法侵入计算机信息系统嫌疑人具有一定计算机知识，往往是个人或者小团体。对于嫌疑人的讯问，要问清其使用的侵入方法、侵入过程，并注意记录其虚拟身份。

这就决定了这种类型案件的讯问与普通刑事案件侦查讯问有明显区别，主要有以下要点：

非法侵入计算机信息系统不存在传统犯罪的物理现场，犯罪隐蔽性强，证据容易被毁灭，还存在着分工合作进行侵入活动的可能。在讯问时，侵入行为的主要事实和关键过程是重点。

讯问要重视前期侦查、现场勘验获得的电子数据佐证。讯问时，不能假定嫌疑人都会配合工作。在讯问前，侦查人员应详细了解案情、侵入后果、侦查获得线索和数据，以及现场勘验时对嫌疑人的电子设备进行勘验取证获得的数据，对嫌疑人侵入的时间、地点、情节、后果开展分析，尽可能多地掌握嫌疑人与侵入行为相关的情况。选准讯问的突破口，重点是嫌疑人作案的动机、侵入的经过、使用的工具、有无上下线和团伙勾连情况。整个讯问过程是一个螺旋形上升的过程，嫌疑人的供述对进一步提取、固定电子数据以及其他证据具有重要的指引作用。侦查人员应当根据供述，进一步提取电子数据，并利用这些数据进行新一轮的讯问。

根据非法侵入计算机信息系统犯罪特点，侦查询问应当从报案时开始，延续到侦查终结的各个环节中。对报案人员或计算机信息系统维护人员着重询问以下内容：被侵入的计算机信息系统的网络拓扑、发现侵入的时间、被侵入的过程、原有的安全措施，包括系统访问权限、防火墙的配置，发现侵入后做的措施，是否无意地毁灭证据等，这些有利于侦查工作的开展，并根据这些信息获取关键线索。尤其是要了解非法侵入计算机信息系统造成的后果，如网站页面被替换为博彩、色情、办证等页面，网站是否被植入后门、网站功能是否受到影响，这些工作为后期电子数据勘验和发现线索提供方向。依法对了解被侵入计算机信息系统有关情况人员进行询问的侦查活动，是调查取证的一种有效途径。

抓获嫌疑人后，嫌疑人的行为，可以通过与其有联系的人，例如父母、朋友、利益关联者，通过询问的方式进行验证。侵入的后果，通过对被害人、被害单位询问系统的异常情况、受到的破坏等方面进行验证。

6. 侦查终结

非法侵入计算机信息系统的犯罪活动，往往还伴随着非法获取计算机信息系统数据或者非法控制计算机信息系统等行为。这种情况应当分清主次，判断各种行为的严重程度。非法侵入计算机信息系统案件的所有重点都是关注非法侵入的对象和行为。在人证、书证、物证、电子数据都形成证据链后，就可以将嫌疑人和证物移交给人民检察院进行审查公诉。

第二节 非法获取计算机信息系统数据、控制计算机信息系统案件侦查

通过侵入、非法控制计算机信息系统、非法获取计算机信息系统数据，牟取巨额利润已经产生严重的社会危害，进而逐步形成由制作、销售黑客工具，倒买倒卖非法控制的计算机信息系统的数据和控制权等各个环节构成的利益链条。可以说，非法获取计算机信息系统数据、控制计算机信息系统是整个危害计算机信息系统犯罪的准备阶段甚至是源头，打击和遏制非法获取计算机信息系统数据、控制计算机信息系统犯罪是打击摧毁黑色网络犯罪产业链的关键所在。

一、非法获取计算机信息系统数据、控制计算机信息系统的概念

非法获取计算机信息系统数据、控制计算机信息系统是指"侵入国家事务、国防建设、尖端科学技术领域以外的计算机信息系统或者采用其他技术手段，获取该计算机信息系统中存储、处理或者传输的数据，或者对该计算机信息系统实施非法控制，情节严重的行为"。

与非法侵入计算机信息系统罪相比，这种行为仍然需要利用入侵手段，只不过因为其客体和客观方面有所不同，因此形成两个罪名是符合实际需要的。网上

俗称的入侵网站、拖库、销售 Webshell、僵尸网络等均属于此类犯罪。随着互联网 Web 技术的普及，互联网上的网站数量不断增长，随之而来的是严峻的网络安全问题，加之黑客教学组织泛滥，使得此类违法犯罪门槛大幅降低，案件数量剧增。

二、非法获取计算机信息系统数据、控制计算机信息系统的犯罪构成

非法获取计算机信息系统数据、控制计算机信息系统罪在刑法上是一条罪名，二者在犯罪主体、犯罪客体、犯罪客观要件和犯罪主观要件是相同的。

（一）犯罪主体

非法获取计算机信息系统数据、控制计算机信息系统罪的主体，指达到法定责任年龄，具有刑事责任能力，实施非法控制特定的计算机信息系统罪行为的人。这一点与非法侵入计算机信息系统罪的主体一样。

根据《刑九》规定，单位也成为非法获取计算机信息系统数据、控制计算机信息系统罪的主体，这是符合打击网络黑色产业链实际需要的。

（二）犯罪客体

不同于非法侵入计算机信息系统，非法获取计算机信息系统数据、控制计算机信息系统犯罪侵害的对象是《刑法》第二百八十五条第一款规定的国家事务、国防建设、尖端科学技术领域之外的计算机信息系统，包括使用中的计算机信息系统中存储、处理、传输的数据。

根据《刑法》第二百八十六条规定，本罪主要分为两种情况：

（1）非法获取计算机信息系统数据。非法获取计算机信息系统数据罪是指违反国家规定，侵入国家事务、国防建设、尖端科学技术领域以外的计算机信息系统或者采用其他技术手段，获取该计算机信息系统中存储、处理或者传输的数据，情节严重的行为。

（2）非法控制计算机信息系统。非法控制计算机信息系统罪是指对国家事务、国防建设、尖端科学技术领域以外的计算机信息系统实施非法控制，情节严重的行为。非法获取计算机信息系统数据是针对普通计算机信息系统中存储、处理或传输的数据，并不涉及计算机信息系统功能和实际运行，而非法控制计算机信息系统是针对普通计算机信息系统本身，对计算机系统功能和运行进行了非法控制；二者的犯罪客体均是除国家重要领域计算机信息系统以外的计算机信息系统的安全和管理秩序。此处所指安全是指信息系统的完整性和保密性。

（三）犯罪的主观要件

非法获取计算机信息系统数据、控制计算机信息系统罪的主观方面必须是出于故意，过失不构成本罪。即行为人为了获得计算机系统的控制权，采取入侵手段并非法控制，获取数据，希望达到预想的后果。

（四）犯罪的客观要件

非法获取计算机信息系统数据、控制计算机信息系统的客观方面，也依据《刑法》第九十六条"违反全国人民代表大会及其常务委员会制定的法律和决定，国务院制定的行政法规、规定的行政措施、发布的决定和命令"，违反国家的一系列计算机信息系统管理的相关法律法规，实施侵入国家事务、国防建设、尖端科学技术领域以外的普通计算机信息系统，或者采用其他技术手段，获取这些计算机信息系统中存储、处理或者传输的数据，或者对这些计算机信息系统实施非法控制的行为，并且情节严重。

1. 非法获取计算机信息系统数据

所谓"非法获取"，是指未经权利人或者国家有权机构授权而取得他人的数据的行为。所谓"侵入"，是指未经权利人或者国家有权机构授权或批准，行为人采用破解密码、盗取密码、强行突破计算机系统安全防护工具或措施、利用他人网上认证信息等方法，通过计算机网络终端进入国家事务、国防建设、尖端科学技术领域以外的普通计算机信息系统。所谓"获取数据"，是指通过秘密复制方式得到他人计算机信息系统中存储的、正在运行的或传输的数据。对他人计算机中的数据进行增加、删除、修改等破坏行为并造成后果的，不属于本罪调整范围。

2. 非法控制计算机信息系统

所谓"控制"，是指行为人利用技术手段或者其他手段非法获取他人或机构的计算机信息系统的操作权限的行为。

非法获取计算机信息系统数据、控制计算机信息系统罪为情节犯。要构成本罪，须有情节严重。具有下列情形之一的，应当认定为《刑法》第二百八十五条第二款规定的"情节严重"：获取支付结算、证券交易、期货交易等网络金融服务的身份认证信息十组以上的；获取上一项以外的身份认证信息五百组以上的；非法控制计算机信息系统二十台以上的；非法所得五千元以上或者造成经济损失一万元以上的；其他情节严重的情形。以上情节只需满足其中一条即可认定为情节严重，单条数量不够，同时触犯多条的，数量不累加。相关情节数量达五倍以上的，认定为情节特别严重。

三、非法获取计算机信息系统数据、控制计算机信息系统与非法侵入计算机信息系统的联系和区别

非法侵入计算机信息系统与非法获取计算机信息系统数据、控制计算机信息系统，根据《刑法》的定义，是两种不同的罪名。非法侵入计算机信息系统和非法获取计算机信息系统数据、控制计算机信息系统罪是以犯罪的手段和对象为标准，不是以犯罪的手段为标准而划分的犯罪类型。二者使用的技术相似，但是本质有所不同。

（一）二者的联系

1. 采取的手段类似

非法侵入计算机信息系统和非法获取计算机信息系统数据、控制计算机信息系统犯罪在入侵过程中的手段是类似的，在技术上并没有类别和难度上本质的区别，都是利用网络渗透知识，采取突破网站防御措施获取网站控制权等方式侵入计算机信息系统，实时控制。

2. 犯罪主体相同

二者犯罪主体都是达到法定责任年龄，具有刑事责任能力的一般主体或单位，两项罪名的主体都是具有相当高的计算机专业知识和娴熟的计算机操作技能，有的是计算机程序设计人员，有的是计算机管理、操作、维护人员。

3. 犯罪动机相同

行为人在实施入侵计算机信息系统行为时，并不一定清楚其所要入侵的系统是否涉及国家事务的信息系统，犯罪动机与入侵普通的计算机信息系统的动机相同，都是为了牟利，甚至销赃过程中涉及国家事务的计算机信息系统的控制权的价值不一定比普通的计算机信息系统价值高，所以就犯罪动机而言，二者是相关联的，如行为人既入侵涉及国家事务相关的计算机信息系统，同时也入侵了二十台以上的普通计算机信息系统，那么虽然他的犯罪动机相同，但他同时触犯了非法侵入计算机信息系统和非法获取计算机信息系统数据、控制计算机信息系统两项罪名。

（二）二者的区别

1. 犯罪客体不同

非法侵入计算机信息系统的行为对象，限于国家事务、国防建设、尖端科学技术领域的计算机系统。而非法获取计算机信息系统数据、控制计算机信息系统

的行为对象，是除了上述对象外的其他计算机信息系统，这是对犯罪对象的极大扩展。也就是说，非法侵入计算机信息系统罪的犯罪客体是国家重要领域和要害部门的计算机信息系统安全；而非法获取计算机信息系统数据、控制计算机信息系统罪侵害的客体是除此之外的普通计算机信息系统的安全。这是二者最大的区别。

2. 犯罪客观要件不同

非法侵入计算机信息系统罪是行为犯，只要行为人违反国家规定，故意实施了侵入国家事务、国防建设、尖端科学技术领域计算机信息系统的行为，就构成犯罪，而不管对这些系统造成了什么后果、采用什么手段，也没有侵入数量上的限制。

非法获取计算机信息系统数据、控制计算机信息系统罪是结果犯，要构成该罪，须具有情节严重。"情节严重"是指多次、大量获取他人计算机数据的行为。即对比较多的计算机信息系统实施了非法获取行为、犯罪行为加重了计算机信息系统的工作负担、犯罪行为人获取的计算机信息系统数据有很重要意义、犯罪行为人取得了较大利益等。

3. 量刑标准不同

非法侵入计算机信息系统罪仅有一个量刑层次，即三年以下。而非法获取计算机信息系统数据、控制计算机信息系统罪依据情节严重程度的不同有两个量刑层次，情节严重处三年以下有期徒刑或者拘役，并处或者单处罚金，当获取的数据数量、控制的计算机信息系统数量、牟利等的数量达到前者五倍以上的，达到情节特别严重量刑层次，处三年以上七年以下有期徒刑，并处罚金。

四、非法获取计算机信息系统数据、控制计算机信息系统案件的法律约束

（一）《中华人民共和国刑法》

根据《刑法》第二百八十五条规定，违反国家规定，侵入国家事务、国防建设、尖端科学技术领域以外的计算机信息系统或者采用其他技术手段，获取该计算机信息系统中存储、处理或者传输的数据，或者对该计算机信息系统实施非法控制，情节严重的，处三年以下有期徒刑或者拘役，并处或者单处罚金；情节特别严重的，处三年以上七年以下有期徒刑，并处罚金。

（二）《危害计算机信息系统安全犯罪解释》

该司法解释第一条对非法获取计算机信息系统数据、控制计算机信息系统"情节严重""情节特别严重"的具体情形作了规定：

第一条　非法获取计算机信息系统数据或者非法控制计算机信息系统，具有下列情形之一的，应当认定为刑法第二百八十五条第二款规定的"情节严重"：

（一）获取支付结算、证券交易、期货交易等网络金融服务的身份认证信息十组以上的；

（二）获取第（一）项以外的身份认证信息五百组以上的；

（三）非法控制计算机信息系统二十台以上的；

（四）违法所得五千元以上或者造成经济损失一万元以上的；

（五）其他情节严重的情形。

实施前款规定行为，具有下列情形之一的，应当认定为刑法第二百八十五条第二款规定的"情节特别严重"：

（一）数量或者数额达到前款第（一）项至第（四）项规定标准五倍以上的；

（二）其他情节特别严重的情形。

明知是他人非法控制的计算机信息系统，而对该计算机信息系统的控制权加以利用的，依照前两款的规定定罪处罚。

同时，第七条"明知是非法获取计算机信息系统数据犯罪所获取的数据、非法控制计算机信息系统犯罪所获取的计算机信息系统控制权，而予以转移、收购、代为销售或者以其他方法掩饰、隐瞒，违法所得五千元以上的，应当依照刑法第三百一十二条第一款的规定，以掩饰、隐瞒犯罪所得罪定罪处罚。实施前款规定行为，违法所得五万元以上的，应当认定为刑法第三百一十二条第一款规定的'情节严重'"为打击网络黑产提供了依据。

五、非法获取计算机信息系统数据、控制计算机信息系统案件的侦查要点

很多危害计算机信息系统的案件类型可能涉及多个罪名，比如通过控制大量"肉鸡"实施 DDoS 攻击案件，行为人就有可能既符合破坏计算机信息系统罪，也符合非法控制计算机信息系统罪的特征。在案件侦办过程中，在案件侦办前期其工作方法和思路有相同之处，但后期的取证要点又有所差别。实战中要根据行为人的犯罪动机、犯罪的客体、情节等方面具体对待。

（一）案件管辖

依据《网络犯罪刑事诉讼意见》，非法获取计算机信息系统数据、控制计算机信息系统犯罪案件的管辖可以是实施非法获取数据的，或者实施非法控制的犯罪嫌疑人所在地公安机关受理，也可以是数据泄漏的或者被控制的被害人等所在地公安机关受理。

（二）立案审查

非法获取计算机信息系统数据、控制计算机信息系统的立案审查，要围绕控制的行为和后果。只要对计算机信息系统进行了入侵，并实施了控制行为，控制行为往往伴随着获取系统数据，甚至破坏系统功能等行为，就可以立案审查。根据入侵对象的性质是否涉及国家事务等的计算机信息系统来确定所立案件类型。

（三）侦查措施和流程

非法获取计算机信息系统数据、控制计算机信息系统具有高度的隐蔽性，行为人要采取各种手段不让被害人发现系统已经被控制，用于非法目的。非法获取数据、非法控制的行为往往是系统功能受到影响和破坏时才有可能被发现。由于非法控制的系统被行为人长期经营，因此会保存有大量的数据。

侦查要把握"数据流"和"利益流"。"数据流"和"利益流"的最终溯源结果应归结到行为人的虚拟身份乃至真实身份和犯罪地点，为最终破案奠定基础。例如针对被侵害的计算机设备进行检查，查找木马与服务器之间的联系，提取入侵的线索。同时针对被获取的数据会在网络上销赃这一特点，关注"利益流"，犯罪嫌疑人在网络上公开出售数据和控制权，不可避免地会留下蛛丝马迹。多个侦查途径并举，确保即使其中一个链条断掉，还能继续追溯。

1. 现场调查

现场调查是非法获取、非法控制计算机信息系统案件发现线索的第一渠道，也是最为直接的渠道。犯罪嫌疑人要实施盗取数据、非法控制，就必须要在被侵害的计算机信息系统中留下痕迹。通过现场询问、勘验，可以获取大量有效的线索，所以此类案件抓住了现场，就等于成功了一半。从现场获取的系统日志等最为直接的线索也是将来呈堂的最为有力的证据。

2. 网络运营商资料调取

犯罪嫌疑人利用网络实施入侵进而控制计算机信息系统，盗窃数据，就必然要注册网络链路，所以此类案件线索的获取离不开网络运营商的资料调取，利用从现场获取的时间、日志等信息，到相应的网络运营商处调取犯罪活动的登录信息。

3. 互联网应用服务公司的资料调取

犯罪嫌疑人在实施犯罪过程中，甚至是在犯罪准备阶段，不可避免地要使用邮箱、即时通信等工具进行勾连、利用迅雷等软件下载工具、利用网银、支付宝等进行转账、利用数据库连接工具进行"拖库"、利用远程连接工具实时控制等，侦查人员可以依法到互联网应用服务公司调取相关日志资料，尽最大可能获取线索。

4. 互联网搜索

违法犯罪嫌疑人视非法获取数据、非法控制的系统为"金矿"，希望从中得到最大的收益。计算机信息系统可以作为"肉鸡"出售出租，其中的数据可以在黑市上售卖。这些都是线索的来源。例如获得的数据可能在网上贩卖，嫌疑人可能会在互联网留下大量兜售数据或控制权的信息甚至是其个人信息。侦查人员应广泛、充分地运用互联网搜索引擎的功能，查找嫌疑人可能发布信息的网站等，发现蛛丝马迹。

5. 串并案

通过已发现的案件线索进行串并，扩线侦查。

（四）排查和抓捕

网络案件有其自身的特点，在排查、抓捕工作上，与普通刑事案件的最大不同之处在于，传统刑事案件通常先查清嫌疑人身份，然后实施抓捕，而在网络案件侦查中，实施抓捕与排查犯罪嫌疑人真实身份往往交织在一起。在网络案件排查、抓捕工作中要注意如下事项。一是计算机信息系统有可能会被多人入侵控制，其危害的结果也不尽相同，要分清与案件相关的主要犯罪嫌疑人，注意排除其他入侵者的影响；二是一台计算机有可能被多个人使用，在抓捕前期和抓捕现场应反复核查，并对计算机进行快速勘验，找到在案发时使用该计算机的人员；三是注意核实犯罪嫌疑人的入侵和控制行为，核实物理身份，在抓捕时注意控制嫌疑人的计算机设备。

（五）询问和讯问的要点

非法获取计算机信息系统数据、控制计算机信息系统由于其"牟利性"，不可避免地要与多人发生联系。可以将这些人作为询问对象来获得嫌疑人的控制后果等，询问和讯问同样是侦破此类案件的关键，其要点如下：

1. 询问受害人或知情人要点

了解受害人的上网方式、经常上网地点、上网账号密码、接入的运营商等信息，询问网站接入的网络环境、防护设备品牌和性能、管理员的基础情况，是否有数据泄漏的情况，是如何判断数据已被泄漏的，是如何发现系统被入侵或被控制的，发现时系统是怎样的状态，有哪些异常现象，系统和相关设备有哪些日志记录功能,是否对受害系统采取了措施,采取了哪些措施;遭受哪些经济损失等。

2. 讯问犯罪嫌疑人要点

了解犯罪嫌疑人上网方式、经常上网地点、上网账号密码、接入的运营商等信息;实施入侵或控制的方法和过程,使用的软件,是否非法下载了对象的数据,下载的软件是什么;对哪些个人或单位的计算机信息系统进行了怎样的入侵或破坏;是怎样牟利的,获得的非法所得有多少,是否有同伙,各个同伙之间分别充当什么角色;为其提供服务器的网络运营商、电信运营商、推广商等第三方是否知情其从事违法犯罪活动;各种虚拟身份和后门、控制软件等信息,重点是固定这些工具软件的登录密码。

(六) 侦查终结

在侦查终结阶段,侦查机关不仅要查清犯罪行为本身,还需厘清各行为人之间的关系性质,为案件定性提供基础依据。非法获取计算机信息系统数据、控制计算机信息系统利益链上的每个环节可能是单独的团伙,也可能是同一团伙,实战中均可作为非法获取计算机信息系统数据、控制计算机信息系统犯罪案件的共犯处理,也可依据实际情况将其单独入罪。

上述行为的定性结果,将直接影响对案件侦查结论的形成和后续诉讼程序的启动。侦查机关对非法获取计算机信息系统数据或者非法控制计算机信息系统进行一系列的侦查活动以后,根据已经查明的事实、证据和有关的法律规定,做出犯罪嫌疑人是否犯罪、犯何种罪、犯罪情节轻重以及是否应当追究刑事责任的结论,决定结束侦查并对案件做出处理决定。负责侦查的人员应写出侦查终结报告。公安机关侦查的案件,在侦查终结后,对于依法需要追究被告人刑事责任的,应写出"起诉意见书";对于依法可以免除刑罚的被告人,应写出"免予起诉意见书";对于不应该追究刑事责任的,应撤销案件。

第三节 提供侵入、非法控制计算机信息系统程序、工具案件侦查

提供侵入、非法控制计算机信息系统程序、工具的案件,在司法实践中较为少见,但是提供侵入、非法控制计算机信息系统程序、工具确实是网络黑色产业

链中极为重要的一环，具有高度的技术性，对此进行打击应当是网络犯罪侦查的一项重要工作，应熟悉此类案件的特点、发展趋势以及侦查方法。

一、提供侵入、非法控制计算机信息系统程序、工具的概念

根据我国《刑法》第二百八十五条第三款规定，提供侵入、非法控制计算机信息系统程序、工具，是指提供专门用于侵入、非法控制计算机信息系统的程序、工具，或者明知他人实施侵入、非法控制计算机信息系统的违法犯罪行为而为其提供程序、工具，情节严重的行为。

"提供"可以是利用硬盘、U盘等存储介质复制，也可以是通过网络软件点对点传输，电子邮件方式发送，也可以是通过网站、网络云盘、网络通讯群组附件等形式提供。上述程序、工具可以是行为人自己制作的，也可以是网上下载、购买等其他方式获取的。

程序，全称为计算机应用程序或软件，可以完成特定工作的计算机代码封装的逻辑组件；工具，原指工作时所需用的器具，后引申为达到、完成或促进某一事物的手段。根据《危害计算机信息系统安全犯罪解释》的有关规定，"专门用于侵入、非法控制计算机信息系统的程序、工具"主要具备以下功能：（一）具有避开或者突破计算机信息系统安全保护措施，未经授权或者超越授权获取计算机信息系统数据的功能的；（二）具有避开或者突破计算机信息系统安全保护措施，未经授权或者超越授权对计算机信息系统实施控制的功能的；（三）其他专门设计用于侵入、非法控制计算机信息系统、非法获取计算机信息系统数据的程序、工具。

具体来说，"所谓专门用于非法侵入计算机系统的程序、工具主要是指专门用于非法获取他人登录网络应用服务、计算机系统的账号、密码等认证信息以及智能卡等认证工具的计算机程序、工具；所谓专门用于非法控制计算机信息系统的程序、工具主要是指可用于绕过计算机信息系统或者相关设备的防护措施，进而实施非法入侵或者获取目标系统中数据信息的计算机程序"[1]。

侵入、非法控制计算机信息系统程序、工具主要分为以下两种：一是专门用于侵入、非法控制计算机信息系统的程序、工具，如盗号木马、远程控制木马、网页木马、SQL注入程序、手机木马程序等；二是并非专门用于，本身具有正当

---

[1] 全国人大常委会法制工作委员会刑法室编：《〈中华人民共和国刑法〉条文说明、立法理由及相关规定》，北京大学出版社2009年版，第592页。

用途，但被他人恶意使用后可以实现侵入、控制计算机信息系统功能的程序、工具，例如具有系统安全检测、漏洞扫描、远程控制、密码破解等功能的程序、工具。

随着信息技术的飞速发展和互联网的不断普及，国家以及广大人民群众的日常生活已经与信息网络密不可分，广大网民网上浏览新闻、网上社交、网上支付结算、网上炒股理财、网上银行转账、网上订票等，都依赖于各种计算机信息系统，尤其是涉及国家事务管理、国防、经济建设、尖端科学技术，以及关系到国计民生的民航、电力、海关、证券、铁路、银行，或者其他经济管理、政府办公、军事指挥控制、科研等重要领域的这些计算机信息系统，一旦被非法侵入、控制，就可能导致其中的重要、敏感的数据被泄露、篡改，产生灾难性的连锁反应，造成严重的政治、经济损失，危及人民的生命财产安全。提供侵入、非法控制计算机信息系统程序、工具犯罪活动，往往是与侵入、非法控制计算机信息系统以及非法获取计算机信息系统数据等犯罪活动相互交织，侵入、非法控制计算机信息系统程序、工具好比现实生活中的"作案工具"，虽然不会直接地参与到犯罪活动中，却是上述侵害计算机信息系统犯罪活动的上游犯罪，又称为源头性犯罪，社会危害性仍然严重，应当是重点打击的对象。

二、提供侵入、非法控制计算机信息系统程序、工具的犯罪构成

传统的犯罪构成理论模式中，犯罪构成的要件包括犯罪主体、犯罪客体、主观方面和客观方面。

（一）犯罪主体

我国对提供侵入、非法控制计算机信息系统程序、工具罪的犯罪主体规定为一般主体，凡达到法定刑事责任年龄（年满16周岁）具有刑事责任能力的自然人均能构成本罪，以单位名义或者单位形式实施危害计算机信息系统安全犯罪，追究直接负责的主管人员和其他直接责任人员的刑事责任。

（二）犯罪客体

提供侵入、非法控制计算机信息系统程序、工具罪侵犯的客体是计算机信息系统的安全，但不是直接侵犯，而是通过将程序、工具提供给他人的方式间接侵犯。

（三）犯罪的主观方面

提供侵入、非法控制计算机信息系统程序、工具罪的主观方面表现为故意，即行为人明知其提供的程序、工具是专门用于侵入、非法控制计算机信息系统的，或者明知他人实施侵入、非法控制计算机信息系统的违法犯罪行为而为其提供程序、工具，希望或放任危害计算机信息系统安全的后果发生。至于其动机，有的是为谋取利益，有的是展示或炫耀自己在计算机方面的技术，有的是想泄愤报复，有的是练习技术等，但不管动机如何，是否有牟利情节，都不会影响本罪成立。过失不构成本罪，如果因为过失导致以上程序、工具被他人获取，则不构成本罪。

（四）犯罪的客观方面

提供侵入、非法控制计算机信息系统程序、工具罪的客观方面表现为提供侵入、非法控制计算机信息系统的程序、工具，情节严重的行为，构成本罪的必备条件是情节严重。相关程序、工具的具体功能、提供的人次数量、违法所得、造成经济损失的数额等是判定是否情节严重的主要因素。本罪的客观方面可以表现为两种情况：一是提供专门用于侵入、非法控制计算机信息系统的程序、工具的行为，《危害计算机信息系统安全犯罪解释》对于上述专门用于非法侵入、控制计算机信息系统的程序、工具进行了明确的界定。二是明知他人实施侵入、非法控制计算机信息系统的违法犯罪行为而为其提供程序、工具的行为，这种程序、工具不以专门性为必要，即可以具有其他用途，但在恶意使用时即会产生危害后果。

三、侵入、非法控制计算机信息系统程序、工具与计算机病毒等破坏性程序的区别

侵入、非法控制计算机信息系统程序、工具的概念与计算机病毒等破坏性程序相比，具有以下不同之处：

（1）主要功能不同。侵入、非法控制计算机信息系统程序、工具的主要功能是控制计算机信息系统权限、获取其中的数据，计算机病毒的目的是破坏计算机系统功能、数据或者应用程序。

（2）传播方式不同。侵入、非法控制计算机信息系统程序、工具为了隐蔽性考虑，往往不具备自我复制功能，仅仅是潜伏在计算机信息系统内，执行控制者指令，不会以自身复制模式大规模传播，仅仅通过点对点的传播渠道进行。而计算机病毒则具有复制性，特点是在短时期内迅速传播，尽可能感染并破坏更多的计算机信息系统。

（3）运行条件不同。侵入、非法控制计算机信息系统程序、工具往往具有控制端和客户端，二者都是独立的程序，必须在联网条件下进行指令和数据的传

输才能发挥作用。计算机病毒则往往是可以独立运行,即使不联网,仍然能够独立地起到破坏作用。

四、提供侵入、非法控制计算机信息系统程序、工具案件的法律约束

法律对于提供侵入、非法控制计算机信息系统程序、工具的法律约束的规定主要有:①《中华人民共和国刑法》;②《危害计算机信息系统安全犯罪解释》。其中的相关条款如下。

(一)《中华人民共和国刑法》

第二百八十五条 提供专门用于侵入、非法控制计算机信息系统的程序、工具,或者明知他人实施侵入、非法控制计算机信息系统的违法犯罪行为而为其提供程序、工具,情节严重的,依照前款的规定处罚。

单位犯前三款罪的,对单位判处罚金,并对其直接负责的主管人员和其他直接责任人员,依照各该款的规定处罚。

(二)《危害计算机信息系统安全犯罪解释》

第二条 具有下列情形之一的程序、工具,应当认定为刑法第二百八十五条第三款规定的"专门用于侵入、非法控制计算机信息系统的程序、工具":

(一)具有避开或者突破计算机信息系统安全保护措施,未经授权或者超越授权获取计算机信息系统数据的功能的;

(二)具有避开或者突破计算机信息系统安全保护措施,未经授权或者超越授权对计算机信息系统实施控制的功能的;

(三)其他专门设计用于侵入、非法控制计算机信息系统、非法获取计算机信息系统数据的程序、工具。

第三条 提供侵入、非法控制计算机信息系统的程序、工具,具有下列情形之一的,应当认定为刑法第二百八十五条第三款规定的"情节严重":

(一)提供能够用于非法获取支付结算、证券交易、期货交易等网络金融服务身份认证信息的专门性程序、工具五人次以上的;

(二)提供第(一)项以外的专门用于侵入、非法控制计算机信息系统的程序、工具二十人次以上的;

(三)明知他人实施非法获取支付结算、证券交易、期货交易等网络金融服务身份认证信息的违法犯罪行为而为其提供程序、工具五人次以上的;

(四)明知他人实施第(三)项以外的侵入、非法控制计算机信息系统的违法犯罪行为而为其提供程序、工具二十人次以上的;

（五）违法所得五千元以上或者造成经济损失一万元以上的；

（六）其他情节严重的情形。

实施前款规定行为，具有下列情形之一的，应当认定为提供侵入、非法控制计算机信息系统的程序、工具"情节特别严重"：

（一）数量或者数额达到前款第（一）项至第（五）项规定标准五倍以上的；

（二）其他情节特别严重的情形。

五、提供侵入、非法控制计算机信息系统程序、工具案件的侦查要点

（一）案件管辖

提供侵入、非法控制计算机信息系统程序、工具案件的地域管辖，应当坚持刑事诉讼法规定的以犯罪地管辖为主、被告人居住地管辖为辅的原则。具体按《网络犯罪刑事诉讼意见》规定执行。

（二）立案审查

由于提供侵入、非法控制计算机信息系统程序、工具的嫌疑人处于整个网络黑色产业链的上层，具有高度的隐蔽性，因此这类案件线索通常情况都是在侵入、非法控制计算机信息系统或非法获取计算机信息系统数据等案件中浮现出来，例如在侵入计算机信息系统案件中被发现犯罪分子使用的程序、工具来源。在发现这类案件后，应当与原来的案件区别对待，要对相关的案件材料进行深入细致的审查，查明并确定其性质，了解是否属于管辖范围、是否达到立案标准，如果超过管辖范围，要根据规定呈请上级机关决定。

提供侵入、非法控制计算机信息系统程序、工具案件的线索来源可能来自多个方面，在实际的侦查工作中，公安机关在办理侵入、非法控制计算机信息系统或非法获取计算机信息系统数据、DDoS网络攻击以及网银盗窃等侵害计算机信息系统等案件过程中，追踪犯罪分子使用的程序、工具来源往往是提供侵入、非法控制计算机信息系统程序、工具案件线索的重要来源之一。

违法犯罪事实的审查应该重点从具体的程序、工具样本，提供的方式和次数，以及违法所得、造成经济损失数额等方面分别审查。

提供侵入、非法控制计算机信息系统程序、工具活动必须要达到情节严重以上方可追究刑事责任。2011年发布的《危害计算机信息系统安全犯罪解释》对提供侵入、非法控制计算机信息系统程序、工具的情节严重、情节特别严重情况做了规定。

(三) 侦查措施和流程

案件的侦查应该查明嫌疑人提供侵入、非法控制计算机信息系统程序、工具活动的主要犯罪事实。查清主要犯罪事实应该查明嫌疑人提供相关程序、工具活动的具体开展情况，相关程序和工具的功能性检验鉴定、提供的次数、造成的后果、经济损失和违法所得数额认定等方面。网络案件侦查工作可以围绕网上、网下侦查以及信息流的调查、资金流的调查几个方面开展。

提供侵入、非法控制计算机信息系统程序、工具犯罪的主要侦查措施有如下几种：

（1）网络查证。通过其他侵害计算机信息系统案件发现的线索，确定犯罪活动的指向。比如一系列的侵入计算机信息系统案件中使用的木马，通过木马的使用者可以追溯到传播者，通过传播者可以追溯到制作者。木马的同源性认定，可以确定是否同一个人或者同一伙人进行制作、提供的。

（2）资金查证。通过牟利所得收集线索，固定证据。提供侵入、非法控制计算机信息系统程序、工具犯罪的主要目的是牟利。因此从资金链的走向可以追溯到最终的制作者和传播者。例如这类犯罪的资金来往基本都是在网络上进行支付，通过资金的查证往往可以查找到相关嫌疑人。

（3）固定电子数据证据。网络犯罪案件的侦查过程中要特别注意电子数据证据的及时固定意识，例如涉案程序工具、涉案网站、涉案计算机、涉案通讯网络群组等方面的电子数据的提取与固定，相比证人证言、犯罪嫌疑人供述等较传统的证据类型，电子数据证据往往是网络犯罪案件更为直接的证据。但是对侵入、非法控制计算机信息系统的程序、工具以及计算机病毒等无法直接展示的电子数据，应当附电子数据属性、功能等情况的说明。

(四) 排查和抓捕

经过前期的基本情况调查，确定了程序与工具的性质，掌握了大致的提供次数、非法所得数额等外围情况后，下一阶段需要围绕排查、抓捕嫌疑人开展工作。提供侵入、非法控制计算机信息系统程序、工具的排查一般都是在网上排查，根据木马程序的分析和资金的回溯，可以将犯罪嫌疑人的身份确定下来，一般来说，排查时应当注意，这类案件的木马制作者和传播者是否为一个团伙，是否在制作木马时有所分工，甚至是购买他人源码进行修改制作。如果为这种情况，应当统筹考虑，尽量将涉及木马制作和传播的嫌疑人全部排查出来。在抓捕嫌疑人时，应当根据人数、地理位置统一抓捕，没有条件的可以优先抓捕主要犯罪嫌疑人，尽量避免抓捕过程中惊动其他嫌疑人。

（五）询问和讯问

以木马为例，提供侵入、非法控制计算机信息系统程序、工具的涉案人员要分为木马的制作者、传播者、使用者和被害人。其中对于制作者的讯问，要重点确定木马的版本、危害、源码的存放位置等木马制作信息。对于传播者的讯问，要确定其与制作者的通讯信息、购买信息。对使用者的询问则是了解其与传播者之间的通讯信息和使用的情况、危害后果。对被害人的询问重点要确定被害过程和损失情况。

（六）侦查终结

在嫌疑人抓捕到案后，应当确定案件事实是否准确，对于案件中的证据和材料判断是否互相衔接、具有因果关系。在查明了制作者、传播者、使用者和被害人之间的关联关系后，就可以判定之间的因果关系。

对于犯罪事实清楚、证据确实、充分，法律手续完备，依法应当追究刑事责任的案件，应当制作"起诉意见书"，经县级以上公安机关负责人批准后，连同案卷材料、证据，一并移交同级人民检察院审查决定。

第四节　破坏计算机信息系统案件侦查

随着信息技术的不断发展，人们的生产生活已与信息网络密不可分，网络通讯联络、网上信息发布、网络购物、网络支付等基于计算机信息系统的各种网络应用已经走进千家万户，破坏计算机信息系统案件高发，在网络犯罪侦查实践中属于常见的违法犯罪类型，由于破坏计算机信息系统活动隐蔽性高，犯罪成本较低，且能够带来巨额非法利益，导致屡禁不止、屡打不绝。熟悉破坏计算机信息系统案件的基本概念、常见类型、特点和发展趋势是开展案件侦查工作的前提。

一、破坏计算机信息系统的概念

根据我国《刑法》第二百八十六条规定，破坏计算机信息系统罪，是指"违反国家规定，对计算机信息系统功能进行删除、修改、增加、干扰，造成计算机信息系统不能正常运行，对计算机信息系统中存储、处理或者传输的数据和应用程序进行删除、修改、增加的操作，或者故意制作、传播计算机病毒等破坏性程序，影响计算机系统的正常运行，后果严重的行为"。

破坏计算机信息系统罪与非法侵入计算机信息系统罪是不同的罪名。区分二者的关键主要在于犯罪对象不同。后者是涉及国家事务、国防建设、尖端科学技术领域等具有对国家安全和秘密产生重大影响或破坏性的犯罪,犯罪行为一旦发生,性质就比较严重,因而刑法未规定必须造成严重后果;本罪的犯罪对象是一般计算机信息系统,因而法条规定了以造成严重后果为构成犯罪的条件。

二、破坏计算机信息系统的犯罪构成

(一)犯罪主体

破坏计算机信息系统罪的主体,是指达到法定责任年龄,即年满16周岁且具有刑事责任能力,实施破坏计算机信息系统罪行为的自然人。犯罪主体一般具有较高的计算机水平,同时年龄普遍偏低,通常是那些精通计算机技术、具有专业知识的人。根据不完全统计,从公安机关侦破的此类案件来看,约90%的犯罪嫌疑人年龄在30岁以下,83%的犯罪嫌疑人具有大学以上学历。

破坏计算机信息系统案件的主体也可以是单位。以单位名义或者单位形式实施危害计算机信息系统安全犯罪,达到定罪量刑标准的,应当依照《刑法》第二百八十六条的规定追究直接负责的主管人员和其他直接责任人员的刑事责任。

(二)犯罪客体

破坏计算机信息系统罪侵犯的客体是国家对计算机信息系统的管理秩序,本罪的犯罪对象是计算机软件、信息数据和应用程序,即通过技术手段,非暴力地破坏计算机信息系统,从而影响计算机信息系统的正常运行和数据的完整。

(三)犯罪的主观要件

破坏计算机信息系统罪的主观方面必须是出于故意,即行为人明知会破坏计算机信息系统安全,仍然实施破坏系统功能、程序以及编写、传播病毒的行为,并且希望或放任这种危害后果的发生。至于其动机,有的是显示自己在计算机方面的高超才能,有的是想泄愤报复,有的是想窃取秘密,有的是想谋取利益,有的仅仅是练习技术等,但不管动机如何,不会影响本罪成立。过失不构成本罪,如果因操作疏忽大意或者技术不熟练甚或失误而致使计算机信息系统功能,或计算机信息系统中存储、处理或者传输的数据、应用程序遭受破坏,则不构成本罪。

(四)犯罪的客观要件

本罪主要包括三种表现形式:

(1)违反国家规定,对计算机信息系统功能进行删除、修改、增加、干扰,造成计算机信息系统不能正常运行，后果严重的行为。

（2）违反国家规定，对计算机信息系统中存储、处理或者传输的数据和应用程序进行删除、修改、增加的操作，后果严重的行为。

（3）制作、传播计算机病毒等破坏性程序，影响计算机系统的正常运行，后果严重的行为。

三、破坏计算机信息系统案件的法律约束

全国人大、国务院、最高人民法院、最高人民检察院、公安部等国家机关都相继出台过一系列的法律法规、办法、通知等文件打击破坏计算机信息系统的行为。主要如下：①《中华人民共和国刑法》；②《危害计算机信息系统安全犯罪解释》；③《中华人民共和国治安管理处罚法》；④《中华人民共和国计算机信息系统安全保护条例》（国务院令第147号）；⑤《全国人民代表大会常务委员会关于维护互联网安全的决定》。其中的重要条款如下所示。

（一）《中华人民共和国刑法》

第二百八十六条　违反国家规定，对计算机信息系统功能进行删除、修改、增加、干扰，造成计算机信息系统不能正常运行，后果严重的，处五年以下有期徒刑或者拘役；后果特别严重的，处五年以上有期徒刑。

违反国家规定，对计算机信息系统中存储、处理或者传输的数据和应用程序进行删除、修改、增加的操作，后果严重的，依照前款的规定处罚。

故意制作、传播计算机病毒等破坏性程序，影响计算机系统正常运行，后果严重的，依照第一款的规定处罚。

单位犯前三款罪的，对单位判处罚金，并对其直接负责的主管人员和其他直接责任人员，依照第一款的规定处罚。

第二百八十六条之一　网络服务提供者不履行法律、行政法规规定的信息网络安全管理义务，经监管部门责令采取改正措施而拒不改正，有下列情形之一的，处三年以下有期徒刑、拘役或者管制，并处或者单处罚金：

（一）致使违法信息大量传播的；

（二）致使用户信息泄露，造成严重后果的；

（三）致使刑事案件证据灭失，情节严重的；

（四）有其他严重情节的。

单位犯前款罪的，对单位判处罚金，并对其直接负责的主管人员和其他直接责任人员，依照前款的规定处罚。

有前两款行为，同时构成其他犯罪的，依照处罚较重的规定定罪处罚。

(二)《危害计算机信息系统安全犯罪解释》

第四条　破坏计算机信息系统功能、数据或者应用程序，具有下列情形之一的，应当认定为刑法第二百八十六条第一款和第二款规定的"后果严重"：

(一) 造成十台以上计算机信息系统的主要软件或者硬件不能正常运行的；

(二) 对二十台以上计算机信息系统中存储、处理或者传输的数据进行删除、修改、增加操作的；

(三) 违法所得五千元以上或者造成经济损失一万元以上的；

(四) 造成为一百台以上计算机信息系统提供域名解析、身份认证、计费等基础服务或者为一万以上用户提供服务的计算机信息系统不能正常运行累计一小时以上的；

(五) 造成其他严重后果的。

实施前款规定行为，具有下列情形之一的，应当认定为破坏计算机信息系统"后果特别严重"：

(一) 数量或者数额达到前款第 (一) 项至第 (三) 项规定标准五倍以上的；

(二) 造成为五百台以上计算机信息系统提供域名解析、身份认证、计费等基础服务或者为五万以上用户提供服务的计算机信息系统不能正常运行累计一小时以上的；

(三) 破坏国家机关或者金融、电信、交通、教育、医疗、能源等领域提供公共服务的计算机信息系统的功能、数据或者应用程序，致使生产、生活受到严重影响或者造成恶劣社会影响的；

(四) 造成其他特别严重后果的。

第五条　具有下列情形之一的程序，应当认定为刑法第二百八十六条第三款规定的"计算机病毒等破坏性程序"：

(一) 能够通过网络、存储介质、文件等媒介，将自身的部分、全部或者变种进行复制、传播，并破坏计算机系统功能、数据或者应用程序的；

(二) 能够在预先设定条件下自动触发，并破坏计算机系统功能、数据或者应用程序的；

(三) 其他专门设计用于破坏计算机系统功能、数据或者应用程序的程序。

第六条　故意制作、传播计算机病毒等破坏性程序，影响计算机系统正常运行，具有下列情形之一的，应当认定为刑法第二百八十六条第三款规定的"后果严重"：

（一）制作、提供、传输第五条第（一）项规定的程序，导致该程序通过网络、存储介质、文件等媒介传播的；

（二）造成二十台以上计算机系统被植入第五条第（二）、（三）项规定的程序的；

（三）提供计算机病毒等破坏性程序十人次以上的；

（四）违法所得五千元以上或者造成经济损失一万元以上的；

（五）造成其他严重后果的。

实施前款规定行为，具有下列情形之一的，应当认定为破坏计算机信息系统"后果特别严重"：

（一）制作、提供、传输第五条第（一）项规定的程序，导致该程序通过网络、存储介质、文件等媒介传播，致使生产、生活受到严重影响或者造成恶劣社会影响的；

（二）数量或者数额达到前款第（二）项至第（四）项规定标准五倍以上的；

（三）造成其他特别严重后果的。

第七条　明知是非法获取计算机信息系统数据犯罪所获取的数据、非法控制计算机信息系统犯罪所获取的计算机信息系统控制权，而予以转移、收购、代为销售或者以其他方法掩饰、隐瞒，违法所得五千元以上的，应当依照刑法第三百一十二条第一款的规定，以掩饰、隐瞒犯罪所得罪定罪处罚。

实施前款规定行为，违法所得五万元以上的，应当认定为刑法第三百一十二条第一款规定的"情节严重"。

单位实施第一款规定行为的，定罪量刑标准依照第一款、第二款的规定执行。

第八条　以单位名义或者单位形式实施危害计算机信息系统安全犯罪，达到本解释规定的定罪量刑标准的，应当依照刑法第二百八十五条、第二百八十六条的规定追究直接负责的主管人员和其他直接责任人员的刑事责任。

四、破坏计算机信息系统案件的侦查要点

（一）案件管辖

由于网络犯罪案件的特殊性，破坏计算机信息系统犯罪行为往往涉及多地，共同作案人往往也来自不同居住地,并且也存在同一犯罪嫌疑人破坏多个地区的多个计算机信息系统的情况。依照刑事诉讼法和相关规定,所涉及地域的有关司法机关对这些网络犯罪案件均有管辖权,因此在实际办案中可能造成有管辖权的司法机关之间的管辖冲突或者互相推诿,从而影响及时缉捕犯罪嫌疑人、案件起诉和审判。为解决这一问题,《网络犯罪刑事诉讼意见》对于网络犯罪案件的管辖作出了更为明确具体的规定。实践中,破坏计算机信息系统犯罪案件的立案侦查往往由被侵害计算机信息系统或其管理者所在地的公安机关负责。

(二)立案审查

根据案件管辖的相关规定,破坏计算机信息系统犯罪是公安机关立案管辖的犯罪类型。公安机关受理报案或举报的破坏计算机信息系统线索后,需要对相关报案材料及线索进行审查,明确是否存在违法犯罪事实,是否需要追究刑事责任,并且在自己的管辖范围内,符合上述要求的案件,经县级以上公安机关负责人批准后可以进行立案。立案审查涉及的关键环节包括以下几个方面。

1. 案件来源的审查

案件来源一般来自以下四个方面:①单位和个人的报案、举报;②被害人或其法定代理人的报案、控告;③犯罪人的自首;④司法机关自行发现犯罪事实或者犯罪嫌疑人。破坏计算机信息系统案件的线索来源可能来自上述四个方面,在实际的侦查工作中,由于破坏计算机信息系统的特殊性,公安机关结合受害人或单位的报案情况,通过专门勘查取证工作或者网络巡查发现的线索也是破坏计算机信息系统案件线索的重要来源之一。

2. 违法犯罪事实的审查

违法犯罪事实的审查应该重点从线索涉及的计算机信息系统、计算机病毒等破坏性程序样本等方面分别审查。

关于破坏计算机信息系统案件的审查,应该注意甄别被害人所指的计算机信息系统是否为被人为故意采取技术手段破坏,还是因为计算机信息系统硬件损坏、自身软件BUG等客观非人为原因造成的。以及注意查看计算机信息系统的类型、计算机信息系统及管理者所在地等方面进行核实。如果初步查明,计算机信息系统确系人为故意采取技术手段进行破坏的,应立即对计算机相关电子数据证据进行保全分析工作,梳理相关登录操作日志信息。

关于计算机病毒等破坏性程序的审查,应该提取固定计算机病毒等破坏程序,并采取专门技术进行检验鉴定,检验其具体的程序功能,以及控制端或回传信息的网络地址等情况。

如被恶意敲诈勒索的，应围绕恶意敲诈勒索对象所留的通讯联络方式、支付方式开展侦查取证工作。对于嫌疑人使用的资金账号，应该按照初查的要求，审查核实资金实际流转情况，对现实的资金使用情况与敲诈勒索的相关情况进行印证。如果资金账号的资金流向、数额与被害人或单位汇款的情况吻合，可以判明此资金账号为犯罪嫌疑人作案使用，资金记录可以作为涉案金额的证据材料。

3. 是否追究刑事责任的审查

破坏计算机信息系统罪一般表现为三种行为方式：破坏计算机信息系统功能、破坏计算机信息系统数据或应用程序、制作传播计算机病毒等破坏性程序，并且后果严重。2011 年发布的《危害计算机信息系统安全犯罪解释》，对"计算机病毒等破坏性程序""计算机系统"和"计算机信息系统"的概念分别做了进一步的解释，对破坏计算机信息系统犯罪的"后果严重""后果特别严重"的情形做了详细规定，在案件审查阶段要注意被破坏的计算机信息系统的数量、计算机信息系统用户数量、违法所得数额、经济损失数额等情况。

如果审查中发现达不到刑事案件立案标准的，则可以依据《中华人民共和国治安管理处罚法》相应条款进行查处。

（三）侦查措施和流程

破坏计算机信息系统案件的侦查应该查明嫌疑人实施网络攻击破坏活动的相关主要犯罪事实，还要收集证明计算机信息系统被破坏情况的相关证据。在查清主要犯罪事实方面应该查明嫌疑人组织网络攻击破坏活动是如何开展的，涉及攻击破坏方式、造成的后果、经济损失和违法所得数额认定、恶意程序功能检验鉴定等方面。网络案件侦查工作可以围绕网上、网下侦查以及信息流的侦查、资金流的侦查几个方面开展。

不同类型的破坏计算机信息系统案件的侦查措施是不同的。要从以下几个方面着手：

1. 攻击破坏的方式

破坏计算机信息系统的犯罪行为有可能来自外部，也有可能来自内部。因此在侦查初期，不能仅仅针对外部的数据进行分析，还要从管理权限着手，判断能够物理接触计算机信息系统，以及具有远程操作权限的人员是否有作案条件、作案动机。在排除内部作案的可能性后，可以把重点放在外部破坏上。外部破坏的方式一般有非法侵入破坏计算机信息系统数据或应用程序以及 DDoS 网络攻击等。

2. 线索的侦查

破坏计算机信息系统的行为不同，也很有可能是多种行为交织在一起，保存的数据多而杂乱。侦查人员容易面对这些数据产生迷惑，而且篡改数据、破坏功能和制作、传播病毒的分析方法截然不同。侦查人员应当从后果入手，逐步回溯行为。通过系统日志、数据库、程序和病毒本身以及保存的数据来逐一侦查，分析判断。必要时可以邀请信息系统相关的运维人员、开发人员协助分析，对协助侦查员要排除其涉案嫌疑，相关案情要对无关人员保密。

对于内部作案，应当从权限控制入手。而对于非接触式的 DDoS，可以从利益冲突、商业竞争、敲诈勒索情形、攻击溯源等角度入手进行分析。

上述的分析，都需要及时固定电子数据证据，因为电子数据瞬息万变，随时可能灭失。破坏计算机信息系统的证据需要"前置化"，发现就固定，不能等到确定嫌疑人后才固定。只有证据充分有效，才能为诉讼提供有利条件。

（四）排查和抓捕

通过对线索的摸排，确定重点怀疑对象，结合实地走访、证人证言，甚至通过外围信息逐步缩小范围，确定嫌疑人。注意，嫌疑人也许不是单人，可能是一个团伙，甚至是一个单位。在确定嫌疑人后，可以伺机抓捕。抓捕时要注意避免惊动团伙内的其他犯罪嫌疑人，有条件的可以多地同时实施统一抓捕，没有条件的可以优先抓捕主要犯罪嫌疑人。

（五）询问和讯问

破坏计算机信息系统的特点是受害者可能不止一个，同时可能有知情者。因此询问笔录要做到充分翔实，尤其是危害后果。对于犯罪嫌疑人的讯问，应当从其犯罪动机、网络攻击破坏方式、是否受人指使，要与已掌握的资金情况、电子数据证据情况、计算机信息系统被破坏情况以及相关关键时间节点相互印证，按照在整个破坏链上的角色，主要围绕其上下级关系的关联、违法犯罪行为中的角色分工等方面，形成整个破坏行为的证据链条。

（六）侦查终结

破坏计算机信息系统的侦查过程有可能持续时间较长，也不是所有涉案人员能够同时到案。因此侦查终结不会是一个点，而会是一个阶段。根据案件总体侦办进展要做到随侦随办。

对于犯罪事实清楚，证据确实、充分，法律手续完备，依法应当追究刑事责任的案件，应当制作"起诉意见书"，经县级以上公安机关负责人批准后，连同案卷材料、证据，一并移交同级人民检察院审查决定。

第五节　案例剖析

一、非法侵入计算机信息系统案例剖析

（一）案例一

案件背景：2010年3月至5月间，范某某伙同文某通过黑客技术侵入某国家机关（服务器地点位于北京市朝阳区酒仙桥）后台，修改网页源代码（在网站源文件上植入"黑链代码"），对网站主页进行修改，以提高其他网站在搜索引擎的排名，从而达到非法获利的目的。

侦查分析：该国家机关网站属于《刑法》第二百八十五条中"国家事务的计算机信息系统"，故二人侵入该网站的行为构成非法侵入计算机信息系统罪。

排查抓捕：北京公安机关接到报案后，对该国家机关进行了勘验，获取了侵入的重要线索，并根据侦查结果抓获了范某某和文某。北京市朝阳区人民检察院以嫌疑人范某某、文某犯非法侵入计算机信息系统罪、非法控制计算机信息系统罪，于2010年12月13日向朝阳法院提起公诉。朝阳法院经审理后认为，被告人范某某、文某法制观念淡薄，为谋取私利，违反国家规定，侵入国家事务领域的计算机信息系统，情节严重，二被告人的行为均已构成非法侵入计算机信息系统罪。被告人范某某起意并组织实施犯罪，系主犯；被告人文某在范某某的安排下实施犯罪行为，系从犯。朝阳法院于2011年2月18日作出判决：被告人范某某犯非法侵入计算机信息系统罪，判处有期徒刑九个月；被告人文某犯非法侵入计算机信息系统罪，判处有期徒刑六个月。

（二）案例二

案件背景：2013年9月以来，黄某以VPN拨号的方式，非法侵入某省政务内网，租用服务器，通过"我的扫描器3389""3389爆破工具"等黑客攻击软件，扫描并侵入开启3389端口的某县政府、某市政府、某市卫生局、某市公共服务中心等处的三十台政府服务器，通过"VIP1433""缠绵VIP1433"等工具扫描出上述服务器下有1433漏洞的主机，并对相应服务器及主机植入大量恶意程序。

侦查分析与排查抓捕：该省公安机关网络安全保卫部门通过网上巡查，发现这些网站被侵入,遂立案侦查,于 2014 年 2 月抓获犯罪嫌疑人黄某。公诉机关认为,被告人黄某违反国家规定,非法侵入政务内网信息系统,其行为已触犯《刑法》第二百八十五条第一款的规定,提请法院以非法侵入计算机信息系统罪追究被告人刑事责任。

证明上述事实的证据有:户籍信息、抓获经过、前科材料、扣押清单;证人冯某、胡某甲、徐某、胡某乙等人的证言;被告人黄某的供述与辩解;搜查笔录、电子证据检查笔录、远程勘验笔录等事实。本案事实清楚,证据确实、充分。

法院认为,被告人黄某违反国家规定,非法侵入某省政务内网信息系统,其行为已触犯刑律,构成非法侵入计算机信息系统罪。公诉机关指控的罪名成立。被告人黄某犯非法侵入计算机信息系统罪,判处拘役四个月,缓刑八个月。

二、非法获取计算机信息系统数据、控制计算机信息系统案例剖析

案件背景:2014 年 2 月 8 日,被告人刘某通过"黑客软件"非法入侵某通讯股份有限公司(以下简称为某公司)一技术支持网站,该网站域名为 support.XXXX.com.cn,网站服务器设在深圳市南山区。刘某利用"AcunetixWebVulnerabilityScanner"软件对网站后台服务器进行扫描,发现漏洞后,将"一句话"脚本程序植入网站的根目录,进而控制网站后台服务器,后下载服务器存储的某公司多个商业秘密文件,并将文件资料通过网络邮箱私自发送给蒋某某。

侦查分析与排查抓捕:经过缜密侦查,2014 年 5 月 29 日,刘某在上海市被民警抓获。经鉴定,刘某非法入侵网站的行为造成某公司直接经济损失人民币 44186.09 元。公诉机关建议对被告人刘某判处二年以下有期徒刑,并处罚金。被告人对公诉机关指控的上述犯罪事实和罪名无异议。

经法院审理查明,公诉机关指控的犯罪事实属实。上述事实,有扣押的计算机、受案登记表、调取证据通知书、邮件内容、扣押决定书、扣押清单、抓获经过、被告人身份信息、谅解书、蒋某某的证言、被害公司某通讯股份有限公司委托人谭某、谢某某的陈述,非法入侵网站痕迹、直接经济损失等鉴定文书,刘某、谢某某、蒋某某对非法下载文件资料的辨认,邮箱资料,被告人刘某的身份信息及供述等业经查证属实的证据证实,足以认定。

法院判处被告人刘某犯非法获取计算机信息系统数据、控制计算机信息系统罪,判处有期徒刑六个月,缓刑一年,并处罚金人民币 1 万元。缴获的作案工具

计算机一台，由扣押机关依法予以没收。

三、提供侵入、非法控制计算机信息系统程序、工具案例剖析

案件背景：2008年5月6日，某省水利厅的官方网站页面无法打开，疑被黑客侵入。该网站主要承担公文办理、汛情传递等重要任务，日访问量达5000人次。当时，某省已进入汛期，网站能否正常运行将直接影响该省防汛工作。当日，某省水利厅向警方报案。

侦查分析与排查抓捕：某市公安局网安支队接报后，立即会同某市公安局某分局组成专案组，立案侦查。经过现场勘查，专案组确认"XX水利网"系遭到黑客攻击而瘫痪。办案人员经过连续几天艰苦工作终于查明，导致"XX水利网"瘫痪的原因是黑客将一款名为"大小姐"的木马程序植入了水利厅的网站后台程序。通过进一步排查，专案组发现嫌疑人位于某省某市内。在该市公安局网安支队的配合下，5月14日，某市警方将逃离的犯罪嫌疑人何某等人抓获。

某市警方按照公安部的指令，追踪"大小姐"木马黑客的始作俑者。经艰苦工作，专案组分别于6月13日、6月24日在外省多地抓获了制作、传播"大小姐"系列木马病毒、涉嫌破坏计算机信息系统的团伙组织者王某、编程者龙某及销售总代理周某等10人。

2008年9月，公安机关将该案向某市某区人民检察院移送审查起诉。当时，办案检察官面临的最大困难是电子证据如何使用和固定。例如，犯罪嫌疑人的买卖交易都是在网上进行，犯罪所得也都是通过支付宝等网上支付形式支付。对于电子数据的认定经过警方3次补充侦查。最终区人民检察院固定了案件全部证据，于2009年3月31日向法院提交了嫌疑人涉及"提供侵入、非法控制计算机信息系统程序、工具罪"的起诉书。

某市某区人民法院对案件作出判决。法院认为：被告人王某、龙某等人违反国家规定，提供专门用于侵入、非法控制计算机信息系统的程序或采用技术手段，获取计算机信息系统中存储的数据，情节严重，其行为均已构成"非法获取计算机信息系统数据、控制计算机信息系统罪"和"提供侵入、非法控制计算机信息系统程序、工具罪"，属共同犯罪。依据《刑法》第二百八十五条第二款、第三款等规定，判处王某有期徒刑一年二个月，并处罚金50万元；判处龙某有期徒刑一年，并处罚金10万元。另4名被告人也分别被判处一年或一年以上有期徒刑，并处罚金。

本章小结

本章主要探讨了危害计算机信息系统安全的各种犯罪类型及其侦查方法，全面介绍了非法侵入计算机信息系统、非法获取计算机信息系统数据、非法控制计算机信息系统以及提供侵入、非法控制计算机信息系统程序、工具等犯罪行为的概念、构成要件及法律约束。

首先，本章详细阐述了非法侵入计算机信息系统的定义及其犯罪构成，包括犯罪主体、客体、主观要件和客观要件。非法侵入计算机信息系统的行为不仅扰乱了计算机系统所有人的权益，还对国家安全和社会稳定造成了极大威胁。

其次，本章分析了非法获取计算机信息系统数据、控制计算机信息系统的犯罪构成及其法律规定。此类犯罪通过侵入或其他技术手段获取计算机系统中的数据或控制计算机系统，具有高度的隐蔽性和破坏性。侦查过程中需要重点关注数据流和利益流，以便追踪到犯罪嫌疑人。

另外，本章还探讨了提供侵入、非法控制计算机信息系统程序、工具的犯罪行为。此类行为在网络黑色产业链中占据重要位置，尽管在司法实践中较为少见，但其社会危害性不容忽视。侦查此类案件时，应注重固定电子数据证据，并通过网络查证和资金查证等方法锁定犯罪嫌疑人。

在侦查非法侵入、非法获取计算机信息系统数据、控制计算机信息系统案件的过程中，侦查机关需综合运用法律和技术，提升自身侦查能力，建立高效的侦查体系，以应对不断变化的网络犯罪形势。

最后，本章通过多个实际案例剖析，展示了各类网络犯罪案件的侦查思路和方法，提供了宝贵的实践经验。通过这些案例分析，进一步说明了电子数据取证在网络犯罪案件中的关键作用。

思考题

1. 非法侵入计算机信息系统罪的犯罪构成要件有哪些？
2. 如何界定"国家事务、国防建设、尖端科学技术领域"的计算机信息系统？

3. 非法侵入计算机信息系统案件中，如何判断侵入行为是否"严重"？

4. 在侦查非法侵入计算机信息系统案件时，侦查人员应重点关注哪些线索？

5. 非法获取计算机信息系统数据与非法控制计算机信息系统的区别是什么？

6. 非法获取计算机信息系统数据、控制计算机信息系统案件的侦查要点有哪些？

7. 非法获取计算机信息系统数据的犯罪动机有哪些？

8. 提供侵入、非法控制计算机信息系统程序、工具的主要特点和法律约束是什么？

9. 如何通过网络查证和资金查证锁定提供侵入、非法控制计算机信息系统程序、工具的犯罪嫌疑人？

10. 破坏计算机信息系统罪与非法侵入计算机信息系统罪有何区别？

11. 破坏计算机信息系统案件的主要证据类型有哪些？通过哪些渠道获取？

12. 破坏计算机信息系统案件侦查扩线的主要环节有哪些？

13. 破坏计算机信息系统案件典型类型有哪些？

14. 破坏计算机信息系统罪的"后果严重"具体包括哪些情形？

15. 在侦查破坏计算机信息系统案件时，如何有效应对嫌疑人可能采取的反侦查措施？

16. 在网络犯罪侦查中，如何识别和确定犯罪主体的真实身份？

第六章 利用计算机信息系统和互联网实施的犯罪案件侦查

随着互联网和信息技术的快速发展和全面普及，网络犯罪亦相伴而生，盗窃、诈骗、赌博、色情、传销以及其他金融犯罪延伸发展到互联网上，本章通过介绍这些犯罪案件的基本情况、类型特点、侦查思路、典型案例等内容，详细阐述这些利用计算机信息系统和互联网实施犯罪的作案方式、犯罪团伙的组织架构、涉案线索的分析方法，以达到掌握这些案件的侦查、取证、诉讼等要点的目的。

第一节 利用计算机信息系统和互联网实施的犯罪案件概述

随着全球信息技术的迅猛发展，网络已经开始并将继续深入地渗透到人们的生活之中，在互联网上不仅可以实施以计算机系统为对象的新型犯罪，网络侵入、非法控制等针对计算机信息系统和互联网实施的犯罪活动与日俱增，而且还大大方便了盗窃、赌博、诈骗、淫秽色情、传销以及其他金融犯罪等传统犯罪的实施，赋予这些传统犯罪新的网络特征和犯罪特点。

网络盗窃、网络赌博、网络诈骗、网络淫秽色情、网络传销、网络金融犯罪等案件仅仅是利用计算机信息系统和互联网，将犯罪手法进行了更新和发展，其犯罪的本质、犯罪构成等都未发生实质性改变。《刑法》第二百八十七条对利用计算机信息系统和互联网实施的犯罪案件进行了明确规定，利用计算机实施金融诈骗、盗窃、贪污、挪用公款、窃取国家秘密或者其他犯罪的，依照本法有关规定定罪处罚。

在利用计算机信息系统和互联网实施的犯罪案件中，实施犯罪的主体、侵害的客体以及主观方面与其原有犯罪相同，只是犯罪手法发生了改变，致使这些犯罪在客观方面出现了新的特征和内容，而且由于利用计算机信息系统和互联网实施的犯罪往往会出现两种或者多种犯罪具有很高的相似性，导致在定罪量刑方面出现意见分歧，但是只要把握其犯罪的本质，就可以进行有效的区分，防止出现立案不准确、证据收集不充分、案件事实侦查不清楚等情况。

一、网络盗窃与非法获取计算机信息系统数据案件的区别

首先，犯罪客体和犯罪对象不同。网络盗窃犯罪的客体是公私财物的所有权，犯罪对象是虚拟化的资金、商品和货币等值卡券的号码、密码等数据信息；而非法获取计算机信息系统数据犯罪的客体是计算机信息系统的安全，犯罪对象仅限于使用中的计算机信息系统中存储、处理、传输的数据，脱离计算机信息系统存放的计算机数据。

其次，犯罪行为不同。网络盗窃犯罪行为是窃取虚拟化的资金、商品和货币等值卡券的号码、密码等具有自身价值的数据信息，非法获取计算机信息系统数据犯罪行为是非法获取自身不具有价值的数据信息。

二、网络诈骗与网络盗窃案件的区别

网络诈骗与网络盗窃案件的区别除了侵害的客体对象不同之外，在客观方面主要表现在：

第一，处分财产的意愿不同。受害人基于错误的信任或者认识，并自愿作出财产处分行为，则是诈骗犯罪，反之则是盗窃罪。财产处分行为，包括直接交付财产或者财产账户的直接处分权。

第二，造成财产损失的原因不同。如果被害人最终的财产损失是由于自己的处分行为导致，则是诈骗犯罪；反之应当以盗窃论处，包括"处分的具体行为"与"处分的意思表示"，表现为直接交付财产，或者承诺行为人取得财产，或者承诺转移财产性利益。

第二节　网络盗窃案件侦查

一、网络盗窃案件概述

网络盗窃是传统盗窃犯罪在网络空间中的一种表现，是随着信息化技术的高速发展和普及应用而出现的。网络盗窃犯罪可以定义为通过计算机网络技术，采

取黑客攻击、社会工程、植入木马等方式,控制计算机信息系统或账号,秘密窃取公私财物的行为。

网络盗窃犯罪的主要方式有:

第一,利用职务之便或木马、蠕虫等计算机病毒、社会工程学等,非法获取他人银行账号、支付平台账号、密码等个人信息,秘密窃取公私财物。

第二,利用职务便利或者黑客技术,取得计算机信息系统控制权,获取计算机信息系统内存储的充值卡、代金券等货币等值数据信息,非法窃取公私财物。

(一) 网络盗窃的常见类型

根据被侵害的网络应用种类,可将网络盗窃案件划分为网银盗窃、第三方支付平台盗窃、货币等值数据盗窃和网络服务盗窃。

网银盗窃:采取钓鱼网站、嵌入浏览器执行、键盘记录、窃取数字证书文件、植入远程控制木马等方式,获取受害人网上银行账号、密码,通过登录受害人网上银行账户,将受害人网银账户内的资金转账到其他账户,并指使"马仔"提现。

第三方支付平台盗窃:非法获取受害人的第三方支付平台账号、密码后,通过将受害人第三方支付平台内的资金转账到多个银行卡并提现,或者使用受害人第三方支付平台内的资金购买充值卡、代金券、游戏币等数据虚拟产品,再将虚拟产品转卖变现等方式非法窃取受害人的财产。

货币等值数据盗窃:通过取得充值卡、代金券等数据信息管理平台控制权限的方式,非法获取充值卡、代金券的号码、密码等数据,使用直接消费或者转卖销赃变现等方式非法窃取受害人的财产。

网络服务盗窃:通过盗用他人公共信息网络上网账号、密码上网或者使用、消费他人购买的网络服务的方式非法窃取受害人的财产。

(二) 网络盗窃的特点

网络盗窃具有超空间性和虚拟性的特点。

在超空间性方面,网络盗窃不需要犯罪嫌疑人与被害人、作案对象在同一地域,犯罪嫌疑人可以通过计算机信息系统或互联网异地实施犯罪,不受地域和空间限制。

在虚拟性方面,网络盗窃犯罪侵害的电子货币、货币等值数据、网络有价服务等客体具有虚拟性,需要通过计算机信息系统转化、显现其财产价值。

二、网络盗窃的法律约束和犯罪构成

（一）网络盗窃案件的法律约束

1.《中华人民共和国刑法》

第二百六十四条 盗窃公私财物，数额较大的，或者多次盗窃、入户盗窃、携带凶器盗窃、扒窃的，处三年以下有期徒刑、拘役或者管制，并处或者单处罚金；数额巨大或者有其他严重情节的，处三年以上十年以下有期徒刑，并处罚金；数额特别巨大或者有其他特别严重情节的，处十年以上有期徒刑或者无期徒刑，并处罚金或者没收财产。

第二百六十五条 以牟利为目的，盗接他人通信线路、复制他人电信码号或者明知是盗接、复制的电信设备、设施而使用的，依照本法第二百六十四条的规定定罪处罚。

第二百八十七条 利用计算机实施金融诈骗、盗窃、贪污、挪用公款、窃取国家秘密和其他犯罪的，依照本法有关规定定罪处罚。

2.《最高人民法院、最高人民检察院关于办理盗窃刑事案件适用法律若干问题的解释》

第一条 盗窃公私财物价值一千元至三千元以上、三万元至十万元以上、三十万元至五十万元以上的，应当分别认定为刑法第二百六十四条规定的"数额较大""数额巨大""数额特别巨大"。

各省、自治区、直辖市高级人民法院、人民检察院可以根据本地区经济发展状况，并考虑社会治安状况，在前款规定的数额幅度内，确定本地区执行的具体数额标准，报最高人民法院、最高人民检察院批准。

3.《中华人民共和国治安管理处罚法》

第四十九条 盗窃、诈骗、哄抢、抢夺、敲诈勒索或者故意损毁公私财物的，处五日以上十日以下拘留，可以并处五百元以下罚款；情节较重的，处十日以上十五日以下拘留，可以并处一千元以下罚款。

4.《最高人民法院关于审理扰乱电信市场管理秩序案件具体应用法律若干问题的解释》

第七条 将电信卡非法充值后使用，造成电信资费损失数额较大的，依照刑法第二百六十四条的规定，以盗窃罪定罪处罚。

第八条 盗用他人公共信息网络上网账号、密码上网，造成他人电信资费损失数额较大的，依照刑法第二百六十四条的规定，以盗窃罪定罪处罚。

(二) 网络盗窃案件的犯罪构成

1. 犯罪主体

网络盗窃犯罪的主体是一般主体，凡达到刑事责任年龄（16 周岁）且具备刑事责任能力的人均能构成。

2. 犯罪客体

网络盗窃侵犯的客体是公私财物的所有权。网络盗窃犯罪的侵犯客体主要是以网上银行资金、第三方支付平台内的公私资金、充值卡、代金券卡号及密码等以数字形式记录在服务器中的财物等值数据。

3. 犯罪的主观要件

网络盗窃犯罪行为在主观方面均表现为直接故意，且具有非法占有的目的，不存在非利益因素。

4. 犯罪的客观要件

网络盗窃在客观方面表现为行为人具有通过编写、传播、使用木马、入侵计算机信息系统、非法获取电子数据等方式窃取数额较大的公私财物或者多次窃取公私财物的行为。

三、网络盗窃案件的侦查和取证要点

（一）网络盗窃案件的侦查要点

1. 案件管辖

网络盗窃案件由犯罪地公安机关立案侦查。必要时，可以由犯罪嫌疑人居住地公安机关立案侦查。犯罪地包括用于实施犯罪行为的网站服务器所在地，网络接入地，网站建立者、管理者所在地，被侵害的计算机信息系统或其管理者所在地，犯罪嫌疑人、被害人使用的计算机信息系统所在地，被害人被侵害时所在地，以及被害人财产遭受损失地等。涉及多个环节的网络盗窃案件，犯罪嫌疑人为网络犯罪提供帮助的，其犯罪地或者居住地公安机关可以立案侦查。对于管辖有争议的，可以由共同的上级公安机关指定管辖。

2. 立案审查

网络盗窃案件的立案审查，主要围绕案件的基本事实、案件的性质、类型，确定是否具备立案条件，认为确实属于网络盗窃案件的，应当根据案件管辖原则，由相应的公安机关予以立案，进行侦查。

案件性质：根据报案人的陈述，侦查人员需要判断所述内容是否属实，是否是计算机设备故障或者误操作，是主动转账被诈骗还是在不知情的情况下被盗窃

等情形，以及网络盗窃后果的严重性和是否应当归本公安机关管辖等方面。必要时，侦查人员可以采取检验鉴定等非强制性侦查措施进行案件初查。

案件后果：受害人的损失多少是追究犯罪嫌疑人刑事责任、确定量刑幅度的尺度之一。审查、记录受害人的损失，不能以受害人陈述为准，要有能够作为证据使用的交易记录、银行转账记录、网络服务使用记录等信息。

3. 侦查要点

在利益驱动下，网络黑产产业链的分工不断细化，非法侵入、控制计算机信息的工具操作日趋简便，获利更加快捷，致使此类案件高发不下。打击网络盗窃案件应提高对作案动机、团伙性质、社会危害、打击方法等方面的整体认识，坚持打击源头、打击团伙、打击利益链条，从根本上有效遏制网络盗窃犯罪。

侦查资金流向：犯罪嫌疑人一般通过直接提现、网银转账或者网上购物后变卖套现等方式盗取公私财物。通过追踪资金走向，掌握被盗资金数量，圈定犯罪嫌疑人的活动范围，为后期实施抓捕和证据固定奠定基础。

侦查虚拟身份：犯罪嫌疑人在实施网络盗窃的各个环节中，可能会留下网上虚拟身份，通过回溯和跟踪已知的虚拟身份，可以发现和掌握犯罪嫌疑人的真实身份、活动区域、好友关系、成员数量等深层次情报信息，从而引导突破全案。

侦查作案工具：大部分网络盗窃案件中犯罪嫌疑人会使用钓鱼网站或盗号木马，通过对钓鱼网站或者盗号木马进行技术分析，查清受害人相关信息回传 IP 地址或者域名信息，利用互联网工具查询域名"Whois"信息（即域名注册信息）和服务器的信息，掌握域名 DNS 解析操作和服务器维护日志中的登录信息，进而发现犯罪嫌疑人的踪迹。同时，还可以根据钓鱼网站或者盗号木马的特殊代码特征串并出使用同一作案工具的案件。

侦查涉案关键字：通过钓鱼网站实施网络盗窃的案件中，钓鱼网站上通常会留有姓名、手机、电话、QQ、公司地址、MSN、银行账号、电子邮箱等信息，将这些信息作为关键字在"百度""谷歌""搜狗"等多个搜索引擎中检索，可以发现相同或相似的网站，甄别后可以进行案件的串并关联。

4. 排查和抓捕

对网络盗窃案件进行排查，一般以挂马人为入口，进一步掌握"箱子"[1]、

---

[1] "箱子"是网络犯罪中的暗语，通常是指非法获取到的受害人的账号、密码、密保信息等数据的集合，一个"箱子"中一般会有数十至数万条的数据信息。

银行卡等信息，同时准确把握资金流向，进而追溯查清写马人、马仔等利益链条上的其他同伙，为获取证据和扩大战果打下比较好的基础。

在一段时间内，网络盗窃团伙人员相对固定，但也会因利益失衡或冲突而发生多种形式的变化。网络盗窃团伙成员分布的广泛性，为侦查破案带来一定难度。因此，打击此类违法犯罪不能拘泥于某一特定的形式，而是根据已获取、掌握的线索和证据，结合工作实际，既可选择对中下层成员各个击破，逐步向上层推进的抓捕方法；也可采取预先布点蹲守侦察，统一时间集中收网的抓捕方法。如果条件允许，可以采取集中与分散打击并举的方式，集中警力对此类违法犯罪进行全链条的打击。

5. 询问与讯问

侦查人员在询问过程中需要耐心和细心，不厌其烦地详细询问案件的每个环节，利用侦查经验发现案件线索，尤其是关键性线索比如钓鱼网站的网址、盗号木马及嫌疑人使用的即时聊天工具等。

网络盗窃案件通常案情复杂、涉及人员众多、犯罪技术多样、空间跨度大、电子数据取证困难，侦查人员在讯问犯罪嫌疑人的过程中，要熟悉案件情况和关键线索情况，在讯问过程中利用审讯技巧，从不同角度向犯罪嫌疑人核实案件线索，了解嫌疑人犯罪手法，梳理出嫌疑人的作案过程并掌握关键性证据，构建出完备的证据链条。

6. 勘验检查

网络盗窃案件勘验检查的对象既包括受害人使用的手机、计算机等电子设备，又包括犯罪嫌疑人的住所以及手机、计算机等电子设备，还包括犯罪嫌疑人用于实施犯罪的服务器等网络设施。勘验检查需要注意以下几点：

（1）发现受害人计算机中权限设置的更改以及与涉案财物相关的数据信息等；

（2）从局域网异常现象中发现犯罪嫌疑人的蛛丝马迹，及时收集提取可能的计算机病毒、木马程序，避免重要证据的灭失；

（3）控制犯罪嫌疑人，防止犯罪嫌疑人破坏现场；

（4）通过犯罪嫌疑人对其所使用的作案工具的指认，固定犯罪嫌疑人与作案工具的关系；

（5）要全面固定、提取涉案银行账户信息、虚拟身份的登录信息、病毒木马的使用情况、钓鱼网站域名的注册信息等关键电子数据信息，并与其他证据形成完整的证据链条,为审讯提供重要的依据。

7. 侦查终结

依据《公安机关办理刑事案件程序规定》第八章第十二节的相关规定,网络盗窃案件侦查终结的条件与其他犯罪案件一样,同时符合五个条件,即案件事实清楚,证据确实、充分,犯罪性质和罪名认定正确,法律手续完备,依法应当追究刑事责任。

一般来说,网络盗窃案件首先要弄清犯罪嫌疑人的作案方法,查清网络盗窃的涉案资金数量,尤其是单笔数额较小、盗窃次数多的网络盗窃犯罪,应当累计网络盗窃资金数额,并掌握资金流向,将侦查中获取的证据形成证据链;其次查明网络盗窃的主要嫌疑人、主要参与者的真实身份,对于团伙作案的还要查明该团伙的组织结构,相关嫌疑人在作案过程中的角色,在犯罪过程中起到的作用,特别是团伙为了洗钱,将盗窃资金直接转移海外时,要查清主要的资金流转方式和结算方式。在进一步整理完善证据材料,确保主要证据清楚的情况下,按照法律程序,移交检察院审查决定批捕和提起公诉。

(二) 网络盗窃案件的证据要点

网络盗窃案件主要通过互联网实施,被盗物品为有形或者无形的财产,涉及的证据不但有电子数据,还有书证物证。在取证过程中,要注意取证的合法性和合规性,确保证据确凿有效。

在嫌疑人认定方面,嫌疑人登录被害人相关设备遗留的 IP 地址,域名注册信息,维护后台网络空间的登录信息、IP 地址,进行黑客入侵残留的信息,如日志记录中的 IP 地址、通过病毒分析出的控制端 IP 地址等,以及提取被盗财产时的定位信息等。

在盗窃行为认定方面,计算机上的网页信息、病毒信息、日志信息要及时固定提取,被盗资金的流向信息比如转账记录、转账 IP 记录要通过规范程序固定。对于充值卡、代金券等货币等值数据要通过物价部门评估价值。对于提取到的恶意软件应提交司法鉴定或指定的检验机构进行功能性检验鉴定,其他数据、代码提交电子数据取证部门按流程进行固定、提取形成证据材料。

四、网络盗窃案例剖析

案件背景:网民报案称,在网上购物支付时工行卡内的 31600 元被盗。经详细了解,受害人在家上网时,一陌生 QQ 网友称认识拍拍网公司的人,能帮其刷拍拍网店的信誉,并主动向受害人发了一个"拍拍新规则.zip"的压缩文件。谈好价格后，该网友又以支付宝充值可以优惠的名义诱使受害人多次进行网银充值，充值后，受害人查询发现充值均未到账，银行卡内 31600 元不知去向。

侦查分析：公安机关经过对受害人使用的计算机进行电子数据勘验检查发现，"拍拍新规则.zip"的压缩文件实际上是一款名为"浮云"的木马程序。对"浮云"木马进行原理分析后，发现这种木马可以对 20 多个银行的网上交易系统实施盗窃。该木马程序由一网名为"GG"的人制作销售，该犯罪团伙长期在互联网上利用木马盗窃他人网银账户内钱财。这种病毒在受害人使用网银转账过程中，木马就自动将收款账户替换为木马设好的嫌疑人的收款游戏账户，在受害人不知情的情况下篡改转账金额，将受害人网银资金秘密转入到犯罪嫌疑人指定的游戏账户。除了具有一般的网银盗窃木马的功能外，"浮云"木马更具隐蔽性，可以躲过杀毒软件的查杀，并且可以根据银行卡内的资金情况更改盗窃资金的额度。特别有别于其他木马的是，"浮云"木马的运行并不依赖后台的支持，而是根据不同包马人的博客来控制盗取的受害人资金的数量和流向。

排查抓捕：通过对"浮云"木马进行分析，发现了受害人网银账号密码信息回传的后台地址、网银充值接口（第三方充值平台）、第三方充值账号等信息，通过对这些信息进行综合分析，查清了涉案资金的流向，对该案的顺利侦破发挥了决定性作用。公安机关经过缜密侦查，最终确定此案涉及作案嫌疑人 40 余人，抓获"浮云"木马的编写者高某、王某，彻底打掉了这个犯罪团伙。

第三节　网络诈骗案件侦查

一、网络诈骗案件概述

网络诈骗犯罪是传统诈骗犯罪的变形，利用互联网实施诈骗或者主要犯罪行为发生在互联网上，通过虚构事实或者隐瞒真相达到骗取财物的目的。我国《刑法》第二百六十六条规定，诈骗罪是指以非法占有为目的，用虚构事实或者隐瞒真相的方法，骗取数额较大的公私财物的行为。《刑法》第二百八十七条规定，利用计算机实施金融诈骗、盗窃、贪污、挪用公款、窃取国家秘密或者其他犯罪的，依照本法有关规定定罪处罚。

网络诈骗犯罪可以定义为以非法占用为目的，利用互联网实施的，或者犯罪的主要行为、环节发生在互联网上的，用虚构事实或者隐瞒真相的方法，骗取数额较大的公私财物的行为。在侦查实务中，虽然有些诈骗活动利用网络进行通讯联系等，但是只要诈骗犯罪的客观行为或者主要环节还是通过传统方法来实施的，不纳入网络诈骗的范畴。

（一）常见网络诈骗案件的类型

当前，网络诈骗活动屡禁不止，诈骗类型花样翻新，而且常会根据当前社会热点变换诈骗手法。常见的网络诈骗类型有冒充好友诈骗、商务邮件诈骗、积分兑换诈骗、兼职诈骗、内幕信息（股票、彩票）诈骗、购物退款诈骗、中奖诈骗、机票改签诈骗、网购二手车诈骗、办理假证诈骗、网络交友诈骗、招嫖诈骗等。

冒充好友诈骗：广西宾阳籍人员为本犯罪手法的高危人群。犯罪嫌疑人利用木马病毒窃取他人的QQ、微信等即时通讯的账号、密码、照片及聊天视频，以受害人的身份向受害人QQ、微信等好友以交学费、借钱、结账等方式诈骗钱财。

商务邮件诈骗：尼日利亚籍人员为本犯罪手法的高危人群。犯罪嫌疑人使用相似字母、数字，如用阿拉伯数字"1"代替英文字母"l"，用英文字母"rn"代替英文字母"m"等，注册与受害人相类似的邮箱，并通过发送邮件要求将货款汇入其指定的银行账户的方式诈骗钱财。

积分兑换诈骗：福建泉州籍、湖南娄底籍、海南儋州籍人员为本犯罪手法的高危人群。犯罪嫌疑人采用伪基站、群发器等设备向受害人群发"积分兑换现金"的短信，要求受害人登录指定网址，输入银行账号、身份证号、手机号等信息进行主动转账[1]。

兼职诈骗：福建安溪籍人员为本犯罪手法的高危人群。犯罪嫌疑人以高额佣金为诱饵发布网络招工、网络兼职等诈骗信息，以卡单[2]、无法支付佣金等理由诈骗钱财。

购物退款诈骗：福建龙岩籍人员为本犯罪手法的高危人群。犯罪嫌疑人通过QQ、微信等网络即时通信软件，向受害人发送所谓的退款网页，诱骗受害人将资金转入嫌疑人的账户中。

内幕信息（股票、彩票）诈骗：福建安溪籍人员为本犯罪手法的高危人群。

---

〔1〕 如果下载程序，在用户不知情的情况下转账，则属于网络盗窃。
〔2〕 卡单是网络诈骗人员"忽悠"买家的词，通常是指网络或系统故障致使交易订单丢失或者无法继续交易的情形。

犯罪嫌疑人在网上发布福利彩票、香港六合彩或者股票内幕信息，诱使受害人缴纳所谓的会员费、手续费等费用。

机票改签诈骗：海南儋州籍人员为本犯罪手法的高危人群。犯罪嫌疑人向购票预留手机号码群发"航班需要改签"短信，编造谎言骗取受害人钱财。

中奖诈骗：海南儋州籍人员为本作案手法的高危人群。犯罪嫌疑人利用时下热门综艺节目的影响力，谎称受害人中奖，并以缴纳税款、手续费等名义诈骗受害人钱财。

网购二手车诈骗：湖南娄底籍人员为本作案手法的高危人群。犯罪嫌疑人通过发布低价二手电动车、摩托车、汽车的广告，以"保证金""手续费"等名义诈骗受害人钱财。

代办证件诈骗：湖南娄底籍人员为本作案手法的高危人群。犯罪嫌疑人发布代办驾照、学历证书等信息，并以缴纳风险防范金、工本费、车旅费等为由诈骗受害人钱财。

"重金求子"诈骗：江西余干籍贯人员为本作案手法的高危人群。犯罪嫌疑人将自己包装成找人代为生育的"香港富婆"，以办理同居证、交保险、公证费等为由诈骗受害人钱财。

以上地域分布特征，基于公安机关侦办的网络诈骗案件登记数据，仅用于分析犯罪嫌疑人的地理分布规律，不能视为对任何地区人群的固有属性评判。

（二）网络诈骗的特点

当前，我国大陆境内的网络诈骗犯罪活动的主要有以下特点：

1. 犯罪链条产业化

在网络诈骗犯罪高危地区往往围绕某种诈骗手法逐渐形成了一条成熟、完整的上下游地下产业链。比如在宾阳地区的冒充亲友QQ诈骗犯罪团伙形成了盗号"木马"、诈骗"剧本"、作案用银行卡、第三方平台"洗钱"、跑腿取款等流程的专业分工，为直接实施诈骗的犯罪嫌疑人提供"一条龙"服务。

2. 诈骗手法多样化

网络诈骗手法多样，且不断更新换代，新型诈骗手法层出不穷，并紧随社会和技术发展快速更迭。比如冒充QQ好友诈骗先后经历了通过盗取QQ号要求其好友代为充话费、游戏点卡或者打款进行诈骗，伪装成公司"老总"QQ进行诈骗，利用"手机拦截"木马病毒冒充QQ、微信好友进行诈骗等犯罪手法变化的历程。

3. 高危人群犯罪手法交叉化

虽然某一种网络诈骗犯罪的手法在某一地区相对较为集中和活跃，但是近年来诈骗犯罪高危人群诈骗手法交叉趋势十分明显，比如从事 QQ 好友诈骗的广西宾阳籍犯罪嫌疑人也开始从事积分兑换诈骗等犯罪活动，而且多个高危人群相互串联、勾结从事犯罪活动也趋于增多，比如宾阳籍网络诈骗嫌疑人与安溪籍网络诈骗嫌疑人相勾结从事积分兑换诈骗活动等。

二、网络诈骗案件的法律约束和犯罪构成

（一）网络诈骗案件的法律约束

1.《中华人民共和国刑法》

第二百六十六条　诈骗公私财物，数额较大的，处三年以下有期徒刑、拘役或者管制，并处或者单处罚金；数额巨大或者有其他严重情节的，处三年以上十年以下有期徒刑，并处罚金；数额特别巨大或者有其他特别严重情节的，处十年以上有期徒刑或者无期徒刑，并处罚金或者没收财产。本法另有规定的，依照规定。

第二百八十七条之一　利用信息网络实施下列行为之一，情节严重的，处三年以下有期徒刑或者拘役，并处或者单处罚金：

（一）设立用于实施诈骗、传授犯罪方法、制作或者销售违禁物品、管制物品等违法犯罪活动的网站、通讯群组的；

……

（三）为实施诈骗等违法犯罪活动发布信息的。

单位犯前款罪的，对单位判处罚金，并对其直接负责的主管人员和其他直接责任人员，依照第一款的规定处罚。

有前两款行为，同时构成其他犯罪的，依照处罚较重的规定定罪处罚。

第二百八十七条之二　明知他人利用信息网络实施犯罪，为其犯罪提供互联网接入、服务器托管、网络存储、通讯传输等技术支持，或者提供广告推广、支付结算等帮助，情节严重的，处三年以下有期徒刑或者拘役，并处或者单处罚金。

单位犯前款罪的，对单位判处罚金，并对其直接负责的主管人员和其他直接责任人员，依照第一款的规定处罚。

有前两款行为，同时构成其他犯罪的，依照处罚较重的规定定罪处罚。

2.《最高人民法院、最高人民检察院关于办理诈骗刑事案件具体应用法律若干问题的解释》

第二条　诈骗公私财物达到本解释第一条规定的数额标准，具有下列情形之一的，可以依照刑法第二百六十六条的规定酌情从严惩处：

（一）通过发送短信、拨打电话或者利用互联网、广播电视、报刊杂志等发布虚假信息，对不特定多数人实施诈骗的。

……

第五条　诈骗未遂，以数额巨大的财物为诈骗目标的，或者具有其他严重情节的，应当定罪处罚。

利用发送短信、拨打电话、互联网等电信技术手段对不特定多数人实施诈骗，诈骗数额难以查证，但具有下列情形之一的，应当认定为刑法第二百六十六条规定的"其他严重情节"，以诈骗罪（未遂）定罪处罚：

（一）发送诈骗信息五千条以上的；

（二）拨打诈骗电话五百人次以上的；

（三）诈骗手段恶劣、危害严重的。

（二）网络诈骗案件的犯罪构成

1. 犯罪主体

网络诈骗犯罪的主体一般是自然人。凡达到法定刑事责任年龄、具有刑事责任能力的自然人均能构成本罪。

2. 犯罪客体

网络诈骗犯罪的客体是公私财物的所有权。在网络空间，公私财物有可能以数字化形态存在，比如手机充值卡、电子商务购物卡等。

3. 犯罪的主观要件

网络诈骗犯罪的主观要件表现为直接故意。

4. 犯罪的客观要件

网络诈骗在客观上表现为行为人利用互联网络，比如冒用网络身份（邮箱、通讯工具等），或者利用互联网虚构虚假身份、事件等，实施了"虚构事实、隐瞒真相"的行为，希望使受害人产生错误认识，且基于此种错误认识作出行为人所希望的财产处分。受害人处分财产后，行为人便获得财产，从而使受害人的财产受到损害，但是财产的处分人并不一定是财物的所有人或占有人，也可以是具有处分财产权限或者地位的人。对于利用发送短信、拨打电话、互联网等电信技术手段向不特定多数人发送诈骗信息、拨打诈骗电话、诈骗手段恶劣、危害严重的情形也构成诈骗罪（未遂）。

(三) 网络诈骗案件的侦查要点

1. 案件管辖

依据我国刑法的基本原则，只要网络诈骗犯罪行为符合我国刑法的管辖原则，依法应当予以立案管辖。网络诈骗案件的管辖在《刑法》的基础上，主要遵照《网络犯罪刑事诉讼程序意见》执行。实践中，网络诈骗犯罪的犯罪嫌疑人实施犯罪的地点不明，多数是以被害人所在地管辖（被害人使用的计算机信息系统所在地，以及被害人财产遭受损失地，即危害结果地）为原则。此外，按照犯罪行为发生地的管辖原则，公安机关在工作中发现所辖区域内有人实施网络诈骗犯罪行为时，也有立案管辖权。

2. 立案审查

网络诈骗案件的立案审查，要围绕案件的基本事实、犯罪嫌疑人通讯联络方式、银行卡信息、第三方支付信息等方面开展。

(1) 案件初查。网络诈骗案件立案前的初查工作，主要集中在是否有诈骗事实发生、被诈骗金额、是否具有管辖权等几方面。是否有诈骗事实发生，主要指受案的公安机关应当就报案人控告的内容进行审查，以明确是否确实发生了网络诈骗事（案）件，甄别是否是网络诈骗，防止错误定性。依据报案人所控告的网络犯罪类型不同，需要审查的实体内容也不尽相同。如在 QQ 好友诈骗犯罪中，要审查报案人提供的犯罪嫌疑人与受害人之间的聊天记录内容；在网购二手车诈骗中，要对犯罪嫌疑人发布的信息内容进行审查，在中奖诈骗中，要对被害人访问网站的网址及网站内容信息进行审查。

(2) 损失数额和转账方式。准确记录被害人被诈骗金额是确定是否达到追诉标准的唯一途径，也是日后为追究犯罪嫌疑人刑事责任、确定量刑幅度的依据之一。审查、记录被诈骗金额，不能以受害人口述为准，而要以客观的转账交易记录、第三方支付记录等客观书证、物证、电子数据证据等为准。详细了解受害人的汇款方式，可以在侦查活动中准确追踪被诈骗资金走向，为确定犯罪嫌疑人居住地提供侦查线索。

经过初步审查，认为确实属于网络诈骗案件的，应当根据案件管辖原则，由管辖公安机关予以立案，并开展案件侦查工作。

3. 侦查要点

网络诈骗案件侦查工作，应当围绕报案人提供的与案件有关的通讯联系、支付交易、结算渠道等开展。对案件基本事实及信息要素开展侦查工作，是网络诈骗案件侦查工作的起点，围绕"资金流"和"信息流"开展案件侦查工作。

（1）网上线索侦查。

第一，对诈骗网站的域名及服务器信息开展侦查，通过互联网工具查询到域名的"Whois"信息（即域名注册信息）和服务器的 IP 地址，进而发现犯罪嫌疑人的真实上网 IP 地址，并查找到犯罪嫌疑人居住地。

第二，对网站或网络应用中发布信息中的 QQ、手机号码、银行卡号、发帖 IP 地址等网络线索进行串并和查证。

第三，对犯罪嫌疑人所使用通讯工具进行调查，获取申请注册、联系方式、汇款途径、网上活动等相关信息。

第四，对犯罪嫌疑人使用的即时通信账号、网络游戏账号、个人博客、电子邮箱、网上论坛资料等虚拟身份进行排查、关联、串并，摸清组织架构和人员真实身份。

（2）网下线索侦查。网络诈骗犯罪案件与其他网络犯罪案件一样，虽然主要犯罪行为通过互联网完成，但在现实生活中，仍然存在大量的线下线索。如银行账户信息、手机信息等网下线索有些可能直接指向犯罪嫌疑人和犯罪事实，有些虽不能直接指向犯罪事实，但却可以为划定侦查区域、明确侦查方向和侦查重点发挥重大作用。

4. 排查和抓捕

在网络诈骗案件侦查中，应当网上网下相结合进行扩线排查，主要工作方法有：

（1）横向扩线。侦查人员获取已知嫌疑人的真实身份或者网络活动情况后，根据已知的犯罪嫌疑人网上信息来查找未知的虚拟信息，或者由已知现实身份关联其他现实身份来进行横向扩线排查。

（2）纵向扩线。侦查人员掌握犯罪嫌疑人相关身份信息后，根据已知的犯罪嫌疑人虚拟身份，查找对应的真实身份，或者由已知现实身份挖掘其虚拟身份来进行纵向扩线排查。

（3）综合扩线。侦查人员综合运用横向扩线和纵向扩线进行排查，完成"虚拟身份→现实身份→虚拟身份→现实身份"相互交替的关联扩线工作，最终实现对侦查目标的扩线排查。

在查清犯罪嫌疑人后，应该组织实施抓捕，在抓捕时应当注意抓捕时机和抓捕的顺序，一般选择春节等重大节假日或者境外诈骗人员入境时实施抓捕。同时，根据抓捕对象的不同，选择合适的抓捕顺序，一般来说诈骗团伙的组织者、负责财物、提现等环节的重要人员应当优先抓捕，而对于网络诈骗黑色产业链上的诸如挂马人、犯罪工具提供者等既可以与诈骗主要嫌疑人一同抓捕，也可以另案处理，另行实施抓捕。

5. 询问和讯问

（1）询问。接受报案后，公安机关应当询问受害人并制作笔录。询问内容主要包括案件基本情况、受害人基本情况、案发时间、地点、案由、财物损失情况等，犯罪嫌疑人相关情况，受害人被骗的途径、犯罪嫌疑人冒用的名字和身份、通讯联络时间、地点、次数、虚构的汇款（转账）理由内容、谈及的电话号码、金额、地址、人员信息等，受害人将哪些个人信息告知对方，在接触过程中被害人是否传送、下载图片、视频等内容，是否打开过嫌疑人发给受害人的网址，有无受到犯罪嫌疑人的言语恐吓，是否出现无法通过手机、电话等通讯工具与外界联系的情况，受害人汇款、转账时转入、转出的银行账号、时间、地点、次数、金额、方式等，以及其他与案件相关的信息、线索。

（2）讯问。对于组织领导层进行讯问主要侧重讯问其在整个犯罪组织中担当的角色以及所起的作用，对诈骗犯罪团伙的管理方式，各环节嫌疑人的内部分工情况、团伙的组织结构情况、团伙成员的利益分配情况，开始组织实施犯罪行为的时间，是否实施了诈骗犯罪行为，诈骗剧本的种类、内容及来源，银行卡、诈骗剧本、木马程序等犯罪工具的购置渠道。对于直接实施诈骗、分赃、提现的犯罪嫌疑人主要侧重讯问其直接实施诈骗所使用的通讯工具，上下线的身份、联系方式，实施诈骗活动的分工及犯罪活动过程，分赃转账的次数、金额、方式、地点以及使用的相关账号、转账账户和次级账户的来源，提现地点、次数、金额等，违法所得情况及其他与案件相关的事实。

此外，还要对实施诈骗的同伙成员进行相互辨认并制作辨认笔录。

6. 勘验检查

网络诈骗案件在勘查取证方面较传统诈骗案件要侧重于电子数据证据，在对网络诈骗案件进行勘查取证时不仅要对与犯罪相关的场所进行勘查，而且还需要对受害人的上网场所及其所使用的手机、计算机等与案件相关的电子设备及其存储介质进行勘查取证，特别是要注意计算机内存储的与案件相关的即时聊天软件的聊天记录、手机通信记录、短信记录、手机内存储的备忘录信息、图片信息等，作案用的计算机内存储的与案件有关的诸如冒充QQ好友诈骗案件中存储的QQ号码及密码、诈骗范文等内容，诈骗网站的管理权限、网站内容，犯罪嫌疑人使用远程工具、云存储中与案件有关的数据资料等。

7. 侦查终结

依据《公安机关办理刑事案件程序规定》第八章第十二节的相关规定，网络诈骗案件侦查终结的条件与其他犯罪案件一样，同时符合五个条件：即案件事实清楚，证据确实、充分，犯罪性质和罪名认定正确，法律手续完备，依法应当追究刑事责任。其中，"犯罪性质和罪名认定正确"是指对于网络诈骗犯罪团伙的认定及每个犯罪嫌疑人可能涉及的具体罪名要符合法律的规定及事实，如提现的犯罪嫌疑人，如果未参与事前或者事中的诈骗犯罪通谋，而是明知其取款是为诈骗团伙转移赃款，应当以掩饰、隐瞒犯罪所得罪追究刑事责任。"依法应当追究刑事责任"是指犯罪嫌疑人的自然条件应当符合法定的犯罪主体条件，实施的行为符合诈骗罪的构成要件，数额达到法定的追诉标准。

（四）网络诈骗案件的证据要点

网络诈骗案件的证据多以"电子数据"形式存在，并且贯穿于网络诈骗案件侦查的全过程。在案件侦查的初期阶段，要及时对诈骗网站或网络应用开展远程勘验工作并制作笔录，提取、固定网站或网络应用的域名、IP地址、留存的电话、QQ等通讯方式、诈骗内容、网络木马等恶意程序等相关电子数据证据。在侦查过程中，要注意对嫌疑人租用的服务器、使用的伪基站、短信猫池[1]等电子设备进行勘验检查，提取、固定用于实施诈骗的网络信息、手机短信息等数据。在侦查抓捕阶段，要注意扣押、封存嫌疑人使用的手机、电脑及存储介质，并及时进行勘验检查，提取、固定同伙之间相互联络、实施诈骗时向受害人发送的信息等电子数据，并将电子数据与言词证据、物证形成证据链，互相佐证。

三、网络诈骗案例剖析

案件背景：2014年9月、10月间，犯罪嫌疑人张某、程某在广西贵港市港北区航运新村一路108号等地，利用互联网盗取他人QQ号，冒充他人身份以要

---

[1] 短信猫池是将相当数量的短信调制解调器使用特殊的接入设备连接在一起，可以同时发送或接收多个用户短信的设备。

钱交培训费等为由进行网络诈骗，共骗得人民币 96200 元。

侦查分析：公安机关受案并进行侦查时，嫌疑人所使用的 QQ 号码、银行卡、手机号码均已被弃用。经过侦查，犯罪嫌疑人使用了五个身份证号码，其中两个为虚假的身份证号码，另外三个分别为王某（即涉案银行卡的户主）、张某和陈某的身份证，再辅以对犯罪嫌疑人的公开网上活动进行分析，发现嫌疑人使用过以 "4023" 开头的 QQ 号码，该 QQ 的登记资料是 "BB 票务"，与本案的基本案情较为相似。

排查抓捕：侦查人员随即对这三个被冒用的身份证开展工作，发现了一个网络虚拟身份，通过比对辨认，该虚拟身份的使用人张某就是进行取款操作的犯罪嫌疑人。通过围绕张某开展工作，很快确定了另外一名犯罪嫌疑人程某的身份。最终成功抓获程某等犯罪嫌疑人，案件告破。

第四节 网络赌博案件侦查

一、网络赌博案件概述

近年来，互联网广泛普及，网银支付、"第三方担保交易模式"等网络支付方式普遍使用，网络游戏、网络棋牌技术应用快速发展，网络赌博犯罪在我国迅速蔓延，一度呈现出高速增长趋势。与传统的线下赌博相比，网络赌博不受时间地域限制，游戏、投注、资金交易都可以通过网络平台随时随地进行，更加快捷、方便，赌博频次更高，赌资金额更大，社会危害性也更为严重。

网络赌博案件主要是指以营利为目的，在网络上开设赌场、聚众赌博或以赌博为业的刑事案件。具体来讲，在计算机网络上建立赌博网站；或者为赌博网站担任代理，接受投注；或明知他人实施赌博犯罪活动，而为其提供资金、计算机网络、通讯、费用结算等直接帮助，都是网络赌博案件的事实要件。

（一）网络赌博的常见类型

网络赌博一般按照赌博形式分类可以分为专业型、隐蔽型和时彩型三种。专业型是指专门的网络赌球、网上棋牌、实时在线赌博等专业赌博网站或网络应用，主要表现为百家乐、21点、老虎机、押大小、赌球、赌马、轮盘赌、六合彩等，其中以赌球最为盛行。隐蔽型指借助专业网络游戏平台等实施的网络赌博，主要表现为游戏服务商在游戏中加入一些类似老虎机或抽彩票之类的小游戏，犯罪分子将游戏获得的游戏币或者装备交易兑换成现实的货币。时彩型指根据国家合法彩票经营的开奖数据进行的网络赌博，主要表现为模拟国家福利彩票中的"3D"和"重庆时彩"，赌博投注方法和开奖结果都与国家福利彩票中心的一样，并以国家福彩中心发布的开奖结果进行兑奖。

（二）网络赌博的特点

与传统的赌博相比，网络赌博具有以下几个特点：

1. 行为隐蔽性

网络赌博采用的是计算机网络和电子支付平台进行投注和交易，只要具备计算机和互联网，无论在何时何地，任何人都可以通过计算机上网进行赌博，无需现金交易，参赌者不必看到对方是谁。同时，赌博网站为了逃避司法机关的查处会不断变换自己的域名和 IP 地址，采用各种方法隐藏、消除网络赌博的痕迹。

2. 时空虚拟性

网络赌博是发生在网络空间内，主要采用数字化的形式来完成，对于"经营者"来说，仅需一台或数台服务器就可以经营"赌场"；而对于"参赌人员"而言，只要有一台计算机能够登录网站就可以下注进行赌博，网络赌博犯罪嫌疑人所在地、犯罪行为发生地、网络服务器所在地以及网络服务运营商所在地等可以不在同一个地区，甚至可以不在同一个国家，超越了传统的线下赌博犯罪的地域限制。

3. 犯罪成本低

网络赌博平台的经营者只需架设一台或数台服务器，利用网上银行或者第三方支付平台保障其资金有效流转就可开设网络赌场了，其经营不受时间和空间限制，运营成本远低于传统赌场。

（三）网络赌博的运营方式

在赌博网站架设方面，具有较强实力的赌博团伙会自主开发赌博网站程序，建设自己的赌博网站，也有部分赌博团伙采取购买专业的赌博网站程序的方式，使用通用的赌博网站程序建立赌博网站。随着网络赌博黑色产业的发展，专业分工越来越细化，出现了专门的建设赌博网站的团伙组织，建设多个平台后，出租、出售给其他人经营。

在会员发展方面，赌博网站开通运行后，网络赌博团伙利用互联网跨市、跨省、跨境遥控指挥，采取异地发展下线的方式进行异地投注，大庄家与小庄家、小庄家与写单人之间由单一封闭式熟人群体转变为通过网络向陌生人群体发展，通过代理制度层层发展吸收会员，为了提高各级代理的积极性，网络赌博团伙会给各级代理一定金额的抽头[1]。

在资金流转方面，在境内运行的赌博网站一般采取购买多个银行卡通过多次转账、分散取款的方式实现非法资金转移。目前，多数赌博网站都集中在境外开展业务，一般通过地下钱庄洗钱的方式将资金转移到境外。

二、网络赌博案件的法律约束和犯罪构成

（一）网络赌博案件的法律约束

1.《中华人民共和国刑法》

第三百零三条　以营利为目的，聚众赌博或者以赌博为业的，处三年以下有期徒刑、拘役或者管制，并处罚金。

2.《最高人民法院、最高人民检察院关于办理赌博刑事案件具体应用法律若干问题的解释》

第一条　以营利为目的，有下列情形之一的，属于刑法第三百零三条规定的"聚众赌博"：

（一）组织3人以上赌博，抽头渔利数额累计达到5000元以上的；

（二）组织3人以上赌博，赌资数额累计达到5万元以上的；

（三）组织3人以上赌博，参赌人数累计达到20人以上的；

（四）组织中华人民共和国公民10人以上赴境外赌博，从中收取回扣、介绍费的。

第二条　以营利为目的，在计算机网络上建立赌博网站，或者为赌博网站担任代理，接受投注的，属于刑法第三百零三条规定的"开设赌场"。

3.《最高人民法院、最高人民检察院、公安部关于办理网络赌博犯罪案件适用法律若干问题的意见》

利用互联网、移动通讯终端等传输赌博视频、数据，组织赌博活动，具有下列情形之一的，属于刑法第三百零三条第二款规定的"开设赌场"行为：

（一）建立赌博网站并接受投注的；

（二）建立赌博网站并提供给他人组织赌博的；

（三）为赌博网站担任代理并接受投注的；

---

[1] 抽头是网络赌博团伙内部的黑话，也称为抽水，是指网络赌博团伙按照各级代理下线会员的赌博投注金额进行一定比例的返现。

（四）参与赌博网站利润分成的。

4.《中华人民共和国治安管理处罚法》

第七十条 以营利为目的，为赌博提供条件的，或者参与赌博赌资较大的，处五日以下拘留或者五百元以下罚款；情节严重的，处十日以上十五日以下拘留，并处五百元以上三千元以下罚款。

5.《新闻出版总署关于禁止利用网络游戏从事赌博活动的通知》

各网络游戏研发、出版运营机构不得研发、出版运营各类赌博游戏或变相赌博游戏。各网络游戏出版运营单位不得以任何名义、任何形式为各类网络赌博游戏以及其他赌博活动提供平台、工具或服务。各网站不得为各种赌博游戏或变相赌博游戏软件提供下载服务，不得登载或链接任何有关宣扬赌博游戏或变相赌博游戏的信息和广告。

6.《财政部、公安部、国家工商总局、民政部、国家体育总局关于坚决打击赌博活动、大力整顿彩票市场秩序的通知》

凡未经国务院批准擅自发行彩票或以有奖销售为名发行彩票，或以一定价款给付为前提，公开组织对某种竞赛进行竞猜，参与者可根据其给付价款和竞猜结果获得中奖权利的行为，均属非法发行或变相发行彩票的赌博行为，有关部门应依法予以查处。

7.《公安部、信息产业部、文化部、新闻出版总署关于规范网络游戏经营秩序查禁利用网络游戏赌博的通知》

依法打击利用网络游戏进行的赌博活动。公安机关要加大对利用网络游戏赌博的侦查、打击力度，及时做好取证和查处工作。重点打击利用网络游戏开设网上赌局、坐庄设赌"抽水"等网络赌博活动。对以营利为目的，为网络赌博活动提供网上赌博场所、赌具和网络赌博筹码交易、兑换现金等便利条件的，要依法严厉查处。

（二）网络赌博案件的犯罪构成

1. 犯罪主体

我国对网络赌博犯罪的主体规定为一般主体，凡达到法定刑事责任年龄且具备刑事责任能力的自然人均能构成本罪。

2. 犯罪客体

网络赌博犯罪侵犯的是社会风尚和社会管理秩序，赌博不仅危害社会秩序，影响生产、工作和生活，而且往往是诱发其他犯罪的温床，对社会危害很大。

3. 犯罪的主观要件

网络赌博犯罪在主观方面表现为故意，并且以营利为目的，即行为人聚众赌博或者一贯参加赌博，是为了获取钱财，而不是为了消遣、娱乐。以营利为目的并不是说行为人一定要赢得钱财，只要是为了获取钱财，即使实际上未能赢得钱财甚至输了钱，也不影响行为人具备赌博罪的主观要件。

4. 犯罪的客观要件

赌博罪在客观方面表现为聚众赌博或者以赌博为业的行为。所谓聚众赌博，是指组织、招引多人进行赌博，而从中抽头渔利，这种人俗称"赌头"，赌头本人不一定直接参加赌博。所谓以赌博为业，是指嗜赌成性，一贯赌博，以赌博所得为其生活来源，这种人俗称"赌棍"，只要具备聚众赌博或以赌博为业的其中一种行为，即符合赌博罪的客观要件。网络赌博犯罪在客观方面表现为开设赌场、发展会员、赌资流转、为网络赌博提供技术支持和维护等聚众赌博行为和以赌博为业的行为。

三、网络赌博案件的侦查要点和证据要点

（一）网络赌博案件的侦查要点

1. 案件管辖

按照《刑事诉讼法》规定，网络赌博案件管辖以犯罪地管辖为主、被告人居住地管辖为辅的原则。考虑到网络赌博犯罪的特殊性，即赌博网站服务器所在地、网络接入地、赌博网站建立者等可能不在同一地区，而且网络赌博犯罪大多是共同犯罪，参与犯罪的多个被告人也可能来自不同地区，因此在《关于办理网络赌博犯罪案件适用法律若干问题的意见》中对于网络赌博案件的"犯罪地"作出了更为明确具体的规定，"犯罪地"包括赌博网站服务器所在地、网络接入地，赌博网站建立者、管理者所在地，以及赌博网站代理人、参赌人实施网络赌博行为地等。公安机关对侦办跨区域网络赌博犯罪案件的管辖权有争议的，要本着有利于查清犯罪事实、有利于诉讼的原则协商解决，协商无法达成一致时，需要报共同的上级公安机关指定管辖，对于即将侦查终结的跨省（自治区、直辖市）重大网络赌博案件，侦查时限内如果不能有效解决管辖问题，将会影响到案件的移送起诉，这时可由公安部商最高人民法院和最高人民检察院指定管辖。

2. 立案审查

公安机关受理报案或者接到举报的网络赌博线索后，需要对相关报案材料及线索进行审查，明确是否存在违法犯罪事实，是否需要追究刑事责任，是否属于

自己管辖范围。符合立案条件的，经县级以上公安机关负责人批准后可以立案。立案审查主要涉及违法犯罪事实的审查和是否追究刑事责任的审查。

违法犯罪事实的审查一般包括赌博网站或网络应用、参赌人员的赌博账号、资金账号等方面，应当确认网站或网络应用的内容是否涉嫌赌博、赌博类型、服务器所在地等方面。对于通过网络游戏、网络聊天室、微信群组等方式作为赌博工具，不包含专用的网络赌博下注管理、资金管理等功能的案件线索，需要结合资金情况、参赌人员赌博活动的其他线索进行综合分析，审查赌博账号是一般参赌人员账号还是代理账号，代理账号的级别以及发展下线会员的数量等情况，查明是否符合网络赌博相关要件。

追究刑事责任的网络赌博行为方式包括开设赌场、聚众赌博和以赌博为业。利用互联网、移动通讯终端等传输赌博视频、数据，建立赌博网站并接受投注、建立赌博网站并提供给他人组织赌博、为赌博网站担任代理并接受投注、参与赌博网站利润分成四类组织赌博活动行为属于开设赌场罪。开设网络赌博网站人员、赌博网站管理人员、赌博网站各级代理人均可认定为开设赌场的犯罪行为。

3. 侦查要点

在网络赌博案件侦查中应当查明嫌疑人建设、维护赌博网站或网络应用、会员发展、网站推广、会员及资金管理等开展网络赌博活动的主要犯罪事实，收集证明嫌疑人参与网络赌博活动的相关证据。网络赌博案件主要围绕信息流、资金流等相关情况开展网上、网下侦查。

对于专门的赌博网站或网络应用的侦查，应当查明赌博网站或网络应用的域名信息、程序开发、服务器租用、网站建设及维护等相关情况，以及赌博网站服务器的位置、租用、管理、维护人员的身份及线索，并获取相关证据材料。

通过对域名进行调查，查清服务器的所在位置，赌博网站或网络应用的基本网络拓扑架构，网站或网络应用涉及多少个域名、多少个服务器，以及 Web 服务器、数据库服务器的情况等。服务器的界面内容等应通过远程勘验方式及时提取固定证据，数据内容需要通过远程勘验或者查扣服务器后进行现场勘验固定提取。

确定服务器的位置后，通过查询调取域名注册资料、网站托管、租用信息，分析网站或服务器的登录日志、维护经费资金流等信息，查找域名注册及租用人员、网站或网络应用管理及维护人员身份、通讯联系方式等线索。

4. 排查和抓捕

在查清赌博网站或网络应用的性质、规模等情况后，下一阶段需要围绕排查、抓捕嫌疑人开展工作。在排查嫌疑人过程中，需要根据网络赌博的活动特点查清赌博团伙的组织架构。

（1）对外围人员的排查。从赌博网站参与的会员、客服、技术等外围人员作为排查的起点。在网络赌博案件中，虽然普通参赌人员一般与赌博团伙没有直接的密切联系，但是可以根据参赌人员银行账户流水追查资金流向，分析会员在赌博网站的会员级别，如果是达到总代理或一级代理级别，则属于利用网络开设赌场或组织聚众赌博犯罪，而且其与赌博团伙可能有直接的密切联系。

（2）对骨干人员的排查。网络赌博的组织者、业务负责人、技术负责人、财务负责人都属于网络赌博的骨干人员，在网络赌博活动中发挥着重要作用，掌握网络赌博的主要违法犯罪事实和情节。通过对网络赌博服务器的侦查可以顺线追查技术负责人，通过涉赌资金的侦查可以追查财务负责人，通过赌博网站客服人员的侦查可以顺线追查赌博业务负责人，综合技术负责人、财务负责人以及业务负责人的线索，可以追查网络赌博活动的组织者。

（3）网络赌博相关利益链条的排查。犯罪嫌疑人在开展网络赌博活动过程中，需要与资金结算转移、软件开发、服务器托管租赁、广告推广等人员或机构开展业务合作，由于活动的违法性，往往与地下产业链相勾结，依托专业的人员和机构，共同完成整个赌博活动各环节的业务。在对网络赌博直接人员进行排查过程中，应当注意对技术支持、资金支付结算等相关利益链条组织和人员的排查。

在犯罪嫌疑人的主要违法犯罪事实已经查清，身份已经确认，有确凿的证据材料证明违法犯罪事实的情况下，可以根据情况选择合适时机实施抓捕。为了保证打击犯罪的效果，应当选择合适的抓捕时机和抓捕顺序，抓捕嫌疑人之前要摸清骨干人员的网上和网下活动规律，选择诸如赌球比赛正在赛事进行期间、赌博组织人员正在集中开展业务期间、境外人员入境期间等时机抓捕骨干犯罪嫌疑人，同时，本着先重点骨干人员后一般人员的顺序实施抓捕，优先抓捕技术负责人和财务负责人，确保网络赌博网站的服务器证据材料不会灭失，涉案赌资不会被转移、藏匿。

5. 勘验检查

网络赌博案件的主要证据材料是电子数据，抓捕犯罪嫌疑人和现场勘查时应当有电子数据勘查取证人员参加，并事先熟悉涉案网站或网络应用的主要架构、管理维护情况、现场的物理环境和网络环境等案情，携带电子数据现场勘查设备，根据案情设计合理的勘验检查方案，确定现场勘查需要获取主要证据材料，做好证据材料的保护，以及突发情况的处置等。

在勘验检查过程中，要将嫌疑人与现场的计算机、手机等电子设备隔离，防止其毁灭和隐藏证据材料，注意获取与网络赌博相关的电子数据证据以及物证、书证等在内的证据材料。对于现场的计算机网络，一般可以采取断网措施，如果断网会导致打草惊蛇，可以进行现场保护，先提取固定证据，随后再择机切断网络。现场勘验检查过程中发现的计算机、存储介质、电子设备应当查明使用人和持有人。对于现场发现的可疑设备和材料要全面提取，需要现场检查和分析的要现场开展相应的检查和分析工作。

6. 侦查终结

在网络赌博案件中，要对侦查过程中获取的线索和材料进行认真分析和审核，做到线索相互衔接，因果关系、时间关系、空间关系清楚合理，查明网络赌博活动主要组织者、主要参与者的真实身份、网络赌博活动的组织架构和内部分工，查清嫌疑人网上、网下开展网络赌博活动、资金流转渠道、涉案金额、资金流向等情况。具备这些条件后，可以认为案件涉及的主要犯罪事实已经基本查清。

在网络赌博案件中，获取了赌博网站开设、技术维护、赌博会员推广发展以及涉赌资金方面的相应证据材料后，可以认为主要的证据材料已经具备。

对于犯罪事实清楚、证据确实、充分，犯罪性质和罪名认定正确，法律手续完备，依法应当追究刑事责任的案件，应当制作"起诉意见书"，经县级以上公安机关负责人批准后，连同案卷材料、证据，一并移送同级人民检察院审查决定。

（二）网络赌博案件的证据要点

网络赌博案件基于赌博网站或者网络应用开展业务，网站或网络应用日志、后台记录、管理维护的记录、客户端的浏览及下注记录、银行账户流水等都是网络赌博案件的重要证据，不同的涉案人员需要提取的证据材料侧重点不同。对于开发、建设、维护赌博网站人员的证据主要是管理维护赌博网站的记录、访问网站管理后台的记录、留存的网站程序、数据库等的备份、开发网站程序的源代码以及与同伙之间的通讯信息等。对于赌博业务管理人员的证据主要是赌博网站或网络应用的股东和会员管理资料、网站会员投注记录和资金管理的记录、赌博团伙其他业务记录以及接收或发送的管理指令信息等。

四、网络赌博典型案例剖析

案件背景：2010 年以来，广东省公安机关发现粤东地区有一特大网络赌博团伙针对国内高频彩票时时彩进行外围赌博，参赌人员众多。该团伙开发团队技术成熟，网站架设在境外，参赌人员被抓获后，赌博网站立即改头换面，继续招揽新的赌客参赌。团伙从传统的"足彩""六合彩"等外围彩赌博转变为"重庆时时彩""广东快乐十分"等高频彩票外围彩赌博，高频彩票每天开奖 84 期，周期短、期数多，能短时间集聚大量参赌资金。

侦查分析：经公安机关侦查，该网络赌博团伙开设赌博平台共 199 个（其中"时时彩"125 个、"六合彩"74 个），每月以每个网站 7 万-10 万人民币的价格出租给下层公司，每月收取租金约 1800 万人民币。下层"时时彩"赌博公司 125 个，会员 40 万、月平均投注笔数约为 10 亿笔、月总投注额超 4000 亿人民币；下层"六合彩"赌博公司 74 个，会员 15 万，月平均投注笔数 5000 万笔、月总投注额超 90 亿元。该案中，幕后老板在境内操纵，把技术团队放在泰国运营维护网络赌博平台。在网络赌博平台开发方面，以汕头人张某某、陈某某等人为首，将国家福利彩票"广东快乐十分""重庆时时彩""北京快车"（以上统称"时时彩"）及香港"六合彩"开奖结果作为赌博开奖依据，开发、运维网络赌博平台，作为投注工具和赌资的结算依据，并最终通过平台出租、赌博抽水（回扣、提成）等方式牟利。在组织上，该团伙也明确地把"开发团队"和"营销团队"分离开来。租用赌博平台组织参赌方面，采取"总公司—分公司—股东—总代理—代理—会员"等 6 个级别的金字塔结构，依托熟人关系层层发展下线，层层抽水营利。各账户根据经济实力设置相应的信用额度，以赌博网站报表为依据，在现实中以现金进行赌资结算。该团伙反侦察意识非常强，为逃避打击，该案的参赌人员也不再用电话联系，而用网络单线联系；资金结算方面，他们也从原来的银行汇款改为现金交易，大笔资金通过地下钱庄流转的方式进行交付。

排查抓捕：2014 年 2 月 21 日，广东省公安厅在全省范围内开展打击部督"221"特大网络赌博案的专项行动，同年 12 月 21 日省厅专案组联合潮州市局对该案件的顶层运营团队开展统一收网，在泰国和我国台湾地区方面的配合下，分别针对汕头、泰国工作点以及我国台湾地区服务器所在地等重要部位开展统一收网,共出动警力 6000 人次。该案件共抓获犯罪嫌疑人 1071 名,冻结赌资 3.3 亿元人民币,扣押网站服务器等作案工具若干。根据公安部通报,该案是新中国成立以来国内已侦破的最大网络彩票赌博案件,参与人数、参赌资金均为全国之最。该案捣毁了从赌博平台租用商、建站人员、庄家到赌徒;从系统开发、组织实施到提供网络服务帮助的全部链条。

第五节 网络淫秽色情案件侦查

一、网络淫秽色情案件概述

《刑法》第三百六十七条对淫秽物品的犯罪做了限定,本法所称淫秽物品,是指具体描绘性行为或者露骨宣扬色情的诲淫性的书刊、影片、录像带、录音带、图片及其他淫秽物品。有关人体生理、医学知识的科学著作不是淫秽物品;包含有色情内容的有艺术价值的文学、艺术作品不视为淫秽物品。

网络淫秽色情案件主要包括通过互联网制作、复制、传播淫秽色情音视频文件、文档等电子文件,或者借助互联网组织淫秽表演等犯罪。

(一)网络淫秽色情案件的类型

按照罪名可将网络淫秽色情犯罪分为制作、复制、出版、贩卖、传播淫秽物品牟利罪,为他人提供书号出版淫秽书刊罪,传播淫秽物品罪,组织播放淫秽音像制品罪,组织淫秽表演罪。制作传播淫秽色情物品罪按照是否以牟利为目的来分类,可分为传播淫秽物品罪和传播淫秽物品牟利罪两大类。按照作案手法的不同可分为开办淫秽色情网站、利用通讯群组或通过网络传播淫秽物品、组织淫秽表演等形式。

(二)网络淫秽色情案件的特点

1. 趋利性显著

网络淫秽色情信息往往能吸引大量的网络访问流量,伴随网络流量带来的广告收入、木马黑色产业链收入、赌博推广、成人用品推广等收入可以带来大量非法利益,在利益驱动下致使不少人铤而走险,利用传播淫秽色情信息牟利,同时,非法利益又给色情信息从业者提供了大量的资金支持,导致网络淫秽色情犯罪屡禁不止、屡打不绝。

2. 跨国跨境为主

由于互联网的开放性和不同国家对色情管制的界限不同，成人色情在美国等西方国家属于合法范畴，大量境内不法分子采取境外建设网站，境内推广业务的方式大肆从事网络淫秽色情传播活动，利用互联网跨国跨境传播淫秽色情信息成为网络淫秽色情犯罪的主流。

3. 与黑色产业链紧密融合

淫秽色情网站与黑色产业链相互融合，淫秽色情网站成为黑色产业链的推广渠道，黑色产业链成为淫秽色情网站的资金来源。网络黑客、网络赌博、网络传销、网络发布招嫖信息、不法成人用品药品等地下产业与淫秽色情网站密切勾结，利用淫秽色情网站在境内外的大批访问流量，进行推广业务、挂载木马病毒、盗窃网络流量等活动。

（三）网络淫秽色情案件的运营方式

淫秽色情网站常见的推广方式有：同类网站或网络平台发布推广信息、组建色情网络联盟、利用搜索引擎进行推广等。目前常用的推广方式是组建色情联盟和利用搜索引擎进行推广两种方式。绝大部分淫秽色情案件依然是以逐利为根本目的，常见的营利方式主要有：收取会员费牟利，以网盘下载等方式售卖淫秽色情图片、音视频、文档、电子书等牟利，赌博、违禁品广告及流量、点击量牟利，传播木马病毒牟利等。

二、网络淫秽色情案件的法律约束和犯罪构成

（一）网络淫秽色情案件的法律约束

1. 《中华人民共和国刑法》

第三百六十三条 以牟利为目的，制作、复制、出版、贩卖、传播淫秽物品的，处三年以下有期徒刑、拘役或者管制，并处罚金；情节严重的，处三年以上十年以下有期徒刑，并处罚金；情节特别严重的，处十年以上有期徒刑或者无期徒刑，并处罚金或者没收财产。

第三百六十四条 传播淫秽的书刊、影片、音像、图片或者其他淫秽物品，情节严重的，处二年以下有期徒刑、拘役或者管制。

组织播放淫秽的电影、录像等音像制品的，处三年以下有期徒刑、拘役或者管制，并处罚金；情节严重的，处三年以上十年以下有期徒刑，并处罚金。

制作、复制淫秽的电影、录像等音像制品组织播放的，依照第二款的规定从重处罚。

向不满十八周岁的未成年人传播淫秽物品的，从重处罚。

2.《中华人民共和国治安管理处罚法》

第六十八条　制作、运输、复制、出售、出租淫秽的书刊、图片、影片、音像制品等淫秽物品或者利用计算机信息网络、电话以及其他通讯工具传播淫秽信息的，处十日以上十五日以下拘留，可以并处三千元以下罚款；情节较轻的，处五日以下拘留或者五百元以下罚款。

3.《公安部、最高人民检察院、最高人民法院、司法部关于严禁淫秽物品的通知》

五、各单位要严格教育职工，特别是教师和家长要严格教育学生和子女不传播淫秽物品，不观看淫秽录像。对传播淫秽物品、观看淫秽录像的，应给予批评教育；对屡教不改的，由所在单位给予行政纪律处分。

4.《全国人民代表大会常务委员会关于惩治走私、制作、贩卖、传播淫秽物品的犯罪分子的决定》

以牟利为目的，制作、复制、出版、贩卖、传播淫秽物品的，处三年以下有期徒刑或者拘役，并处罚金；情节严重的，处三年以上十年以下有期徒刑，并处罚金；情节特别严重的，处十年以上有期徒刑或者无期徒刑，并处罚金或者没收财产。情节较轻的，由公安机关依照治安管理处罚法的有关规定处罚。

5.《关于办理淫秽物品刑事案件具体应用法律的规定》

以营利为目的，制作、贩卖、传播淫秽物品，有下列情形之一的，依照《刑法》第一百七十条的规定追究刑事责任：

制作淫秽录像带5-10盒以上，淫秽录音带10-20盒以上，淫秽扑克、书刊、画册10-20副（册）以上，或者淫秽照片、画片50-100张以上的；（其他略），对具体的数量进行了规定。

6.《中华人民共和国计算机信息网络国际联网管理暂行规定（2024修正）》

第十三条　从事国际联网业务的单位和个人，应当遵守国家有关法律、行政法规，严格执行安全保密制度，不得利用国际联网从事危害国家安全、泄露国家秘密等违法犯罪活动，不得制作、查阅、复制和传播妨碍社会治安的信息和淫秽色情等信息。

7.《中华人民共和国计算机信息网络国际联网管理暂行规定实施办法》

第二十条　互联单位、接入单位和用户应当遵守国家有关法律、行政法规，严格执行国家安全保密制度；不得利用国际联网从事危害国家安全、泄露国家秘密等违法犯罪活动，不得制作、查阅、复制和传播妨碍社会治安和淫秽色情等有害信息；发现有害信息应当及时向有关主管部门报告，并采取有效措施，不得使其扩散。

8.《互联网信息服务管理办法》

第十五条　互联网信息服务提供者不得制作、复制、发布、传播含有下列内容的信息：……（七）散布淫秽、色情、赌博、暴力、凶杀、恐怖或者教唆犯罪的……

第二十条　制作、复制、发布、传播本办法第十五条所列内容之一的信息，构成犯罪的，依法追究刑事责任；尚不构成犯罪的，由公安机关、国家安全机关依照《中华人民共和国治安管理处罚法》、《计算机信息网络国际联网安全保护管理办法》等有关法律、行政法规的规定予以处罚；对经营性互联网信息服务提供者，并由发证机关责令停业整顿直至吊销经营许可证，通知企业登记机关；对非经营性互联网信息服务提供者，并由备案机关责令暂时关闭网站直至关闭网站。

9.《最高人民法院、最高人民检察院关于办理利用互联网、移动通讯终端、声讯台制作、复制、出版、贩卖、传播淫秽电子信息刑事案件具体应用法律若干问题的解释（一）》和《最高人民法院、最高人民检察院关于办理互联网、移动通讯终端、声讯台制作、复制、出版、贩卖、传播淫秽电子信息刑事案件具体应用法律若干问题的解释（二）》

司法解释一解决了传播淫秽物品适用法律的主要问题：一是从传播淫秽物品的数量、点击数量、注册会员数量、违法所得数额等方面确定了定罪量刑标准；二是对于明知是淫秽信息而在自己管理的网站上提供直接链接的行为按照传播淫秽信息的行为定罪处罚；三是对传播儿童色情信息、向未成年人传播淫秽物品、通过恶意代码强制用户访问淫秽信息等行为作为从重处罚的情节；四是对明知他人传播淫秽物品而为其提供帮助的行为，明确以共同犯罪论处。

司法解释二解决的问题包括：一是针对设立主要用于传播淫秽电子信息的群组，明确成员达到30人以上的，即以传播淫秽物品罪定罪处罚；二是对于明知是淫秽电子信息而放任他人在自己网站上发布的行为，明确按照传播淫秽物品罪定罪处罚，比如某个网站或者搜索引擎上频繁出现淫秽信息，在公安机关书面告知后仍没有采取有效措施导致淫秽信息仍然在其网站或者搜索引擎上蔓延，则应当依法定罪处罚；三是明确传播淫秽儿童色情信息行为从重处罚的定罪量刑标准,将传播儿童色情信息的定罪数量降为一般淫秽信息的一半;四是对网络淫秽色情活动提供帮助的利益链条确定独立的定罪量刑标准:一方面是对从淫秽色情活动获利的利益链条明确定罪量刑标准,即对于明知是淫秽网站,仍为其提供互联网接入、网络存储空间、代收费等帮助并收取费用,按照传播淫秽物品牟利罪定罪处罚;另一方面是对为淫秽色情活动提供资金的利益链条确定定罪量刑标准,以打击网络淫秽色情活动的经济来源,对于明知是淫秽网站而通过向其投放广告等方式向其直接或者间接提供资金,或者提供费用结算服务的行为按照传播淫秽物品牟利罪的共同犯罪处罚;五是明确了认定为"明知"的几种情形,包括在行政主管机关书面告知后仍然实施"上述行为""接到举报后不履行法定管理职责的"等五种情形。

(二)网络淫秽色情案件的犯罪构成

1. 犯罪主体

我国对网络淫秽色情犯罪的主体规定为一般主体,凡达到法定刑事责任年龄且具备刑事责任能力的自然人均能构成本罪。另外,单位也可构成网络淫秽色情犯罪主体。

2. 犯罪客体

网络制作传播淫秽色情物品犯罪侵犯的客体是国家对淫秽物品的管理秩序。利用网络组织淫秽表演犯罪侵犯的客体是社会道德风尚和社会治安秩序。

3. 犯罪的主观要件

网络淫秽色情案件在主观方面都是故意。网络传播淫秽色情犯罪在主观方面表现为故意,可以是间接故意,比如行为人自己通过网络观看淫秽物品,对于他人围观不闻不问,因而造成恶劣影响,而且行为人不必出于牟利目的,也可以是向他人分享刺激、讨好他人或者引诱他人堕落等。传播淫秽物品达到法定情节的即构成传播淫秽物品罪;以营利为目的即构成传播淫秽物品牟利罪。利用网络组织淫秽表演实施犯罪在主观方面表现为故意,而且行为人不必出于牟利目的。

4. 犯罪的客观要件

传播淫秽物品罪在客观方面表现为:传播淫秽的电影、视频、动画、音频、电子图书、图片等淫秽物品,情节严重的行为。"情节严重"主要是指多次地、经常地传播淫秽物品;所传播的淫秽物品数量较大;虽然传播淫秽物品数量不大、次数不多,但被传播的对象人数众多,造成严重后果的;在未成年人中传播,造成严重后果的等。

利用网络组织淫秽表演罪在客观方面表现为组织他人当众进行色情淫荡、挑动人们性欲的形体或动作表演。组织他人，表现为招揽、安排表演人员，在特定时间、场次、地点，或者按照编排动作表演节目等。当众进行，一般是指三人以上。

三、网络淫秽色情案件的侦查要点和证据要点

（一）网络淫秽色情案件的侦查要点

1. 案件管辖

网络案件管辖的规定适用于网络淫秽色情案件。对于网络淫秽色情案件，淫秽色情网站的服务器所在地、网络接入地以及网站管理者所在地的公安机关都有管辖权，网络淫秽色情犯罪一般涉及多个环节，每个环节的犯罪嫌疑人或为网络淫秽色情犯罪提供帮助的犯罪嫌疑人，其犯罪地或者居住地公安机关也可以立案侦查。

2. 立案审查

网络淫秽色情案件的立案审查主要是对淫秽色情案件性质的判断，需要明确涉及的网络信息内容、淫秽色情信息的数量、点击次数等是否构成违法或犯罪，涉及的行为是否为犯罪行为。点击次数需要依据网站的统计作为计算依据，解释中未区分是否不同 IP 的点击次数，因此可以根据总次数确定，不需要区分是独立 IP 点击的次数。制作、复制、传播淫秽视频、视频、图片、文章、短信等电子信息的数量是否达到追究刑事责任的标准。

对淫秽物品的认定应有公安机关开具的淫秽物品清单和必要的实物照片，以及鉴定部门出具的鉴定书。如果人民法院或者人民检察院对鉴定结论认为需要复核时，可以分别经人民法院院长或者人民检察院检察长批准，由主要办案人员到鉴定部门进行复核。

3. 侦查要点

网络淫秽色情案件的侦查过程中，要重点开展好线索发现、扩线追查、侦查取证等几个方面的工作。

线索发现方面。一是加强对网上论坛、社交网络群组等互联网信息的检查和巡查力度。二是加强群众举报线索的受理和初查。三是加强对提供网络接入服务、网络数据中心、虚拟空间租赁服务单位等重点场所的管理。

扩线追查方面。充分利用网络资源进行追查扩线，针对利用即时通信群组开展网络淫秽色情传播的案件，可以采取化装侦查的方式加入相关即时通信群组，

及时发现、固定犯罪证据。同时，还可以通过网站注册费、会员费等，追查会员费的来源和去向，扩线到会员的资金线索以及网站建设者的资金线索，从色情相关产业链入手，顺线追查淫秽色情网站的获利来源及资金流向。

侦查取证方面。在发现网络传播淫秽信息后，及时开展取证工作，采取录像、截屏、下载等方式提取固定涉案的网络疑似淫秽色情信息，并及时将提取、固定的疑似淫秽色情信息送交相关机构进行审查鉴定，确定信息内容的性质。

4. 讯问和询问

网络淫秽色情案件的讯问主要关注点是嫌疑人建设淫秽色情网站的目的、动机等主观方面的内容，建设网站租赁服务器、注册域名等网站建设情况等客观方面的内容，涉及管理团队的需要讯问管理团队的招募、分工等情况，涉及以牟利为目的而制作传播淫秽色情信息的，需要讯问相关的获利、资金转移等情况。网络淫秽色情案件的询问重点一般围绕网络淫秽色情案件的外围情况，例如组织架构、淫秽色情信息来源、付费情况等。

在讯问和询问过程中，对于主观方面是否为明知淫秽色情信息需要查明嫌疑人是否能够看到或了解到相关信息的内容，在故意方面要查明是否采取了封堵过滤等措施，如果嫌疑人否认故意传播，可以结合是否有接到相关部门的处罚通知以及其他渠道的举报投诉情况，有无采取主动防范措施等情况判定。

5. 排查和抓捕

在网络淫秽色情案件侦查过程中，要善于利用互联网公开资源和公安机关的公共管理资源，深入梳理摸排网络传播淫秽色情线索，发现线索后顺线追查，逐步明确网站人员构成、分工、运营模式、访问人员结构等，排查嫌疑人身份，并适时实施抓捕。

网络淫秽色情案件一般从网络服务器入手排查犯罪嫌疑人，通过调查淫秽色情网站或网络应用的域名注册、程序开发、服务器租用、网站建设及维护相关的情况可以获取建设人、维护人的身份及线索，通过网站租用、技术维护经费等资金流的侦查获取管理维护人员信息，查明网络淫秽色情案件中主要管理人员和会员的账号和真实身份。

网络淫秽色情案件中，参与实施犯罪行为人数一般比较多，而且相互间通过站内短信、论坛私信、即时通讯群组等方式密切联系，主要涉案人员的抓捕时机成熟后，需要制定周密详细的抓捕计划，选择合适时机实施抓捕行动，确保良好的抓捕效果。

6. 勘验检查

在网络淫秽色情犯罪案件侦办过程中，及时通过勘验检查获取传播淫秽色情信息的内容、数量、传播人次也是此类案件侦办工作的关键点，主要做好以下几个方面的工作：一是及时通过勘验检查提取固定淫秽色情信息证据，特别是利用网络实时播放或者网络在线表演等无法重复获取的证据，要通过勘验检查的方式及时进行提取、固定。二是确保特定人员账号与其制作传播淫秽色情信息关联性，提取固定信息时应该区分不同人员发布的不同信息，同时提取发布者的账号和发布的色情内容信息，将发布者账号与发布的内容相互关联，以作为特定人员打击处理的定案依据。三是提取网络账号与账号使用人之间的关联性证据，提取服务器上的登录、管理维护等日志信息，嫌疑人账号的登录、使用信息，同时提取嫌疑人计算机上的账号登录使用记录，证明嫌疑人在此计算机上登录并使用了相应的网络账号，实施了违法犯罪活动。四是准确认定淫秽色情信息的内容和传播人次，确定传播内容是否涉及淫秽色情，准确提取点击次数、下载次数、群组人数等能够证明淫秽色情信息传播数量的证据，特别要注意点击次数的起始统计数和实际统计数的关系。

7. 侦查终结

在网络淫秽色情案件中，应当查清嫌疑人制作、传播、贩卖网络淫秽色情信息、组织网络淫秽表演等主要事实，要对侦查过程中获取的线索和材料进行认真分析和审核，线索之间相互衔接，因果关系、时间关系、空间关系清楚合理，查明了淫秽色情网站的主要建设者、论坛的版主、管理员等参与管理者，相关人员的真实身份和基本情况已经掌握，对嫌疑人网上活动和网下活动情况基本清楚，以牟利为目的的，其牟利方式和资金数额、流向等基本查清，具备这些条件之后，可以认为案件涉及的主要犯罪事实已经基本查清。

在网络淫秽色情案件中，淫秽色情的内容经过鉴定，数量已经有证据证明，获取了网站架设、技术维护、会费收取、广告费收入等情况的相关证明材料后，可以认为主要的证据材料已经具备。

对于犯罪事实清楚，证据确实、充分，法律手续完备，依法应当追究刑事责任的案件，应当制作"起诉意见书"，经县级以上公安机关负责人批准后，连同案卷材料、证据，一并移交同级人民检察院审查决定。

(二) 网络淫秽色情案件的证据要点

网络淫秽色情案件的证据形式与传统淫秽色情类刑事案件相同，但由于网络淫秽色情案件都是通过网络服务器、网络应用实施违法犯罪，网站或网络应用的访问日志、后台记录、远程的管理维护记录、客户端的浏览记录等电子数据证据占据了重要地位。在证据内容方面需要涵盖主体要件、客体要件、主观方面、客观方面四要件方面的证据。一般证据主要包括含有淫秽色情内容的图片、音视频、文字、电子书等证据，并且需要有治安或者新闻出版部门出具的淫秽物品鉴定意见，操作失误而发送出淫秽信息或者明知传播淫秽色情信息而为其提供技术支持的证据，犯罪嫌疑人利用互联网传播淫秽色情图片、音视频、文字、电子书等或者招募、招揽人员进行淫秽色情表演等犯罪情节的证据。

四、网络淫秽色情典型案例剖析

案件背景："阳光娱乐联盟"案是我国公安机关近年来侦办的一起典型网络淫秽色情案件。2002 年 1 月，犯罪嫌疑人王某建立了"九九情色论坛"网站。该网站被摧毁后，又通过加盟、收购等方式，将用户量最多的 48 家中文淫秽色情网站纳入其管理范围，形成全球最大的中文淫秽色情网站联盟"阳光娱乐联盟"。截至 2011 年 6 月，王某先后在中国境内吸收淫秽网站各级版主 1000 余人、接纳注册会员 1000 多万人，各网站共有淫秽主题 500 多万个，各类主题点击量超过 10 亿次[1]。"阳光娱乐联盟"网站通过收取会费和广告费方式非法牟取巨额利益。网站设置了不同级别的会员权限，不同权限的会员访问的内容不同，会员通过付费或者累积积分提升访问权限。王某通过收取淫秽色情网站注册会员的"会员费"和广告商的"广告费"等，非法牟利约 5000 万元，并公然宣称要不断扩大其中文淫秽色情网站数量与规模。

侦查分析：2004 年，中国警方发现了王某及其团伙利用淫秽色情网站牟取暴利的犯罪事实，但由于王某及网站服务器均位于美国，警方始终无法从根本上铲除这个联盟。在中国，王某的行为已经明显触犯了刑法，但是在美国，王某所从事的成人淫秽色情活动却属于合法行为。中国警方在侦查"阳光娱乐联盟"旗下的 48 个网站时，发现其中有 18 个网站均含有儿童色情内容。依据美国法律，发布儿童性剥削广告牟利以及复制、传播儿童色情信息，将被处以最高 30 年的监禁。中国警方就此再次提出要求，敦促美国警方介入案件侦破工作。

排查抓捕：2010 年 4 月，公安部与美国联邦侦查局就此案正式开展跨国警务合作，我国公安机关将王某涉嫌传播淫秽物品牟利犯罪的证据移交美国警方。

---

[1] 参见百度百科"阳光娱乐联盟"。

2011 年 6 月 23 日，中美警方联合实施抓捕，美方抓获该联盟的建设者王某，中方抓获在中国境内负责洗钱和维护网站的 10 余名犯罪嫌疑人，该联盟相关淫秽色情网站已陆续被关闭。

第六节　网络传销案件侦查

一、网络传销案件概述

我国《刑法》中没有网络传销的罪名，网络传销也属于传销行为，是传销的一种表现形式。网络传销主要是指组织者或者经营者利用互联网这一网络平台发展人员，以虚拟化的金融概念或科技概念为载体，通过对被发展人员以其直接或者间接发展的人员数量或者销售业绩为依据计算和给付报酬，或者要求被发展人员以交纳一定费用为条件取得加入资格等方式牟取非法利益，扰乱经济秩序，影响社会稳定的违法犯罪行为。

与传统传销形式不同的是，网络传销以互联网为依托，组织者在网上发布传销信息，参加者浏览、接收信息，按照信息指示开展活动，通过网站或网络应用继续发展人员，并反馈个人账户资料、发展下线情况等信息，形成"信息链"，并通过银行、第三方支付平台等实现收取钱财发放回报的流程，形成"资金链"。

（一）网络传销案件的类型

网络传销案件一般按照传销形式类型分为：实物推销型、广告点击型、MLM 模式、广告提成等四种类型。实物推销是传统传销的"网络版"，借助互联网推销实物产品，发展下线。广告点击型是靠发展下线会员，通过网络浏览付费广告，增加广告点击率来给予佣金回报。多层次信息网络营销是最常见的一种网络传销犯罪类型，虚构企业策划、个人理财、远程教育、培训、买卖商、宣传服务、信息服务等服务项目，诱使会员按照特定规则发展下线。广告提成是网络传销组织利用"云广告"的新概念进行非法传销的一种形式，诱使会员拉取下线买广告位从而获得"提成"的传销模式。

（二）网络传销的特点

与传统传销相比，网络传销具有虚拟性、隐蔽性、跨地域性等特点。

1. 虚拟性

网络是一个虚拟空间，非法传销者利用网络这一特征，打着高科技、电子商务等幌子，掩人耳目，大搞"空手道"。从传统传销的实物产品发展为网络虚拟物品，有些会员得到的仅仅是虚拟的网络空间（所谓的电子商务包，也不过就是租用某些公司的服务器空间）。

2. 隐蔽性

与传统传销相比，网络传销隐蔽性更强。发展会员都是在网络上进行，会员必须通过网站或网络应用才能加入传销，使用的用户名都是假名或者代号，并且都有各自的登录密码，彼此之间的联系主要通过电子邮件或即时通信工具来完成。

3. 跨地域性

网络传销突破了地域和国界的限制，传销骨干人员在全国各地流窜作案，甚至跨国搞网络传销，这是传统传销所无法达到的犯罪强度和广度。

二、网络传销案件的法律约束和犯罪构成

（一）网络传销案件的法律约束

1. 《中华人民共和国刑法》

第二百二十四条　有下列情形之一，以非法占有为目的，在签订、履行合同过程中，骗取对方当事人财物，数额较大的，处三年以下有期徒刑或者拘役，并处或者单处罚金；数额巨大或者有其他严重情节的，处三年以上十年以下有期徒刑，并处罚金；数额特别巨大或者有其他特别严重情节的，处十年以上有期徒刑或者无期徒刑，并处罚金或者没收财产。

第二百二十四条之一　组织、领导以推销商品、提供服务等经营活动为名，要求参加者以缴纳费用或者购买商品、服务等方式获得加入资格，并按照一定顺序组成层级，直接或者间接以发展人员的数量作为计酬或者返利依据，引诱、胁迫参加者继续发展他人参加，骗取财物，扰乱经济社会秩序的传销活动的，处五年以下有期徒刑或者拘役，并处罚金；情节严重的，处五年以上有期徒刑，并处罚金。

2. 《国务院关于全面禁止传销经营活动的通知》

传销经营不符合我国现阶段国情，已造成严重危害。传销作为一种经营方式，由于其具有组织上的封闭性、交易上的隐蔽性、传销人员的分散性等特点，加之目前我国市场发育程度低，管理手段比较落后，群众消费心理尚不成熟，不法分子利用传销进行邪教、帮会和迷信、流氓等活动，严重背离精神文明建设的要求，影响我国社会稳定；利用传销吸收党政机关干部、现役军人、全日制在校

学生等参与经商，严重破坏正常的工作和教学秩序；利用传销进行价格欺诈、骗取钱财，推销假冒伪劣产品、走私产品，牟取暴利，偷逃税收，严重损害消费者的利益，干扰正常的经济秩序。因此，对传销经营活动必须坚决予以禁止。

……（二）以双赢制、电脑排网、框架营销等形式进行传销的；（三）假借专卖、代理、特许加盟经营、直销、连锁、网络销售等名义进行变相传销的；（四）采取会员卡、储蓄卡、彩票、职业培训等手段进行传销和变相传销，骗取入会费、加盟费、许可费、培训费的；……对传销和变相传销行为，由工商行政管理机关依据国家有关规定予以认定并进行处罚。

3.《禁止传销条例》

第二十四条　有本条例第七条规定的行为，组织策划传销的，由工商行政管理部门没收非法财物，没收违法所得，处 50 万元以上 200 万元以下的罚款；构成犯罪的，依法追究刑事责任。

有本条例第七条规定的行为，介绍、诱骗、胁迫他人参加传销的，由工商行政管理部门责令停止违法行为，没收非法财物，没收违法所得，处 10 万元以上 50 万元以下的罚款；构成犯罪的，依法追究刑事责任。

有本条例第七条规定的行为，参加传销的，由工商行政管理部门责令停止违法行为，可以处 2000 元以下的罚款。

第二十六条　为本条例第七条规定的传销行为提供经营场所、培训场所、货源、保管、仓储等条件的，由工商行政管理部门责令停止违法行为，没收违法所得，处 5 万元以上 50 万元以下的罚款。

4.《最高人民法院、最高人民检察院、公安部关于办理组织领导传销活动刑事案件适用法律若干问题的意见》

四、关于"情节严重"的认定问题

传销组织的组织者、领导者，具有下列情形之一的，应当认定为刑法第二百二十四条之一规定的"情节严重"：

（一）组织、领导的参与传销活动人员累计达一百二十人以上的；

（二）直接或者间接收取参与传销活动人员缴纳的传销资金数额累计达二百五十万元以上的；

（三）曾因组织、领导传销活动受过刑事处罚，或者一年以内因组织、领导传销活动受过行政处罚，又直接或者间接发展参与传销活动人员累计达六十人以上的；

（四）造成参与传销活动人员精神失常、自杀等严重后果的；

（五）造成其他严重后果或者恶劣社会影响的。

五、关于"团队计酬"行为的处理问题

传销活动的组织者或者领导者通过发展人员，要求传销活动的被发展人员发展其他人员加入，形成上下线关系，并以下线的销售业绩为依据计算和给付上线报酬，牟取非法利益的，是"团队计酬"式传销活动。

以销售商品为目的、以销售业绩为计酬依据的单纯的"团队计酬"式传销活动，不作为犯罪处理。形式上采取"团队计酬"方式，但实质上属于"以发展人员的数量作为计酬或者返利依据"的传销活动，应当依照刑法第二百二十四条之一的规定，以组织、领导传销活动罪定罪处罚。

5.《国务院关于禁止传销经营活动的通知》

三、加大执法力度，严厉查禁各种传销和变相传销行为。自本通知发布之日起，一经发现有下列行为之一的，各级人民政府和工商行政管理、公安等有关部门，要采取有力措施，坚决取缔，严肃处理：

（一）将传销由公开转入地下的；

（二）以双赢制、电脑排网、框架营销等形式进行传销的；

（三）假借专卖、代理、特许加盟经营、直销、连锁、网络销售等名义进行变相传销的；

（四）采取会员卡、储蓄卡、彩票、职业培训等手段进行传销和变相传销，骗取入会费、加盟费、许可费、培训费的；

（五）其他传销和变相传销的行为。

对传销和变相传销行为，由工商行政管理机关依据国家有关规定予以认定并进行处罚。对利用传销进行诈骗、推销假冒伪劣产品、走私产品以及进行邪教、帮会、迷信、流氓等活动的，由有关部门予以查处；构成犯罪的，移送司法机关依法追究刑事责任。

6.《国家市场监督管理总局关于进一步加强打击传销工作的意见》

二、全面落实打击整治网络传销"四步工作法"

"线上监测、线下实证、多措处置、稳妥善后"的打击整治网络传销"四步工作法"，是对近年来全系统开展监测查处网络传销工作经验的总结提炼，是今后一段时期内打击整治网络传销工作的重要行动指引。各级工商和市场监管部门要加强研究，准确领会，在打击整治网络传销工作中全面落实"四步工作法"

要求，并在实践中进一步丰富完善。

线上监测，是指运用互联网技术监测发现网络传销案源线索。重庆、浙江、泉州、深圳等总局网络传销监测点单位要不断丰富数据归集渠道，完善监测模型，完善风险指数，监测发现网络涉传行为及信息，准确研判；各地工商和市场监管部门要不断完善传销监测预警平台，依托系统内网监、互联网广告监测等职能，嵌入网络传销监测功能模块，借助互联网公司技术优势，增强网络传销监测发现能力。

下实证，是指案源线索及监测成果的查证和运用。各地工商和市场监管部门接到上级单位转办、外地移送的案源线索后，要建立台账，迅速开展线下实证工作，并及时向总局竞争执法局汇报实证结果。线下实证的主要方法有：一是与公安、金融等部门进行信息比对；二是与银监部门合作，查询对公账户及参与人员账户，分析资金交易流水；三是与 12315 投诉举报信息、政府公开信息、工商和市场监管部门日常监管档案信息等进行比对实证；四是收集分公司、关联公司注册登记情况；五是进行实地检查，实施现场查证等。

多措处置，是指根据线下实证结果，区分情形分类进行处置。一是对有苗头尚未实施传销行为或违法情节和社会危害程度较轻的，要灵活运用提醒、约谈、告诫、行政查处、发布风险预警提示等多种干预措施，配合运用企业登记注册、商标注册、广告监管等围栏手段，努力消灭传销苗头隐患，避免坐大成势；二是对违法情节和社会危害程度较大，但未达到刑事追诉标准的，要加强行政查处；三是对违法情节和社会危害程度严重，达到刑事追诉标准或涉嫌刑事犯罪的，要及时果断移送公安机关，协同打击。

稳妥善后，是指在查处传销案件过程中，特别是对公安机关采取刑事措施打击的重大传销犯罪案件，各地工商和市场监管部门要积极配合公安机关做好教育遣返、维稳等后续处置工作。要加强舆情信息收集，密切关注涉稳动态，突出属地维稳责任，在党委和政府领导下会同相关部门开展善后工作，严防出现大规模群体性事件。

五、完善部门间信息共享、协作查处工作机制

各级工商和市场监管部门要以提升共建共治共享的社会综合治理水平为目标，以今年全国公安工商机关网络传销违法犯罪活动联合整治工作为契机，加强与公安以及银监、金融、通信管理、网信管理、教育等部门的交流沟通，建立完善部门间信息互通会商制度，明确具体联系人，实行专人专责，定期不定期召集

会议，开展分析研判，部署查处行动。对传销与集资诈骗等其它违法犯罪相交织的行为，一旦发现线索苗头，及时召集相关部门会议，研究定性，协调处置，加强联控严打。要加强对可能发生的群体性事件的分析研判和后续处置，努力消除部门壁垒，不断完善地方党委和政府主导下的传销属地联防联控严打工作机制，落实联防联控严打传销的属地责任。

（二）网络传销案件的犯罪构成

1. 犯罪主体

网络传销的犯罪主体是组织、领导实施传销行为的领导者，对于积极参与传销组织、实施传销行为者，目前法律还未有界定成为犯罪主体。

2. 犯罪客体

网络传销侵犯的是社会主义的政治和经济秩序。

3. 犯罪的主观要件

网络传销在主观方面表现为故意，并且以营利为目的，即行为人组织网络传销，是为了骗取钱财。

4. 犯罪的客观要件

网络传销的客观方面表现为创建网站、发展会员、吸纳会费、发展下线、从中获取非法收益等。

三、网络传销案件的侦查要点和证据要点

（一）网络传销案件的侦查要点

1. 案件管辖

一般来说，网络传销公司所在地、网站注册地、服务器所在地，传销组织者、领导者违法犯罪地和居住地，涉案资金主要流出地及流入地，传销违法犯罪活动人员集中地的工商、公安机关均可以履行打击及协助责任。

2. 立案审查

网络传销案件的立案依据主要是根据行为表现是否符合法律规定的传销表现形式。传销行为具有三种表现形式：

第一，组织者或者经营者通过发展人员，要求被发展人员发展其他人员加入，对发展的人员以其直接或者间接滚动发展的人员数量为依据计算和给付报酬（包括物质奖励和其他经济利益，下同），牟取非法利益的；

第二，组织者或者经营者通过发展人员，要求被发展人员交纳费用或者以认购商品等方式变相交纳费用，取得加入或者发展其他人员加入的资格，牟取非法

利益的；

第三，组织者或者经营者通过发展人员，要求被发展人员发展其他人员加入，形成上下线关系，并以下线的销售业绩为依据计算和给付上线报酬，牟取非法利益的。

根据上述表现形式进行判断，符合组织、领导传销活动罪特征的，就可以由公安机关经济犯罪侦查部门、工商部门等执法部门予以立案侦查。

3. 侦查要点

网络传销案件具有网络关系杂、涉案金额大、运作模式新等特点，在侦查过程中，要注意查明犯罪模式、查清网络虚拟身份和真实身份、梳理传销团队组织关系、跟踪网络资金流向、构建定案证据体系等关键环节。

结合传销活动特点，利用网络相关特征进行线索挖掘。通过梳理网络传销宣传帖文的虚拟身份，排查其是否发布其他网络传销广告；梳理网络传销宣传词，对里面涉及的专门词汇再次进行排查搜索；梳理传销网站客服电话、QQ号码等公开信息，排查其他宣传渠道等方式积极开展网络传销案件线索挖掘，并及时对线索性质进行确认，避免将正规营销活动误判为非法网络传销案件。

对网络传销活动涉及的宣传网站、管理平台、交流平台等涉及的服务器进行勘验分析，梳理传销网站基本运作形式、利益分配方式、上下线管理方式等情况，扩线梳理出涉及本地的人员级别关系和资金流转情况。通过网站上的人员关系展示或分析后台数据库，查明人员层级关系、上下线关系，通过网站和数据库上留存的资金流转记录，梳理电子账务流转过程和涉案资金情况。通过传销网站中含有会员真实姓名、电话、地址、身份证号码、银行卡等信息的数据进行分析，梳理抓捕的重点对象。

4. 排查和抓捕

网络传销案件具有涉及人员众多、地域分布广泛、人员身份复杂等特点，因此犯罪嫌疑人的排查与抓捕是案件能否成功侦破的重要一环。通常来说，根据前期侦查情况，梳理出网络传销团伙的组织架构体系，排查出网络传销的组织领导人员、管理人员和技术支持人员等，围绕人员落地查缉、资金查扣、服务器查控设定工作方案，在基础工作扎实开展后，果断决策、迅速出击。抓捕行动要统一部署、统一出击，选择合适的时机和策略，如选择传销团伙开会时间、过年返乡期间、境外头目入境期间等抓捕时机。

5. 勘验检查

电子数据是网络传销案的核心证据，该类案件要构建以电子数据证据为核心，犯罪嫌疑人供述、勘验笔录、技术鉴定和其他书证、物证为辅的证据链，同时电子数据证据与辅助证据又能相互印证。

网络传销案件侦查过程中涉及的网站和服务器数据，以及其他主机中的电子数据，需要及时取证固定，防止被传销团伙发现导致数据丢失。网络传销案件勘查中，需要提前周密准备，勘验检查应尽量全面，尽早固定完善电子数据证据，确保勘查笔录、检验报告、鉴定意见客观真实，侧重把握层级结构特征，注意收集证明个人犯罪和共同犯罪证据、量刑证据。在网络传销案件取证过程中，要注意获取传销网站内存储的人员资料，特别是能够反映人员上下线层级关系的数据，进而对网络传销层级和上下线人数进行认定。同时，要抓住网络传销团队关系、资金流量、个人传销活动等方面的证据。

6. 侦查终结

公安机关对网络传销活动予以立案，经过侦查，网络传销团伙组织结构已经查清，组织、领导传销活动的主要犯罪嫌疑人已经抓捕归案，奖励分配制度、层级架构、资金报酬分配等主要证据确实、充分，案件可以侦查终结移送起诉。

（二）网络传销案件的证据要点

网络传销案件在证据方面要注意以下方面：一是奖励分配制度的证据。奖励分配制度往往就是传销行为的书面表现形式，是查处传销案件的关键证据。不同类型的案件中奖励分配制度的名称不一，有的称为销售计划、奖励分配制度、报酬计划等。二是人员数量和人员组织结构的证据。通过对当事人及参与人员（上线和下线）的询问或者从服务器后台找到的会员卡号及密码等信息，绘制传销人员关系网。三是资金数量和分配。主要是从银行获取入门费交纳的凭证及获取报酬的往来明细，重点是入门费的交纳和参加收益的获取。

四、网络传销案件案例剖析

案件背景：2012年，犯罪头目邓某等17人发起成立了名为"香港宝马俱乐部有限公司"的网络传销组织，该组织以每日2%的高额回报为诱饵，采取"动态积分回馈计划"进行返利，在2012年4月至10月期间，形成36级传销网络，发展会员4万多人，分布全国25个省市自治区。

侦查分析：经侦查，发现该传销网站自2012年4月17日运行，每月及时返还会员所投资金的2%，以此大量吸引人员参加，为发展"动态积分"聚集人脉。同年 6 月 14 日采取双区发展成员的方式，入门费 5500 元，按加入时间先后顺序及投入资金数量形成上下级金字塔结构，会员按照发展下家数量进行提成。为进一步从思想上控制会员，达到给会员"洗脑"目的，宝马传销团伙建立了网络聊天室、论坛等网站，利用网络聊天工具 YY 语音软件定时网上授课，引诱会员追加投资。专案组从大量的转账数据中分析出了犯罪团伙的屯钱账户。

排查抓捕：通过国际合作获取到传销网站后台数据库，从中梳理分析出该网站人员架构和身份信息，通过传销网站后台数据和外围摸排，掌握了犯罪嫌疑人赵某某共发展 300 多人成为下线会员的犯罪事实，摸清了人员层级，该团伙按照级别划分为紫马（宝马老总）、橙马（网站维护人）、黄马（高层管理员）、白马（普通会员），同时对"宝马管理"QQ 群成员 80 余名进行查证，掌握了网站创立人邓某某，维护人张某某，经理郭某、王某某，财务总监洪某某等高层人员的真实身份，这些重点人员均已在网站创立初期出境至菲律宾。专案组经过大量、细致的查证取证工作后，抓获犯罪嫌疑人 38 名，同时对位于菲律宾的犯罪嫌疑人开展跨境抓捕，抓获犯罪嫌疑人 19 名。

第七节　网络金融犯罪案件的侦查

一、网络金融犯罪案件概述

互联网金融是金融与互联网相互融合形成的新型金融业务模式。在互联网金融快速发展过程中，部分机构、业态偏离了正确方向，有些甚至打着"金融创新"的幌子进行非法集资、金融诈骗等违法犯罪活动，严重扰乱了金融管理秩序，侵害了人民群众合法权益。互联网金融的本质仍然是金融，其潜在的风险与传统金融没有区别，甚至还可能因互联网的作用而被放大，需要依据现有的金融管理法律规定，依法准确判断各类金融活动、金融业态的法律性质，准确界定金融创新和金融违法犯罪的界限。

（一）网络金融犯罪案件类型

网络金融犯罪主要包括集资诈骗、非法吸收公众存款、非法经营资金支付结算等类型的犯罪案件。

集资诈骗犯罪案件，主要是指以非法占有为目的，使用诈骗方法非法集资。

非法吸收公众存款犯罪案件，主要是指涉互联网金融活动在未经有关部门依法批准的情形下，公开宣传并向不特定公众吸收资金，承诺在一定期限内还本付息。

非法经营资金支付结算业务，主要是指非银行机构未取得支付业务许可从事支付结算业务的行为。一般包括未取得支付业务许可经营基于客户支付账户的网络支付业务和未取得支付业务许可经营多用途预付卡业务两种情形。

（二）网络金融犯罪案件特点

网络金融犯罪案件具有涉案人员众多、易形成社会不稳定因素等特点。

涉案人员众多。互联网金融具有极大的便捷性和较高的收益率，业务经营范围突破了地域的局限，犯罪行为也不限于一市一省，而发展到全国甚至境外，使得在短期内吸引众多人员参与，积聚了巨大的涉案资金量。

易形成社会不稳定因素。由于网络金融犯罪案件涉案人员众多，涉案金额巨大，有相对数量的人将自己以及家庭的主要资产都放在网络金融平台，妄图短时间内快速致富，而资金链一旦断裂，在网络金融平台存放有大量资金的人员会产生厌世情绪，加之违法犯罪人员进行欺骗式的诱导宣传，这些涉案人员会做出围堵国家行政机关等影响社会稳定的行为。

二、网络金融犯罪案件的法律约束和犯罪构成

（一）网络金融犯罪案件的法律约束

1.《中华人民共和国刑法》

第一百七十六条　非法吸收公众存款或者变相吸收公众存款，扰乱金融秩序的，处三年以下有期徒刑或者拘役，并处或者单处罚金；数额巨大或者有其他严重情节的，处三年以上十年以下有期徒刑，并处罚金；数额特别巨大或者有其他特别严重情节的，处十年以上有期徒刑，并处罚金。

单位犯前款罪的，对单位判处罚金，并对其直接负责的主管人员和其他直接责任人员，依照前款的规定处罚。

第一百九十二条　以非法占有为目的，使用诈骗方法非法集资，数额较大的，处三年以上七年以下有期徒刑，并处罚金；数额巨大或者有其他严重情节的，处七年以上有期徒刑或者无期徒刑，并处罚金或者没收财产。

单位犯前款罪的，对单位判处罚金，并对其直接负责的主管人员和其他直接责任人员，依照前款的规定处罚。

第二百条　单位犯本节第一百九十四条、第一百九十五条规定之罪的，对单位判处罚金，并对其直接负责的主管人员和其他直接责任人员，处五年以下有期

徒刑或者拘役，可以并处罚金；数额巨大或者有其他严重情节的，处五年以上十年以下有期徒刑，并处罚金；数额特别巨大或者有其他特别严重情节的，处十年以上有期徒刑或者无期徒刑，并处罚金。

第二百二十五条　违反国家规定，有下列非法经营行为之一，扰乱市场秩序，情节严重的，处五年以下有期徒刑或者拘役，并处或者单处违法所得一倍以上五倍以下罚金；情节特别严重的，处五年以上有期徒刑，并处违法所得一倍以上五倍以下罚金或者没收财产：

……（三）未经国家有关主管部门批准非法经营证券、期货、保险业务的，或者非法从事资金支付结算业务的。

2.《中华人民共和国商业银行法》

第八十一条　未经国务院银行业监督管理机构批准，擅自设立商业银行，或者非法吸收公众存款、变相吸收公众存款的，构成犯罪的依法追究刑事责任；并由国务院银行业监督管理机构予以取缔。

3.《全国人民代表大会常务委员会关于惩治破坏金融秩序犯罪的决定》

七、非法吸收公众存款或者变相吸收公众存款，扰乱金融秩序的，处三年以下有期徒刑或者拘役，并处或者单处二万元以上二十万元以下罚金；数额巨大或者有其他严重情节的，处三年以上十年以下有期徒刑，并处五万元以上五十万元以下罚金。

单位犯前款罪的，对单位判处罚金，并对直接负责的主管人员和其他直接责任人员，依照前款的规定处罚。

八、以非法占有为目的，使用诈骗方法非法集资的，处三年以下有期徒刑或者拘役，并处二万元以上二十万元以下罚金；数额巨大或者有其他严重情节的，处三年以上十年以下有期徒刑，并处五万元以上五十万元以下罚金；数额特别巨大或者有其他特别严重情节的，处十年以上有期徒刑、无期徒刑或者死刑，并处没收财产。

单位犯前款罪的，对单位判处罚金，并对直接负责的主管人员和其他直接责任人员，依照前款的规定处罚。

4.《最高人民法院关于审理诈骗案件具体应用法律的若干问题的解释》

三、根据《全国人民代表大会常务委员会关于惩治破坏金融秩序犯罪的决定》（以下简称《决定》）第八条规定，以非法占有为目的，使用诈骗方法非法集资的，构成集资诈骗罪。

"诈骗方法"是指行为人采取虚构集资用途,以虚假的证明文件和高回报率为诱饵,骗取集资款的手段。

"非法集资"是指法人、其他组织或者个人,未经有权机关批准,向社会公众募集资金的行为。

行为人实施《决定》第八条规定的行为,具有下列情形之一的,应当认定其行为属于"以非法占有为目的,使用诈骗方法非法集资":

(1) 携带集资款逃跑的;

(2) 挥霍集资款,致使集资款无法返还的;

(3) 使用集资款进行违法犯罪活动,致使集资款无法返还的;

(4) 具有其他欺诈行为,拒不返还集资款,或者致使集资款无法返还的。

5. 最高人民法院《全国法院审理金融犯罪案件工作座谈会纪要》

为正确执行刑法,在其他有关的司法解释出台之前,对假币犯罪以外的破坏金融管理秩序犯罪的数额和情节,可参照以下标准掌握:

关于非法吸收公众存款罪。非法吸收或者变相吸收公众存款的,要从非法吸收公众存款的数额、范围以及给存款人造成的损失等方面来判定扰乱金融秩序造成危害的程度。根据司法实践,具有下列情形之一的,可以按非法吸收公众存款罪定罪处罚:

(1) 个人非法吸收或者变相吸收公众存款20万元以上的,单位非法吸收或者变相吸收公众存款100万元以上的;

(2) 个人非法吸收或者变相吸收公众存款30户以上的,单位非法吸收或者变相吸收公众存款150户以上的;

(3) 个人非法吸收或者变相吸收公众存款给存款人造成损失10万元以上的,单位非法吸收或者变相吸收公众存款给存款人造成损失50万元以上的,或者造成其他严重后果的;个人非法吸收或者变相吸收公众存款100万元以上,单位非法吸收或者变相吸收公众存款500万元以上的,可以认定为"数额巨大"。

……由于各地经济发展不平衡,各省、自治区、直辖市高级人民法院可参照上述数额标准或幅度,根据本地的具体情况,确定在本地区掌握的具体标准。

6.《最高人民法院关于审理非法集资刑事案件具体应用法律若干问题的解释》(2022修正)

第一条 违反国家金融管理法律规定,向社会公众(包括单位和个人)吸收资金的行为,同时具备下列四个条件的,除刑法另有规定的以外,应当认定为刑法第一百七十六条规定的"非法吸收公众存款或者变相吸收公众存款"：

（一）未经有关部门依法许可或借用合法经营的形式吸收资金；

（二）通过网络、媒体、推介会、传单、手机信息等途径向社会公开宣传；

（三）承诺在一定期限内以货币、实物、股权等方式还本付息或者给付回报；

（四）向社会公众即社会不特定对象吸收资金。

第二条　实施下列行为之一，符合本解释第一条第一款规定的条件的，应当依照刑法第一百七十六条的规定，以非法吸收公众存款罪定罪处罚：

……（四）不具有销售商品、提供服务的真实内容或者不以销售商品、提供服务为主要目的，以商品回购、寄存代售等方式非法吸收资金的；

（五）不具有发行股票、债券的真实内容，以虚假转让股权、发售虚构债券等方式非法吸收资金的；

（六）不具有募集基金的真实内容，以假借境外基金、发售虚构基金等方式非法吸收资金的；

（七）不具有销售保险的真实内容，以假冒保险公司、伪造保险单据等方式非法吸收资金的；

（八）以网络借贷、投资入股、虚拟币交易等方式非法吸收资金的；

（九）以委托理财、融资租赁等方式非法吸收资金的；

第七条　以非法占有为目的，使用诈骗方法实施本解释第二条规定所列行为的，应当依照刑法第一百九十二条的规定，以集资诈骗罪定罪处罚。

使用诈骗方法非法集资，具有下列情形之一的，可以认定为"以非法占有为目的"：

（一）集资后不用于生产经营活动或者用于生产经营活动与筹集资金规模明显不成比例，致使集资款不能返还的；

（二）肆意挥霍集资款，致使集资款不能返还的；

（三）携带集资款逃匿的；

（四）将集资款用于违法犯罪活动的；

（五）抽逃、转移资金、隐匿财产，逃避返还资金的；

（六）隐匿、销毁账目，或者搞假破产、假倒闭，逃避返还资金的；

（七）拒不交代资金去向，逃避返还资金的；

（八）其他可以认定非法占有目的的情形。

7. 最高人民法院《关于非法集资刑事案件性质认定问题的通知》

一、行政部门对于非法集资的性质认定，不是非法集资案件进入刑事程序的必经程序。行政部门未对非法集资作出性质认定的，不影响非法集资刑事案件的审判。

二、人民法院应当依照刑法和最高人民法院《关于审理非法集资刑事案件具体应用法律若干问题的解释》等有关规定认定案件事实的性质，并认定相关行为是否构成犯罪。

8. 《最高人民检察院、公安部关于公安机关办理经济犯罪案件的若干规定》

第十二条　公安机关办理跨区域性涉众型经济犯罪案件，应当坚持统一指挥协调、统一办案要求的原则。

对跨区域性涉众型经济犯罪案件，犯罪地公安机关应当立案侦查，并由一个地方公安机关为主侦查，其他公安机关应当积极协助。必要时，可以并案侦查。

第三十八条　公安机关办理非法集资、传销以及利用通信工具、互联网等技术手段实施的经济犯罪案件，确因客观条件的限制无法逐一收集被害人陈述、证人证言等相关证据的，可以结合已收集的言词证据和依法收集并查证属实的物证、书证、视听资料、电子数据等实物证据，综合认定涉案人员人数和涉案资金数额等犯罪事实，做到证据确实、充分。

第七十八条　本规定所称的"涉众型经济犯罪案件"，是指基于同一法律事实、利益受损人数众多、可能影响社会秩序稳定的经济犯罪案件，包括但不限于非法吸收公众存款，集资诈骗，组织、领导传销活动，擅自设立金融机构，擅自发行股票、公司企业债券等犯罪。

9. 《最高人民检察院、公安部关于公安机关管辖的刑事案件立案追诉标准的规定（二）》

第二十三条　[非法吸收公众存款案（刑法第一百七十六条）] 非法吸收公众存款或者变相吸收公众存款，扰乱金融秩序，涉嫌下列情形之一的，应予立案追诉：

（一）非法吸收或者变相吸收公众存款数额在一百万元以上的；

（二）非法吸收或者变相吸收公众存款对象一百五十人以上的；

（三）非法吸收或者变相吸收公众存款，给集资参与人造成直接经济损失数额在五十万元以上的；

非法吸收或者变相吸收公众存款数额在五十万元以上或者给集资参与人造成

直接经济损失数额在二十五万元以上,同时涉嫌下列情形之一的,应予立案追诉:

(一) 因非法集资受过刑事追究的;

(二) 二年内因非法集资受过行政处罚的;

(三) 造成恶劣社会影响或者其他严重后果的。

第四十三条 [洗钱案(刑法第一百九十一条)] 为掩饰、隐瞒毒品犯罪、黑社会性质的组织犯罪、恐怖活动犯罪、走私犯罪、贪污贿赂犯罪、破坏金融管理秩序犯罪、金融诈骗犯罪的所得及其产生的收益的来源和性质,涉嫌下列情形之一的,应予立案追诉:

(一) 提供资金账户的;

(二) 将财产转换为现金、金融票据、有价证券的;

(三) 通过转账或者其他支付结算方式转移资金的;

(四) 跨境转移资产的;

(五) 以其他方法掩饰、隐瞒犯罪所得及其收益的来源和性质的。

第四十四条 [集资诈骗案(刑法第一百九十二条)] 以非法占有为目的,使用诈骗方法非法集资,数额在十万元以上的,应予立案追诉。

第七十一条 [非法经营案(刑法第二百二十五条)] 违反国家规定,进行非法经营活动,扰乱市场秩序,涉嫌下列情形之一的,应予立案追诉:

……(三) 实施倒买倒卖外汇或者变相买卖外汇等非法买卖外汇行为,扰乱金融市场秩序,具有下列情形之一的:

1. 非法经营数额在五百万元以上的,或者违法所得数额在十万元以上的;

2. 非法经营数额在二百五十万元以上,或者违法所得数额在五万元以上,且具有下列情形之一的:

(1) 因非法买卖外汇犯罪行为受过刑事追究的;

(2) 二年内因非法买卖外汇违法行为受过行政处罚的;

(3) 拒不交代涉案资金去向或者拒不配合追缴工作,致使赃款无法追缴的;

(4) 造成其他严重后果的。

3. 公司、企业或者其他单位违反有关外贸代理业务的规定,采用非法手段,或者明知是伪造、变造的凭证、商业单据,为他人向外汇指定银行骗购外汇,数额在五百万美元以上或者违法所得数额在五十万元以上的;

4. 居间介绍骗购外汇,数额在一百万美元以上或者违法所得数额在十万元以上的。

10. 最高人民检察院《关于办理涉互联网金融犯罪案件有关问题座谈会纪要》

二、准确界定涉互联网金融行为法律性质

（一）非法吸收公众存款行为的认定

涉互联网金融活动在未经有关部门依法批准的情形下，公开宣传并向不特定公众吸收资金，承诺在一定期限内还本付息的，应当依法追究刑事责任。其中，应重点审查互联网金融活动相关主体是否存在归集资金、沉淀资金，致使投资人资金存在被挪用、侵占等重大风险等情形。

对以下网络借贷领域的非法吸收公众资金的行为，应当以非法吸收公众存款罪分别追究相关行为主体的刑事责任：

（1）中介机构以提供信息中介服务为名，实际从事直接或间接归集资金，甚至自融或变相自融等行为，应当依法追究中介机构的刑事责任。特别要注意识别变相自融行为，如中介机构通过拆分融资项目期限、实行债权转让等方式为自己吸收资金的，应当认定为非法吸收公众存款。

（2）中介机构与借款人存在以下情形之一的，应当依法追究刑事责任：①中介机构与借款人合谋或者明知借款人存在违规情形，仍为其非法吸收公众存款提供服务的；中介机构与借款人合谋，采取向出借人提供信用担保、通过电子渠道以外的物理场所开展借贷业务等违规方式向社会公众吸收资金的；②双方合谋通过拆分融资项目期限、实行债权转让等方式为借款人吸收资金的。在对中介机构、借款人进行追诉时，应根据各自在非法集资中的地位、作用确定其刑事责任。中介机构虽然没有直接吸收资金，但是通过大肆组织借款人开展非法集资并从中收取费用数额巨大、情节严重的，可以认定为主犯。

（3）借款人故意隐瞒事实，违反规定，以自己名义或借用他人名义利用多个网络借贷平台发布借款信息，借款总额超过规定的最高限额，或将吸收资金用于明确禁止的投资股票、场外配资、期货合约等高风险行业，造成重大损失和社会影响的，应当依法追究借款人的刑事责任。对于借款人将借款主要用于正常的生产经营活动，能够及时清退所吸收资金，不作为犯罪处理。

（二）集资诈骗行为的认定

以非法占有为目的，使用诈骗方法非法集资，是集资诈骗罪的本质特征。是否具有非法占有目的，是区分非法吸收公众存款罪和集资诈骗罪的关键要件，对此要重点围绕融资项目真实性、资金去向、归还能力等事实进行综合判断。犯罪

嫌疑人存在以下情形之一的，原则上可以认定具有非法占有目的：

（1）大部分资金未用于生产经营活动，或名义上投入生产经营但又通过各种方式抽逃转移资金的；

（2）资金使用成本过高，生产经营活动的盈利能力不具有支付全部本息的现实可能性的；

（3）对资金使用的决策极度不负责任或肆意挥霍造成资金缺口较大的；

（4）归还本息主要通过借新还旧来实现的；

（5）其他依照有关司法解释可以认定为非法占有目的的情形。

对于共同犯罪或单位犯罪案件中，不同层级的犯罪嫌疑人之间存在犯罪目的发生转化或者犯罪目的明显不同的，应当根据犯罪嫌疑人的犯罪目的分别认定。

（1）注意区分犯罪目的发生转变的时间节点。犯罪嫌疑人在初始阶段仅具有非法吸收公众存款的故意，不具有非法占有目的，但在发生经营失败、资金链断裂等问题后，明知没有归还能力仍然继续吸收公众存款的，这一时间节点之后的行为应当认定为集资诈骗罪，此前的行为应当认定为非法吸收公众存款罪。

（2）注意区分犯罪嫌疑人的犯罪目的的差异。在共同犯罪或单位犯罪中，犯罪嫌疑人由于层级、职责分工、获取收益方式、对全部犯罪事实的知情程度等不同，其犯罪目的也存在不同。在非法集资犯罪中，有的犯罪嫌疑人具有非法占有目的，有的则不具有非法占有目的，对此，应当分别认定为集资诈骗罪和非法吸收公众存款罪。

证明主观上是否具有非法占有目的，可以重点收集、运用以下客观证据：

（1）与实施集资诈骗整体行为模式相关的证据：投资合同、宣传资料、培训内容等；

（2）与资金使用相关的证据：资金往来记录、会计账簿和会计凭证、资金使用成本（包括利息和佣金等）、资金决策使用过程、资金主要用途、财产转移情况等；

（3）与归还能力相关的证据：吸收资金所投资项目内容、投资实际经营情况、盈利能力、归还本息资金的主要来源、负债情况、是否存在虚构业绩等虚假宣传行为等；

（4）其他涉及欺诈等方面的证据：虚构融资项目进行宣传、隐瞒资金实际用途、隐匿销毁账簿；等等。司法会计鉴定机构对相关数据进行鉴定时，办案部门可以根据查证犯罪事实的需要提出重点鉴定的项目，保证司法会计鉴定意见与待证的构成要件事实之间的关联性。

（三）非法经营资金支付结算行为的认定

支付结算业务（也称支付业务）是商业银行或者支付机构在收付款人之间提供的货币资金转移服务。非银行机构从事支付结算业务，应当经中国人民银行批准取得《支付业务许可证》，成为支付机构。未取得支付业务许可从事该业务的行为，违反《非法金融机构和非法金融业务活动取缔办法》第四条第一款第三、四项的规定，破坏了支付结算业务许可制度，危害支付市场秩序和安全，情节严重的，适用刑法第二百二十五条第三项，以非法经营罪追究刑事责任。具体情形：

（1）未取得支付业务许可经营基于客户支付账户的网络支付业务。无证网络支付机构为客户非法开立支付账户，客户先把资金支付到该支付账户，再由无证机构根据订单信息从支付账户平台将资金结算到收款人银行账户。

（2）未取得支付业务许可经营多用途预付卡业务。无证发卡机构非法发行可跨地区、跨行业、跨法人使用的多用途预付卡，聚集大量的预付卡销售资金，并根据客户订单信息向商户划转结算资金。

11. 国务院《非法金融机构和非法金融业务活动取缔办法》

第四条　本办法所称非法金融业务活动，是指未经中国人民银行批准，擅自从事的下列活动：

（一）非法吸收公众存款或者变相吸收公众存款；

（二）未经依法批准，以任何名义向社会不特定对象进行的非法集资；

（三）非法发放贷款、办理结算、票据贴现、资金拆借、信托投资、金融租赁、融资担保、外汇买卖；

（四）中国人民银行认定的其他非法金融业务活动。

前款所称非法吸收公众存款，是指未经中国人民银行批准，向社会不特定对象吸收资金，出具凭证，承诺在一定期限内还本付息的活动；所称变相吸收公众存款，是指未经中国人民银行批准，不以吸收公众存款的名义，向社会不特定对象吸收资金，但承诺履行的义务与吸收公众存款性质相同的活动。

（二）网络金融犯罪案件的犯罪构成

1. 犯罪主体

网络金融犯罪主体是一般主体，任何达到刑事责任年龄、具有刑事责任能力的自然人均可构成本罪。同时，单位也可以成为本类犯罪的主体。

2. 犯罪客体

网络集资诈骗犯罪侵害的是复杂客体，既侵害了公私财产所有权，又侵害了国家金融管理制度。网络非法吸收公众存款犯罪侵害的客体是国家的金融信贷秩序。网络非法经营资金支付结算犯罪侵害的是市场秩序。

3. 犯罪的主观要件

网络金融犯罪在主观方面表现为故意，并且集资诈骗犯罪以非法占有为目的。

4. 犯罪的客观要件

网络集资诈骗犯罪在客观方面表现为行为人利用互联网络必须实施了使用诈骗方法非法集资，数额较大的行为。网络非法吸收公众存款犯罪在客观方面表现为行为人未经中国人民银行批准，利用互联网络向社会不特定对象吸收资金，以或者不以吸收公众存款的名义，出具凭证，承诺在一定期限内还本付息，扰乱金融秩序的行为。网络非法经营资金支付结算犯罪在客观方面表现为非法从事商业银行才能开展的接受客户委托代收代付，从付款单位存款账户划出款项，转入收款单位存款账户，以此完成客户之间债权债务清算或资金调拨的活动。

三、网络金融犯罪案件的侦查要点和证据要点

(一) 网络金融犯罪案件的侦查要点

1. 案件管辖

一般来说，网络金融犯罪案件的管辖一般以犯罪行为发生地、犯罪结果发生地等犯罪地为主，如果由犯罪嫌疑人居住地的公安机关管辖更为适宜的，可以由犯罪嫌疑人居住地的公安机关管辖。单位涉嫌经济犯罪的，由犯罪地或者所在地公安机关管辖。所在地是指单位登记的住所地。主要营业地或者主要办事机构所在地与登记的住所地不一致的，主要营业地或者主要办事机构所在地为其所在地。

上级公安机关必要时可以立案侦查或者组织、指挥、参与侦查下级公安机关管辖的经济犯罪案件。对重大、疑难、复杂或者跨区域性经济犯罪案件，需要由上级公安机关立案侦查的，下级公安机关可以请求移送上一级公安机关立案侦查。

多个公安机关都有权管辖的经济犯罪案件，由最初受理的公安机关管辖。必要时，可以由主要犯罪地的公安机关管辖。对管辖不明确或者有争议的，应当协商管辖；协商不成的，由共同的上级公安机关指定管辖。

主要利用通信工具、互联网等技术手段实施的经济犯罪案件，由最初发现、受理的公安机关或者主要犯罪地的公安机关管辖。

2. 立案审查

涉互联网金融犯罪案件涉案人员众多，要根据犯罪嫌疑人在犯罪活动中的地位作用、涉案数额、危害结果、主观过错等主客观情节，综合判断责任轻重及刑事追诉的必要性，做到罪责适应、罚当其罪。对犯罪情节严重、主观恶性大、在犯罪中起主要作用的人员，特别是核心管理层人员和骨干人员，依法从严打击；对犯罪情节相对较轻、主观恶性较小、在犯罪中起次要作用的人员依法从宽处理。

对于网络集资诈骗犯罪案件立案时应重点审查互联网融资项目真实性、资金去向、归还能力等情形，并根据大部分资金的用途、盈利能力、资金缺口成因、本息归还的来源等判断是否具有非法占有的目的。对于网络非法吸收公众存款犯罪案件立案时应重点审查互联网金融活动相关主体是否存在归集资金、沉淀资金，致使投资人资金存在被挪用、侵占等重大风险等情形。对于网络非法经营资金支付结算犯罪案件立案时应重点审查相关行为是否具备资金支付结算的实质特征，准确区分支付工具的正常商业流转与提供支付结算服务、区分单用途预付卡与多用途预付卡业务，充分考虑具体行为与"地下钱庄"等同类犯罪在社会危害方面的相当性以及刑事处罚的必要性。

3. 侦查要点

对于网络金融犯罪案件的侦查主要是从总体上把握行为人的犯罪过程，查清案件事实。侦查过程中应注意以下两个方面：

加强案件线索发现。互联网金融涉及 P2P 网络借贷、股权众筹、第三方支付、互联网保险以及通过互联网开展资产管理及跨界从事金融业务等多个金融领域，行为方式多样，而且在初期不易与合法的互联网金融活动进行区分，因此在日常工作中，要注意根据网络金融犯罪案件的特征进行甄别，一旦发现存在违法风险隐患，要及时纳入侦查视线。

加强资金流侦查。资金流是网络金融犯罪案件侦查的重点，一方面要根据资金流判断涉案单位是否涉嫌犯罪，另一方面要根据资金流掌握涉案单位资金池中的资金量，为选择抓捕时机、领导决策提供重要依据，最大限度地降低经济损失。

4. 排查和抓捕

一般来说网络金融犯罪案件中，在犯罪中起主要作用的人员，特别是核心管理层人员和骨干人员是抓捕和打击的重点对象，因此，要加大对其进行排查的力度，从严打击。对于网络金融犯罪案件重要犯罪嫌疑人的排查主要是从涉案单位或者犯罪团伙的组织结构入手，厘清涉案人员的边界，特别是查清网络金融犯罪行为是整个单位实施的，还是单位的下属部门或者分支机构自行实施的，犯罪行为是个人行为还是单位行为，进而梳理出从事犯罪活动的核心管理人员和骨干人员。

在排查清网络金融犯罪案件的主要犯罪嫌疑人后，要选择合适的抓捕时机。为了防控风险、追赃挽损、维护稳定，对于网络金融犯罪案件的主要犯罪嫌疑人实施抓捕时重点要考虑最大限度降低涉案人员的经济损失和最大限度追回涉案资金，在犯罪嫌疑人还未将大部分资产转移、挥霍时实施抓捕，做到既打击犯罪，又降低人民群众损失。

5. 勘验检查

对于网络金融犯罪案件，电子数据对于指控证实相关犯罪事实、定罪量刑具有重要的作用，在侦查时，要特别注意电子数据的勘验检查。网络金融犯罪案件中，大部分涉案单位都使用服务器集群或者云主机、云存储、云数据库来构建自己的网络金融犯罪平台，在对其进行勘验检查时，要注意对电子数据的真实性、合法性采取有效的保护措施，要高度重视程序合法性、数据的完整性，必要时主动征求相关领域专家、云存储服务提供商的意见，制定科学合法的提取方案，确保万无一失。在案件初期侦查阶段，可以通过远程勘验的方式，收集提取从事网络金融犯罪的网站或者网络应用的电子数据证据；在抓捕收网阶段，要注意收集提取主要涉案人员计算机、手机中的通信内容、特定 APP 数据等涉案电子数据证据，以及在服务器集群、云主机、云存储、云数据库中存储的涉案数据，可以通过侦查实验的方式，重新构建网络金融犯罪的应用，以便侦查人员能够直观、方便地查阅相关涉案数据。

6. 侦查终结

公安机关对网络金融犯罪活动予以立案，经过侦查，网络金融犯罪人员组织结构已经查清，犯罪中起主要作用的人员，特别是核心管理人员和骨干人员已经抓捕归案，对于参与或实施网络金融犯罪的人员或单位的犯罪事实已经查清，并且应当追究其刑事责任，主要证据确实、充分，案件可以侦查终结移送起诉。

（二）网络金融犯罪案件的证据要点

在网络金融犯罪案件中，要重点关注以下证据要点：

在确定犯罪嫌疑人的吸收或集资金额时，可以重点关注涉案主体自身的服务器或第三方服务器上存储的交易记录等电子数据、会计账簿和会计凭证、银行账户交易记录、POS 机支付记录、资金收付凭证、书面合同等书证等。仅凭投资人报案数据不能认定吸收或集资金额。

在证明主观上是否具有非法占有目的时，可以重点关注投资合同、宣传资料、培训内容等与实施集资诈骗整体行为模式相关的证据、资金往来记录、会计账簿和会计凭证、资金使用成本（包括利息和佣金等）、资金决策使用过程、资金主要用途、财产转移情况等与资金使用相关的证据、吸收资金所投资项目内容、投资实际经营情况、盈利能力、归还本息资金的主要来源、负债情况、是否存在虚构业绩等虚假宣传行为等与归还能力相关的证据、虚构融资项目进行宣传、隐瞒资金实际用途、隐匿销毁账簿等其他涉及欺诈等方面的证据。

四、网络金融犯罪案件案例剖析

案件背景：2014 年 1 月，上海沪乾投资管理咨询有限公司（以下简称沪乾公司）成立，并于同年 5 月正式开展"P2P 网上吸存业务"。同年 7 月，被告人周某某任沪乾公司法定代表人，沪乾公司实际并无运营资金和能力。2015 年 2 月起，该公司先后聘用了多名线下业务员，通过发放传单、打电话等形式，向不特定的社会群众开展了高息"线下投资理财业务"，并通过线上平台吸收投资人投资款。

侦查分析：犯罪嫌疑人明知公司无任何投资项目，仍授意他人或本人参与制作假"标"骗取群众投资；伪造转账凭证虚构群众投资的资金被用于该假"标"；虚构上海某塑胶有限公司为沪乾公司提供全额担保；在客户未投满"标"时，由嫌疑人负责用虚拟资金以"马甲"账户买满假"标"，且在公司资金链断裂后继续前述操作。经查，沪乾公司通过线下签订投资协议，吸收 29 名投资人投资款人民币 358 万余元，通过线上平台，吸收 154 名投资人投资款人民币 2862 万余元。上述资金实际被犯罪嫌疑人用于无抵押无息给他人、侵吞、暂支、支付前期投资群众的利息、公司运营等。

排查抓捕：经侦查，沪乾公司系犯罪嫌疑人刘某某、史某某、郭某某等人共同商量成立，后周某某任该公司法定代表人，先后与刘某某、史某某共同掌握资金，并以伪造担保合同骗取群众投资，陈某负责沪乾公司线下推广。上海公安机关将主要犯罪嫌疑人抓捕归案，并追回部分赃款。

本章小结

本章主要探讨了利用计算机信息系统和互联网实施的各类犯罪案件的侦查方法，详细介绍了网络盗窃、网络诈骗、网络赌博、网络淫秽色情、网络传销以及网络金融犯罪等不同类型案件的基本情况、类型特点和侦查思路。

首先，本章详细阐述了网络犯罪的基本概念和法律框架，明确了网络犯罪的定义和分类。通过具体的法律条文和司法解释，说明了各类网络犯罪的法律约束和适用范围。

其次，本章分析了不同类型网络犯罪的犯罪构成，包括犯罪主体、犯罪客体、主观方面和客观方面。通过具体案例，展示了网络犯罪的复杂性和多样性，以及不同类型犯罪在侦查过程中需要注意的关键点。

在实际侦查方法方面，本章介绍了电子数据取证的重要性和基本原则。电子数据作为网络犯罪案件中的关键证据，其取证过程的合法性和数据的完整性至关重要。通过详细的步骤和技术手段，确保取证过程中的数据未被篡改和损坏。

此外，本章还探讨了网络犯罪案件的立案审查、案件管辖和侦查措施等内容。通过对各类网络犯罪案件的具体侦查流程和方法的介绍，为实际的侦查工作提供了宝贵的指导和参考。

最后，通过多个实际案例的剖析，本章展示了网络犯罪案件的侦查思路和方法，全方位展示了网络犯罪侦查的知识体系。这些案例不仅说明了电子数据取证在网络犯罪侦查中的关键作用，还展示了如何通过技术手段和法律手段有效地打击网络犯罪。

思考题

1. 网络盗窃与非法获取计算机信息系统数据的主要区别是什么？
2. 如何区分网络诈骗与网络盗窃案件？
3. 网络盗窃案件中常见的作案手法有哪些？

4. 阐述我国主要网络诈骗类型及对应的高危地区。概述网络赌博的运营方式？

5. 在侦查网络诈骗案件时，如何追踪和固定电子数据证据？

6. 在侦查网络诈骗案件时，如何应对嫌疑人可能采取的反侦查措施？

7. 网络赌博案件的主要法律约束是什么？

8. 网络赌博案件中的代理人和参赌人员分别承担什么法律责任？

9. 涉及网络淫秽色情的法律法规主要有哪些，常见的网络淫秽色情犯罪罪名有哪些？

10. 网络淫秽色情案件中，如何确定涉案信息的性质是否构成犯罪？

11. 如何通过网络勘验技术发现和固定网络淫秽色情案件的证据？

12. 在立案审查过程中需要注意的问题是什么？

13. 简述网络传销案件的证据要点？

14. 在侦查网络传销案件时，如何通过资金流向追踪犯罪嫌疑人的活动？

15. 简述网络金融犯罪案件管辖？

16. 如何判断网络金融犯罪行为是否具有非法占有的目的？